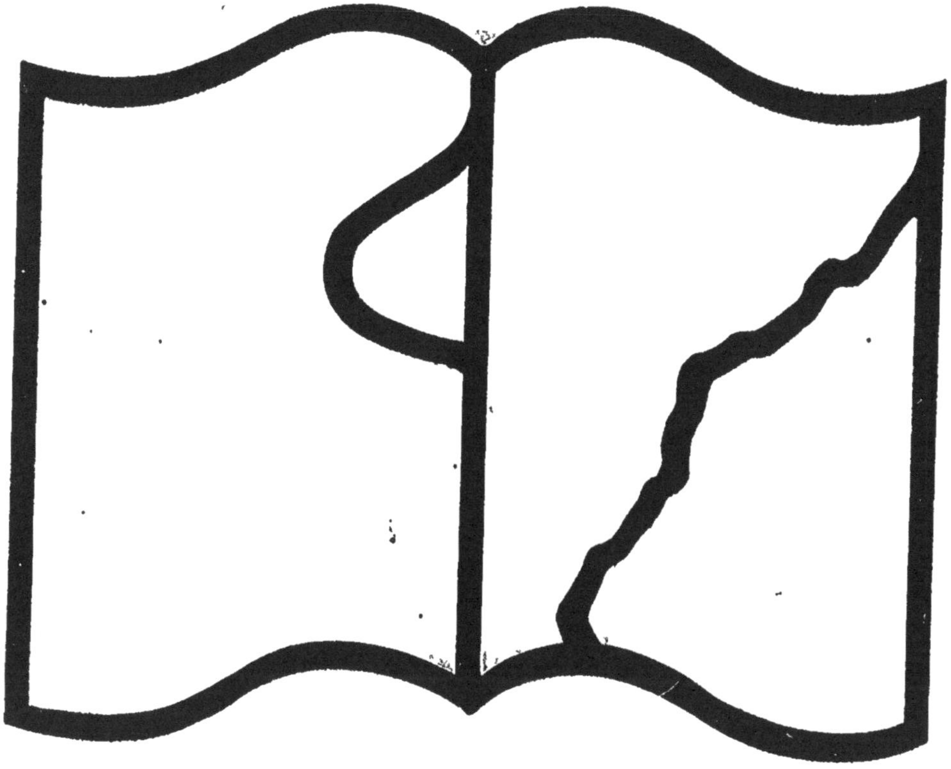

Texte détérioré — reliure défectueuse

NF Z 43-120-11

Symbole applicable
pour tout,ou partie
des documents microfilmés

TRILOGIE DE L'ÉDUCATION

OU

LEÇONS PRATIQUES

PAR DEMANDES ET RÉPONSES

1° D'éducation religieuse et morale dans la famille et par la famille;
2° D'éducation religieuse, morale, intellectuelle et civique dans l'école et par l'école
3° D'éducation religieuse, morale et civique dans la société et par la société;

A L'USAGE COMMUN

DES ENFANTS, FILLES ET GARÇONS, QUI FREQUENTENT LES ÉCOLES PRIMAIRES,
ET POUVANT, AU BESOIN, SERVIR DE GUIDE AUX PARENTS,
AUX MAITRES ET MAITRESSES DANS L'ENSEIGNEMENT DE CETTE TRILOGIE
DE L'EDUCATION

Par M. Désiré COUVREUR

CHEVALIER DE LA LÉGION D'HONNEUR, OFFICIER DE L'INSTRUCTION PUBLIQUE
AUTEUR DU *Conseiller des huissiers*, DE L'*Essai d'éducation*, DES *Études sur la manutention hypothécaire*

PARIS
LIBRAIRIE CLASSIQUE EUGÈNE BELIN
V^VE EUGÈNE BELIN ET FILS
RUE DE VAUGIRARD, N° 52

1880

Tout exemplaire de cet ouvrage non revêtu de ma griffe sera réputé contrefait.

Eug. Belin

SAINT CLOUD. — IMPRIMERIE Vᵉ EUG BELIN ET FILS.

ÉVÊCHÉ DE NANCY ET DE TOUL

Après avoir pris connaissance du rapport qui nous a été fait par M. le chanoine Demange, directeur de l'École Saint-Léopold, sur la *Trilogie de l'Éducation* par M. Couvreur, nous approuvons cet ouvrage et nous le recommandons aux parents et aux maîtres chrétiens de notre diocèse ; nous serons heureux de voir cet ouvrage se propager dans les familles et dans les écoles et répondre, par le bien qu'il accomplira, aux nobles désirs de son auteur.

† CHARLES-FRANÇOIS,
Évêque de Nancy et de Toul.

Nancy, le 5 avril 1886

RAPPORT

Nancy, le 1er avril 1886.

« Monseigneur,

» J'ai examiné le livre intitulé *Trilogie de l'Éducation*, par M. D. Couvreur, chevalier de la Légion d'honneur, officier de l'instruction publique, etc.

» Sous ce titre, peut-être un peu relevé, se cache un traité élémentaire, fait avec simplicité et méthode, ayant pour but d'exposer un ensemble de leçons pratiques d'éducation à l'usage des enfants qui fréquentent les écoles primaires. L'éducation se donne, en effet, dans la famille, dans l'école et même dans la société : de là les trois parties du livre.

» La première partie abonde en conseils très sages sur les devoirs envers Dieu et envers les parents, sur les vertus essentielles à la bonne éducation, telles que l'obéissance, la politesse, le respect, la discrétion, l'ordre, l'amour de la vérité, la reconnaissance, sur la fuite des défauts et des vices. L'hygiène et le savoir-vivre ne sont pas plus laissés de côté que l'emploi du temps et le souci de l'avenir. Les chapitres procèdent par demandes et réponses, et cette forme, agréable et utile aux enfants, n'empêche pas que les parents eux-mêmes n'y puissent trouver leur profit.

» La deuxième partie traite de l'éducation religieuse, morale et civique dans l'école et par l'école.

Question fort délicate, mais pourtant aussi nécessaire qu'elle semble périlleuse! Intervention du maître dans l'éducation, programme des études, classe, conduite des bons et des mauvais élèves, effets de l'ignorance, de la paresse, travail, instruction à l'étranger, punitions et récompenses, sur tous ces points et sur d'autres encore, que d'idées justes, marquées au coin de l'expérience et du bon sens! Même ce qu'on décore aujourd'hui du nom pompeux d'instruction civique, et qui ne pouvait être passé sous silence, se trouve assez développé pour que les élèves qui liront ces pages n'aient pas à chercher d'autre manuel. Tant mieux! Ils ne risqueront pas de tomber sur l'un de ces méchants petits livres qui infestent les écoles et qui encourent l'indignation des honnêtes gens. M. Couvreur, à la fin de la deuxième partie, insiste sur une thèse qui lui tient à cœur. Selon lui, l'éducation réclame de la part de l'instituteur un enseignement particulier, ayant ses principes, ses exemples et des leçons quotidiennes. L'instruction qui se dispense d'éducation lui paraît inintelligente. A-t-il tort? Il attache un si haut prix à l'éducation qu'il lui semble qu'à la rigueur, seule, dépourvue d'instruction, elle réussirait encore à former l'homme et à ennoblir ses sentiments. Mais, ajoute-t-il, l'instruction et l'éducation réunies, voilà le couronnement de l'œuvre religieuse, morale, intellectuelle et civique.

» La société achève ce que la famille et l'école ont commencé. La troisième partie du livre montre alors ce que la société déploie de ressources pour atténuer la pauvreté, réduire la misère, supprimer le vagabondage et le paupérisme, et la société ne s'arrête pas là. Elle offre à l'enfant, devenu jeune homme, de quoi tenter son initiative et son dévouement. Elle lui ouvre les emplois publics, les métiers, les carrières; elle lui assure l'avenir. Ici encore, que de précieux renseignements et que d'excellents conseils!

» Bref, l'auteur de la *Trilogie* a pris l'enfant au berceau, l'a suivi dans sa marche ascensionnelle, et il ne le quitte qu'à son entrée et à son établissement dans le monde. Il le met à même de comprendre les devoirs et les responsabilités de la vie. Une génération de jeunes hommes et de jeunes filles qui profiteraient des leçons d'un si sage mentor, apporterait, à n'en pas douter, un appoint considérable aux forces matérielles et morales de la France. Assez de gens corrompent notre pays, pour que nous sachions bon gré à qui s'efforce de donner, aux classes populaires surtout, l'activité morale, la dignité, la justice et le sentiment du vrai.

» L'esprit du livre est nettement et franchement religieux. Un grand désir du bien, un amour sincère de l'enfance et de la jeunesse, un véritable respect pour la mission de la famille, le patriotisme dans ce qu'il a de plus pur, animent ces pages destinées à être classiques et les rendent parfois éloquentes. Que le style ne soit pas rompu à toutes les élégances, qu'il y ait des imperfections, des lacunes, des opinions discutables, cela est possible. Je ne trouve point moi-même le livre irréprochable; je crois que le fonds en est excellent, et que c'est là un ouvrage de saine et haute moralité.

» Daignez agréer, Monseigneur, l'expression de mon très profond respect.

» L'abbé Demange,

» Directeur de l'École Saint Léopold,
licencié ès lettres »

PRÉFACE

Toutes les écoles, toutes les pensions, tous les collèges et les lycées enseignent aux enfants : la lecture, l'écriture, la langue française, le calcul, l'histoire, la géographie, les sciences, les arts, etc... Quelques-unes de ces écoles donnent l'instruction religieuse.

Les élèves ont des livres pour chacune de ces branches de l'instruction. La lecture attentive et réfléchie de ces livres éveille leurs pensées, dirige leur esprit, exerce leur mémoire, colore leur imagination et leur rend plus facile l'étude des connaissances; alors, avec le concours et la haute direction de leurs professeurs, se développent successivement toutes les forces, toutes les puissances de leurs facultés intellectuelles.

Ils ont aussi le catéchisme, qui leur révèle les vérités de la foi.

Mais il n'en est pas de même peut-être de l'enseignement de l'éducation morale religieuse, qui n'a maintenant ni ses jours, ni ses heures, ni ses maîtres, ni ses livres particuliers. Le plus souvent il se communique aux élèves simplement par les leçons quotidiennes de l'instruction, c'est-à-dire par voies indirectes, accidentelles, imprévues, qui effleurent avec mollesse leur esprit sans pénétrer leurs sentiments.

L'éducation peut-elle donc s'accommoder de ce superficiel enseignement, qui risque de laisser le cœur des élèves sans culture morale efficace, leur âme sans dignité, sans grandeur!

Depuis que l'esprit de spécialité, de détails spéculatifs, qui, peu à peu, absorbe le père de famille et le rend indifférent aux siens, et, plus particulièrement, depuis que la mère, cédant à la mode de l'éducation collective, s'est désintéressée de l'éducation de famille, le besoin de relever cette éducation par l'école, s'impose absolument et devient un impérieux devoir pour l'instituteur et pour l'institutrice chargés d'élever les enfants qui leur sont confiés.

Mais, pour rendre cet enseignement pratique et fécond dans l'école, il faut y introduire les instruments civilisateurs spéciaux. Il faut, comme en matière d'instruction, expliquer et démontrer aux élèves les principes, les règles d'une bonne et sage éducation, et les infiltrer, goutte à goutte, dans le cœur par le développement des sentiments, tout comme la science n'entre dans l'esprit que lentement par l'étude des connaissances.

Le premier besoin de l'enfant, en entrant à l'école, est donc d'y trouver un livre, écrit pour son jeune âge, dans lequel il puisse apprendre ses leçons d'éducation, comme il apprend, dans ses autres livres, ses leçons de grammaire, de géographie, avant de se rendre à l'école.

C'est dans cet esprit que nous avons publié pour la première fois, en 1879, l'*Essai d'éducation* par demandes et réponses, à l'usage commun des filles et garçons qui fréquentent l'école primaire.

Mais cet ouvrage était incomplet. Les familles et les instituteurs auraient voulu y trouver une méthode d'enseignement de l'éducation, applicable aux enfants du premier âge, se développant progressivement, avec leurs facultés, jusqu'à leur sortie de l'école et leur entrée dans le monde.

La *Trilogie de l'education* se propose, cette fois, de répondre à ce large programme.

La première partie comprend l'éducation religieuse et morale dans la famille et par la famille.

La seconde partie traite de l'éducation religieuse, morale, intellectuelle et civique dans l'école et par l'école.

La troisième partie est le complément de l'éducation religieuse, morale et civique dans la société et par la société.

Cette nouvelle œuvre d'éducation pratique s'adresse indifféremment à tous les enfants, garçons et filles. Parmi nos préceptes, s'il en est quelques-uns qui intéressent plus particulièrement les garçons que les filles et réciproquement, ce ne sont que de très rares exceptions inévitables, qui justifient le principe de l'enseignement uniforme de l'éducation, car pourquoi diviser et écrire deux livres semblables, quand un seul suffit et peut se communiquer avec fruit du frère à la sœur et mutuellement?

Écrite tout naturellement, comme l'oiseau chante, dans l'intimité et le sourire, d'un style simple et familier, sans grand fonds d'études classiques, et d'ailleurs comme il convient à l'âge et à la condition des enfants qui fréquentent l'école primaire, et dans la forme du dialogue entre le maître ou la maîtresse et l'élève, notre Trilogie aura, nous l'espérons, l'avantage d'imprimer plus sûrement dans la pensée les choses que l'on veut faire apprendre.

Cependant, nous avons cru devoir rompre parfois avec le mode interrogatif. Quelques articles demandent, pour être bien compris, plus d'efforts d'esprit que ne l'exige une réponse préparée, et aussi nous avons voulu prémunir l'enfant qui croit tout savoir quand sa mémoire le sert fidèlement, contre une vanité présomptueuse, en le mettant aux prises avec les difficultés de l'interprétation de la pensée.

Ce livre prend l'enfant à sa naissance, car alors commence déjà son éducation par un langage doux et ingénieux, dont l'amour maternel a seul le secret.

Lorsqu'à six ans l'enfant quitte les genoux de sa mère, il lui enseigne parallèlement cette double éducation de la famille et de l'école, qui élève les sentiments du cœur, donne des connaissances à l'esprit, et féconde les facultés morales et intellectuelles.

Puis, après l'avoir fait passer par tous les devoirs gradués de l'éducation, il lui ouvre les perspectives des fonctions publiques et de l'apprentissage professionnel, suivant son âge, son sexe et ses aptitudes, et le conduit dans la société, où l'enfant entre avec l'âme et l'esprit éveillés, des idées claires, du jugement, et les notions élémentaires de ses devoirs et de ses droits civiques. Et, à mesure que son intelligence grandit, il acquiert, par une lecture plus attentive, par la réflexion plus féconde, par le contact du monde, la connaissance sommaire des grandes vérités qui font vivre les familles, les sociétés, les Etats.

Dans les familles jalouses de perpétuer les nobles et pieuses traditions de l'éducation religieuse et morale, ce livre apporte son concours à cet enseignement, en le facilitant.

Dans l'école, il est l'auxiliaire de l'instituteur et de l'institutrice dans l'éducation morale, religieuse et civique de leurs écoliers.

Il est pour les enfants des familles laborieuses, lesquelles n'ont ni le temps ni les moyens d'élever leurs sentiments, le mentor bienveillant qui leur manque au foyer domestique.

Ce livre, qui vise l'intelligence, échauffe le cœur et l'âme des enfants, nous le mettons respectueusement sous la haute protection des familles, avec cette confiance que l'enfant d'aujourd'hui, c'est l'homme, c'est la femme de demain, et que lui enseigner, au début de la vie, l'éducation religieuse, qui fait aimer Dieu, la famille, la patrie; l'élever en grandissant dans le respect de sa dignité et de ses devoirs, dans sa grandeur morale, orner son esprit et féconder son intelligence, c'est le rendre meilleur, et aussi contribuer à hausser le niveau moral et intellectuel de la nation, et, par conséquent, exercer une influence appréciable sur les destinées de la patrie.

D. COUVREUR.

LES PREMIERS PRINCIPES
DE L'ÉDUCATION

> La moralité d'un peuple doit avoir pour base la religion, pour appui l'éducation, et pour gardienne la justice.

PREMIÈRE PARTIE

De l'éducation religieuse et morale dans la famille et par la famille.

I

CE QUE SE PROPOSE L'ÉDUCATION

L'éducation est l'art de manier et de façonner l'enfant; elle doit commencer à sa naissance, car dès cet âge il est capable de recevoir des impressions, et il sera, dans un âge plus avancé, ce qu'on l'aura fait dans son enfance.

L'éducation repose sur deux principes fondamentaux intimement liés : la religion et la morale. Son enseignement se propose donc de donner à l'âme de l'enfant une culture religieuse et morale.

Qu'est-ce que l'âme?

L'âme, principe de la vie humaine, est immatérielle de sa nature, intelligente dans ses opérations, immortelle dans sa destinée. Dieu la créa et l'unit au corps, et l'être qui résulte de l'union étroite et mystérieuse de deux substances si diverses s'appelle l'homme, la femme. En l'âme résident : la pensée, la volonté, le sens moral. Le cœur, l'esprit, l'intelligente activité sont ses principales facultés. Elle dirige, elle a la conduite de nos actions; elle est au corps ce que le souverain absolu est à son peuple, mais avec une influence plus directe, plus prépondérante et plus efficace.

En effet, sous un gouvernement absolu, le souverain est revêtu de l'autorité suprême. Son pouvoir s'étend à tout. Il donne le mouvement, la direction à toutes choses; il active ou modère le zèle, le dévouement à son service, il est l'âme de son peuple.

Pour exercer cette suprématie avec une équitable justice, avec les qualités et les sentiments propres à rendre son règne immortel par la félicité de son peuple, le souverain doit être élevé dans le respect délicat et scrupuleux de ses droits et de ses devoirs.

L'âme, ayant sur tout l'homme une puissance bien supérieure à celle de ce souverain sur ses sujets, a besoin, pour gouverner et guider nos actions dans la voie de la vérité et de la vertu, d'être élevée dans le respect de sa dignité, dans la hauteur de ses sentiments, dans sa grandeur morale.

Par cette simple définition de l'âme et du besoin indispensable de faire son éducation, on voit si nous avons la pensée d'en abaisser la grandeur ou de méconnaître sa nature divine; non! L'éducation humaine est une si grande chose! Rien n'est trop grand pour elle. Nous désirons en faire saisir soudain les rapports, l'enchaînement avec nos actions, sans fatiguer l'esprit des enfants, sans troubler leur intelligence par un développement plus étendu, plus élevé.

Cette éducation de l'âme de l'enfant, de sa bonté native, de sa curiosité insatiable, de toute la printanière fraîcheur de ses facultés naissantes, qui doit commencer au berceau, est une œuvre collective dévolue à sa mère et à son père.

La mère est plus particulièrement chargée d'éveiller et de féconder ce qu'il y a de plus élevé dans l'âme de l'enfant, de plus délicat dans son esprit, de plus noble dans son cœur, de plus important dans sa destinée humaine, et de plus grand dans sa destinée éternelle.

La puissance paternelle, qui sait toujours mieux se faire respecter et obéir, donne à l'enfant une éducation relativement virile, selon son sexe; elle forme son caractère à la fermeté, sa volonté à la raison; elle dirige et règle son esprit, son imagination, son jugement, et le prépare aux vicissitudes humaines avec l'autorité d'une sage et intelligente expérience.

§ 1er. — *Méthode d'enseignement.*

A l'aurore de la vie, quand l'enfant ne sait encore que dormir, pleurer et sourire, commence déjà son éducation aux joyeux efforts de la vertu. Une mère, avec une douceur exquise, tact de l'âme, pénètre son enfant sans parole et sans froissement, le guide avec un sourire, le gagne avec une larme. L'expansion de ce qu'elle a de plus généreux, de plus vrai dans son amour, la rend maîtresse de ce petit être, dont elle forme le cœur en s'attachant à en faire l'étude, et, quand elle a gagné sa confiance et son affection, elle dirige le penchant de son âme vers le beau, le bien, le vrai, vers les mâles vertus qui font le caractère. Cette sublime tendance de bonne heure éveillée dispose à ce qu'il y a de grand, de noble, de généreux; c'est à l'éducation à s'emparer de cette tendance, qui est la racine de tout ce qui fait la gloire et la vie de l'humanité.

Ce premier enseignement, nous l'avons dit, commence à la naissance de l'enfant par un langage doux et ingénieux, dont l'amour maternel a seul le secret.

A mesure que l'enfant grandit, à mesure que son cœur s'ouvre à la sensibilité, son esprit à la clairvoyance, au discernement, que son intelligence devient plus active, l'enseignement, œuvre commune alors du père et de la mère, grandit aussi en sollicitude;

Mais en sollicitude attentive à deviner sa pensée, à le prémunir contre les impressions qui seraient un commencement de corruption de sa nature; car, à cet âge où la mémoire n'est pas chargée de beaucoup de choses, mais où rien de ce qui y entre n'en sort, l'âme s'imprègne pour la vie des impressions qu'elle reçoit, comme la toison fraîchement coupée boit la teinture qui va la colorer;

En sollicitude attentive aussi à l'entourer de bons exemples, car l'enfant a une disposition naturelle à l'imitation, et, ne pouvant discerner encore le bien du mal, il recherche l'un et l'autre avec avidité lorsqu'il y trouve des éléments qui contentent ses instincts ;

En sollicitude attentive enfin à tenir éloignés de sa vue (car il apprend beaucoup par l'office des yeux) les faits et les images qui dépravent les espérances de la vie; à cet âge les exemples et les faits entrent dans la pensée et s'y impriment comme un cachet dans un métal en fusion.

C'est par cette simultanéité de bons exemples et d'actions pouvant meubler et exercer la mémoire de l'enfant, qu'on le prépare au raisonnement.

Ce raisonnement tendre, élevé, enseigne à l'enfant le respect de lui-même, la dignité de sa nature, l'intérêt de ses destinées et de son bonheur, lui fait aimer l'obéissance, la discipline; soumet l'instinct à la volonté, les facultés physiques et morales à une direction fixe et habituelle; il lui imprime de salutaires inclinations pour ne contracter, par la répétition fréquente des mêmes actes, des mêmes situations, que des habitudes d'ordre et de tenue qui sont un commencement de moralité; il le pousse et le dirige dans la voie de la vérité et de la vertu, de cette vertu qui donne l'énergie obstinée dans le travail, la patience volontaire dans la privation, l'esprit de sacrifice, d'abnégation, d'attente, et les joies pures du devoir accompli.

Dès que l'enfant n'est plus, alors que l'homme, la femme, n'est pas encore, cet enseignement, plein de sollicitude, s'attache à retenir, au fond de son cœur, les idées de justice, de moralité, de droiture, de loyauté, de bienveillance, de charité, les fortes vertus que l'expérience de la vie fait germer, et la foi vive qui fait aimer Dieu, la vérité, l'honneur et la patrie.

Cette éducation, qui n'exclut ni la douceur ni la tendresse a pour soutiens : une vigilante attention, une volonté sans faiblesse, une fermeté sans défaillance, et, pour sanction, un régime sévère, tempéré par une bienveillante indulgence, qui ne laisse rien de coupable sans correction. Elle est la suprême civilisation de l'âme, la plus noble tendance de l'humanité, et ne laisse plus craindre les écarts d'une inconduite permanente.

Il se peut que l'enfant, livré à lui-même un peu trop tôt, soit emporté par le tourbillon du monde et de ses dangereux plaisirs; mais bientôt, la raison, le jugement et le respect de soi-même, réveillés par l'éducation, donnent, à la volonté et au caractère, la force de faire prédominer la vertu, qui rappelle à l'âme sa grandeur, à sa nature sa dignité.

Cette suprême civilisation se réalise dans l'œuvre commune au père et à la mère qui ont dans le cœur autant de grandeur que de tendresse, dans l'intelligence autant de raison que de fermeté, et, dans la pratique de l'enseignement religieux et moral, autant de prévoyance que de patiente assiduité.

Alors, l'enfant entre à l'école avec le sentiment du devoir. Il sait aimer, il veut savoir. C'est la vie résumée dans ses termes éternels et sublimes qu'on ne peut séparer, car ils se confondent pour se fortifier.

§ 2. — *Défaillances.*

Mais cette éducation, qui relève et punit toutes les fautes, cette rude et salutaire discipline, qui soumet et corrige, sont incompatibles avec ces caractères qui seraient tout amour de mère, opprimant la conscience du devoir, et faisant de la correction effective un acte d'impiété.

Elle est encore incompatible avec les faibles intelligences, inconscientes des besoins de l'éducation.

Pour la mère, occupée par son commerce, par les besoins de son ménage ou par son travail manuel, qui ne peut donner à son enfant que des soins interrompus, discontinués pendant la durée de ses occupations journalières, le régime sévère lui semble également incompatible avec cette intermittence de sollicitude qui la dispose, au contraire, à une extrême bienveillance.

Ce n'est pourtant pas assez d'ombrager cette jeune fleur d'un regard vigilant, il faut encore lui prêter l'appui d'un tuteur pour la maintenir ferme et droite, pour la garantir contre les souffles impurs qui pourraient la flétrir, et pour combattre ses tendances naturelles à de mauvaises inclinations.

L'enfance, qui personnifie cette fleur, a pour tuteur la discipline. La discipline a trois fonctions principales dans l'éducation :

1° Montrer, en tout temps et en tout lieu, la route du devoir, c'est la discipline *directrice;*

2° Écarter les occasions dangereuses, c'est la discipline *préventive;*.

3° Ne laisser rien de coupable sans correction, c'est la discipline *répressive.*

Quand le sourire a disparu des lèvres, quand l'âme n'est plus en paix, l'enfance est en révolte. Il faut déjà peser de sa domination toute-puissante sur cette jeune organisation, tendre et facile à pénétrer, et l'amener à implorer son pardon par l'expression de ce sentiment dans les regards; une tendresse qui sèmerait l'indulgence à chaque pas ferait germer plus tard de funestes moissons. C'est dans l'âge de l'enfance, où les peines sont le moins sensibles, qu'il faut multiplier les corrections pour les épargner dans l'âge de raison.

Mais est-ce possible? Si jeune!

Dans ce lamentable obscurcissement de son esprit et de sa raison, la mère, sans effort de résistance, sans lutte avec elle-même, s'oubliant jusqu'à trahir ses devoirs et vaincue par cette tendresse excessive qui est la paille qui brise le fer de la volonté, calme les impatiences de son enfant par ses sourires, par ses caresses; elle joue avec ses caprices, avec ses passions naissantes, elle s'en divertit jusqu'à leur permettre toutes sortes de libertés; elle gâte son esprit par l'exagération inconsidérée des louanges; elle gâte son cœur en s'occupant de lui à l'excès dans ses loisirs, en l'adorant, en l'idolâtrant; elle gâte son caractère en lui laissant faire toutes ses volontés, en accordant à ses goûts, à ses appétits, tout ce qu'elle peut, à sa paresse, tout ce qu'il veut; ses désirs croissent incessamment par la facilité de les satisfaire, et il devient impérieusement exigeant.

Au moindre refus l'enfant oppose un silence chagrin, boudeur, et, si on lui tient rigueur, il pleure, il crie et se met en colère; pour apaiser cette révolte, la mère, deux fois défaillante à cette force d'énergie qui relèverait le moral de son enfant en réprimant ces écarts de sentiments, cède en pleurant sur sa faiblesse; — elle cède pour avoir la paix; — elle cède par égard pour un témoin qui se scandalise des tourments de l'enfant; — elle cède par crainte de compromettre sa santé; — elle cède enfin, accablée par ce surcroît de faiblesse qui la rend impuissante à réagir contre elle, et, à chaque abandon de sa volonté, l'enfant acquiert un degré de plus d'exigence et perd un degré d'élévation morale.

Le père subit, comme la mère, cette douce loi qui le rapproche de plus en plus de son enfant. Comme elle aussi, il se laisse prendre sans qu'il le sache, sans qu'il s'en doute, par l'expression puissante de ce petit être, par l'observation de sa grâce, par la séduction de sa faiblesse, par tout ce qui fait que l'on aime, et il lui prodigue une tendresse idolâtre, et quand il devrait s'associer, dans la mesure de ses facultés, d'une façon intime à ses pensées, aux mouvements de son esprit, à ses curiosités, à tous ses travaux; l'aider, le seconder, le relever de ses découragements en l'éclairant, en le guidant sur ses doutes et en le récompensant dans ses succès par une parole affectueuse, son âme mollement trempée subit de tous les malaises moraux le plus terrible, l'affaissement, l'effacement du caractère; alors il laisse son enfant grandir sous l'aile de sa mère, et, satisfait de s'en croire aimé, il oublie son rôle d'éducateur et ainsi vont s'égarer, dans un aveuglement sensible et profond, sa dignité paternelle, son autorité, son bon sens et ses devoirs de père.

Ainsi, au lieu de profiter de cet âge le plus tendre et le

plus propice à la docilité, à l'éveil des sentiments qui font les âmes fières; au lieu d'apprendre à cet enfant que le but de la vie est le perfectionnement moral qui fait sa grandeur, au lieu de lui donner la vigueur et une inflexible énergie pour vaincre par une lutte de chaque jour, par un combat de chaque heure, les défauts inhérents à notre nature et opposer une digue à de plus graves égarements, qu'arrive-t-il? Une lâche et absolue condescendance à supporter son obstination, ses emportements, son ingratitude, son égoïsme naissant et déjà passionné, capricieux, ardent, maintient l'enfant dans l'ignorance native avec une âpreté inconsciente de persistance, et, quand toute cette semence est répandue dans son âme, son père et sa mère se persuadent encore que l'école réparera ce désordre.

L'éducation n'a pas ordinairement assez de pouvoir pour arrêter sur la pente cette nature toujours plus rapidement entraînée vers le mal. Cependant l'instituteur et l'institutrice n'hésitent pas à entreprendre cette conversion, où, le plus souvent, ils échouent, quelles que soient leur patience, leur fermeté, leur intelligence et l'union de tous leurs efforts.

Alors, cet enfant qui serait devenu une valeur par l'enseignement, qui aurait dompté son caractère, discipliné sa nature, moralisé son cœur, élevé son âme, devient fatalement un danger pour sa famille et pour la société.

§ 3. — *Maximes.*

Mettons sous les yeux des parents ces graves maximes que le Sage prononçait autrefois :

« Celui qui aime ses enfants ne se lasse pas de les corriger, espérant qu'il trouvera par là, en eux, son bonheur à la fin de ses jours, et qu'il ne les verra pas mendier aux portes.

» Vous avez des enfants, donnez-leur une bonne éducation et accoutumez-les, dès leur plus tendre jeunesse, au joug de l'obéissance.

» Ce n'est point aimer son enfant que de lui épargner les châtiments : quand on l'aime véritablement on s'applique à le corriger.

» Châtiez votre enfant sans jamais perdre courage, de peur qu'il ne vous réduise à la nécessité de souhaiter sa mort.

» Le cheval qu'on n'accoutume point au mors devient indomptable, et l'enfant abandonné à ses caprices ne connaît plus de frein.

» Flattez votre enfant, il vous rendra tremblant; jouez avec lui, et il vous attristera.

» Ne vous familiarisez même pas trop avec lui, de peur que vous n'ayez bientôt sujet de vous en repentir et qu'il ne vous réduise enfin au désespoir.

» Ne le rendez pas maître de ses actions pendant sa jeunesse; surveillez jusqu'à ses pensées.

» Courbez sa tête et soumettez-le dans sa jeunesse; châtiez-le sévèrement pendant qu'il est enfant, de peur qu'il ne s'endurcisse et ne veuille plus vous obéir, et qu'alors il ne devienne la douleur de votre âme.

» Instruisez votre enfant, travaillez à le former, de peur qu'il ne vous déshonore par une vie honteuse.

» Ne laissez pas votre enfant vivre sans discipline et sans règle.

» Si vous l'élevez avec fermeté, vous délivrez son âme de la mort.

» La sottise est comme attachée et liée dans le cœur d'un enfant : c'est la verge de la discipline qui l'en chassera.

» Élevez bien votre enfant et il rafraîchira votre cœur et il fera les délices de votre âme. » (*Ecclésiastique*, *Proverbes*.)

Terminons cet article par un mot de Fénelon, à l'adresse des mères.

« Les enfants, dit-il, qui feront dans la suite tout le genre humain, que deviendront-ils si les mères les gâtent dès les premières années? Les désordres des enfants viennent souvent de la mauvaise éducation qu'ils ont reçue de leur mère. »

II

DEVOIRS RELIGIEUX

§ 1er. — *Le réveil.*

Enfants,

Vous voici arrivés à l'âge où l'on sourit à la vie, où le cœur se développe et s'élargit, où l'âme prend son essor et cherche à aimer, à être aimée, où l'intelligence s'ouvre aux conseils de la raison.

Écoutez, répondez et retenez.

D. Quel est le premier devoir de l'enfant à son réveil?

R. Le premier devoir de l'enfant à son réveil est de faire le signe de la croix de la main droite, en disant : Mon Dieu, je vous donne mon cœur : conservez la santé à papa, à maman et à tous mes parents.

§ 2. — *Dieu.*

Dieu est un être, pur esprit, qui peut parfaitement penser, juger, vouloir, voir et entendre, et qui n'a rien de matériel.

Dieu est la source de la raison, le principe de l'autorité, du respect; la sagesse infinie, la droiture infaillible. Infiniment puissant, infiniment bon, Dieu se révèle à nous par ses œuvres où se réfléchit la beauté divine.

Dieu est le souverain créateur de toutes choses, celui dont la volonté féconde et toute-puissante nous a tirés du néant.

Dieu vit au ciel, et du haut de ce fortuné séjour il gouverne le monde.

Nous voilà face à face avec la vérité!
Salut, principe et fin de toi-même et du monde,
Toi qui rends d'un regard l'immensité féconde.
Ame de l'univers, Dieu, père, créateur,
Sous tous ces noms divers, je crois en toi, Seigneur.
Cet astre universel, sans déclin, sans aurore,
C'est Dieu, c'est ce grand tout, qui soi-même s'adore!
Il est, tout est en lui, l'immensité, les temps
De son être infini sont les purs éléments;
L'étendue à mes yeux révèle sa grandeur,
La terre, sa bonté; les astres, sa splendeur.
L'espace est son séjour, l'éternité son âge;
Le jour est son regard, le monde est son image:
Tout l'univers subsiste à l'ombre de sa main;
L'être à flots éternels découlant de son sein,
Comme un fleuve nourri par cette source immense,
S'en échappe et revient finir où tout commence.

(De Lamartine.)

§ 3. — *La morale.*

La morale est la science des mœurs, c'est-à-dire des habitudes naturelles ou acquises, dans tout ce qui regarde la conduite de la vie. Elle repose sur trois principes fondamentaux :

La notion du bien et du mal ;

La notion du devoir, ou l'obligation de faire le bien et de fuir le mal ;

La notion du mérite ou du démérite, ou la ferme croyance que celui qui fait le bien mérite récompense, et que celui qui fait le mal mérite punition.

Le premier de ces principes touche essentiellement à la philosophie, le second à la politique et le troisième à la religion.

L'étude de cette science embrasse toutes les grandes facultés de l'âme, l'intelligence, la sensibilité et la liberté, et a pour mission de régler la vie entière de l'homme.

La morale est le plus puissant auxiliaire de la religion.

§ 4. — *La religion.*

La religion est le lien qui nous unit à Dieu, qui nous porte à l'aimer, à l'adorer, à le servir en remplissant les devoirs qu'il nous a prescrits par ses lois. La religion est une institution divine, civilisatrice, moralisante qui tend à vivifier en nous cette tendance de l'âme, l'amour de la vertu, base suprême de la famille et de la moralité d'un peuple. La religion, enfin! comme le dit éloquemment Mgr Dupanloup, « cette unique et immortelle conciliatrice des sociétés humaines, qui rapproche tous les enfants de Dieu, qui n'en fait qu'une seule famille de frères et leur apprend à ne se refuser jamais les uns aux autres ni la vérité, ni la charité, ni la justice ; qui réunit toutes leurs pensées, toutes leurs affections en une seule et même affection, en une seule et même pensée, la pensée et l'amour du Père commun ; qui les rassemble dans les fêtes religieuses pour n'être tous de concert qu'un seul cœur, une seule âme, une seule voix, et chanter unanimement les louanges du Créateur, apprendre à l'aimer ensemble et à s'aimer les uns les autres pour l'amour de lui. »

L'éducation religieuse et morale éveille l'âme aux visions de la foi, fait germer, éclore et fleurir dans le cœur les plus aimables, les plus touchantes, les plus héroïques vertus, et par la pratique des devoirs religieux se fortifient l'amour du bien, du beau, du vrai et la vive espérance, cet appui de Dieu, qui soutient le devoir par la récompense.

§ 5. — *La prière.*

La religion étant le lien qui nous unit à Dieu, il en résulte l'obligation de la prière.

La prière est la manifestation naturelle et nécessaire du besoin et du sentiment religieux.

Elle est l'acte de *religion* par lequel on s'adresse à Dieu pour reconnaître sa divine souveraineté sur les âmes. Cet hommage de reconnaissance est aussi l'aveu de la dépendance de la créature par rapport au créateur.

La prière est un *besoin*, elle est l'humble appel du pécheur à la miséricorde de Dieu; elle est l'expression sincère du repentir et le recours aux libéralités de celui qui est l'auteur de la loi morale et le juge infaillible des actions humaines.

On prie Dieu pour lui demander les grâces dont on a besoin, pour combattre et vaincre les défaillances du cœur et de l'esprit et pour se maintenir ferme dans le devoir.

On prie Dieu, enfin, pour le remercier des grâces qu'il daigne nous accorder.

La prière est une grande et douce consolation dans l'affliction, dans la douleur; elle fortifie les tendres courages et nous donne la force de supporter, sans faiblesse, les rudes et âpres épreuves de la vie.

D. A quel moment doit-on prier?

R. L'enfant doit faire sa prière, chaque matin, en se levant.

D. Après cette expansion de l'âme que doit-il faire?

R. Il va embrasser son père et sa mère en leur souhaitant le bonjour.

D. Où se trouve le modèle de la prière?

R. Dans le catéchisme, dans l'Évangile, dans les paroissiens.

D. Quelle action doit finir la journée?

R. C'est également la prière.

D. Et après la prière du soir quel est le dernier devoir qui termine la journée de l'enfant?

R. Ce dernier devoir de l'enfant est de souhaiter le bonsoir à ses parents en les embrassant de tout son cœur.

D. La prière a-t-elle une grande influence sur la vie d'un enfant?

R. La prière est le plus grand de tous les devoirs pour l'enfant; sans la prière, l'enfant est comme le vaisseau sans gouvernail; il fait naufrage.

D. Que peut demander un enfant dans ses prières?

R. Dans ses prières, l'enfant demande le bonheur pour ses parents, la santé et la sagesse pour lui-même, et les grâces dont il a besoin pour le salut de son âme.

D. La prière n'est-elle pas aussi un instinct?

R. Oui, et les sauvages, qui ne connaissent pas le vrai Dieu, adorent cependant des idoles qu'ils se créent eux-mêmes.

D. Lorsque vos parents sont malades, est-ce que vous n'élevez pas vos cœurs, vos mains vers Dieu?

R. Oui, nous disons bien souvent : O mon Dieu, ayez pitié de mon père, de ma chère maman, conservez-les à leurs enfants.

D. Si vous priez dans le malheur, parfois, ne vous abstenez-vous pas de prier quand vous êtes heureux?

R. Cela nous arrive et cependant ne pas prier lorsqu'on est heureux, c'est se montrer ingrat, c'est commettre une faute grave.

D. Cet aveu ressemble à une promesse de vous conduire mieux à l'avenir?

R. Oui, nous en prenons l'engagement.

D. Quel est le livre où se trouvent mentionnés les devoirs du chrétien?

R. Ce livre sublime est l'Évangile.

D. Quel est le livre qui enseigne les vérités de la foi?

R. C'est le catéchisme.

D. Les enfants font-ils une sérieuse étude du catéchisme?

R. Oui, deux années avant la première communion il est bon de suivre le catéchisme, et plusieurs années après, le catéchisme de persévérance.

D. Que se propose l'instruction religieuse?

R. Elle se propose de nous faire connaître les vérités qui éveillent et fortifient le sentiment religieux et les devoirs que la religion prescrit d'observer.

D. Par qui cette instruction est-elle donnée?

R. L'instruction religieuse est donnée par les ecclésiastiques, les curés et les vicaires, sous l'autorité des évêques.

En effet, cette haute mission de donner ce beau, ce grand enseignement pratique des devoirs religieux et de la charité, est plus particulièrement confiée aux ministres de la religion. C'est une des bases principales et fécondes de l'éducation.

§ 6. — *L'église.*

L'église est le lieu où l'on s'assemble pour faire la prière en commun, pour célébrer le culte de Dieu publiquement et avec solennité. C'est en même temps un lieu de prière et de recueillement individuel. C'est encore une école de respect où l'on apprend à rendre à Dieu ce qui est à Dieu et à César ce qui est à César.

D. Comment un enfant doit-il se présenter à l'église?

R. L'enfant doit entrer dans ce saint lieu avec respect, se découvrir, prendre de l'eau bénite, en offrir aux personnes qui l'accompagnent, se signer, se rendre doucement à sa place, s'y tenir tranquille et s'abstenir de tout discours.

D. Si l'enfant ne sait pas encore lire, que doit-il faire à l'église?

R. Il peut réciter son chapelet, écouter respectueusement les chants et doit s'abstenir de troubler les personnes qui prient à côté de lui.

D. L'enfant qui sait lire, comment doit-il s'y comporter?

R. L'enfant qui sait lire, doit suivre les prières de l'office du commencement à la fin.

D. Est-il nécessaire d'assister aux offices du dimanche, jour du Seigneur?

R. Oui, il faut assister aux offices du dimanche, jour du Seigneur, et prier Dieu, le créateur du ciel et de la terre.

Soyez croyants, enfants, en Dieu, au foyer de la famille, à l'honneur, à la patrie. Prouvez que la sève de l'être moral n'est point tarie.

C'est à votre âge précisément que la semence religieuse

est féconde et fait germer dans l'âme de celui qui la reçoit des principes, des croyances qui gouvernent toute sa vie.

C'est au ciel, Timandre, au ciel que réside
La paix, la sagesse et le bien solide,
Et c'est vers le ciel que, pour être heureux,
L'homme doit tourner son cœur et ses vœux.
(REGNIER-DESMARETS.)

III

DEVOIRS ENVERS LA FAMILLE

—

§ 1er. — *L'amour filial.*

L'amour filial est une tendresse ardente de l'enfant pour son père et sa mère. C'est une expansion libre et volontaire de la plus généreuse reconnaissance des bienfaits qu'il reçoit.

D. L'enfant doit-il aimer ses parents?

R. Oui, l'enfant doit aimer ses parents de tout son cœur.

D. Pourquoi l'enfant doit-il aimer ses parents?

R. L'enfant doit aimer son père et sa mère, parce que notre père et notre mère nous aiment, travaillent pour nous élever, prennent soin que nous ne manquions de rien, et qu'aucun sacrifice ne leur coûte pour assurer notre avenir.

D. Ainsi l'enfant a de grands devoirs à remplir à l'égard de ses parents?

R. L'enfant doit, par sa tendresse, par son obéissance, par son travail, prouver à ses parents qu'il n'est pas ingrat, c'est-à-dire qu'il comprend toute l'étendue de ses devoirs. Il doit aimer ses parents et toujours les servir et les respecter.

D. Ne doit-il pas aussi s'attacher à leur témoigner son amour et sa reconnaissance?

R. Oui, c'est pour notre père et notre mère que nous

devons réserver les épanchements de notre cœur, nos services affectueux; nous devons leur rendre la vie aussi douce, aussi aimable que possible.

L'amour filial est le moyen pour les enfants, filles et garçons, de commencer de bonne heure cet apostolat de tendresse qui prépare les cœurs à l'avènement de la vérité.

Avez-vous jamais pensé, chers enfants, à l'isolement de l'orphelin, seul dans le monde, privé des caresses d'une mère, des embrassements d'un père; songez-y et que votre affection pour vos parents demeure toujours vive, ardente; ils sont vos anges gardiens sur la terre; rendez-les fiers de leurs enfants par votre bonne conduite, soyez dignes de leur amour.

§ 2. — *Soumission envers ses parents.*

La soumission à la famille est la vertu des enfants, lesquels, ignorants des véritables chemins de la terre, ont besoin d'être dirigés sans cesse par ceux qui les aiment.

La soumission consiste à se conformer aux désirs de ses parents, sans murmure, avec empressement, à mettre son dévouement dans la soumission, son affection dans l'obéissance et à recevoir avec docilité tout ce qui vient d'eux : conseils, exhortations, avertissements, reproches, réprimandes, punitions, enfin à leur témoigner tout le plaisir qu'il y a à leur plaire et à les aimer sachant bien qu'on en est aimé.

D. Accomplissez vous ce devoir dans toute son étendue?

R. Nous sommes bien souvent rebelles aux volontés et aux conseils de notre père et de notre mère et, dans l'école, nous apportons les mêmes dispositions.

D. Vous dites pourtant aimer vos parents; votre conduite est en contradiction avec cet aveu.

R. Nous les aimons bien, et, si nous abusons souvent de leur bonté, c'est moins la faute de notre affection que celle de la légèreté de notre esprit.

D. De sorte qu'il vous est indifférent de leur faire de la peine?

R. Oh! non, nous agissons étourdiment sans mauvaise intention.

D. Le mal n'en est pas moins réel. Avec un peu de réflexion cependant, il vous serait facile de comprendre que si vos parents vous font un reproche, s'ils vous adressent une exhortation, un avertissement, c'est dans l'intérêt de votre éducation?

R. Voilà ce que nous ne comprenons pas tout d'abord. Le reproche nous blesse parce que nous croyons, par amour-propre, ne pas l'avoir mérité.

D. C'est un tort sans doute?

R. Oui, car au lieu de nous excuser de notre insoumission, nous murmurons et nous opposons quelquefois une résistance passive.

D. Voilà qui est fort mal. Mais, quand vous faites retour à la raison, votre premier soin est-il de faire agréer vos excuses et votre repentir?

R. Non, rarement nous demandons pardon de nos fautes à nos parents parce qu'ils nous paraissent n'en avoir pas gardé le souvenir.

D. De plus mal en plus mal. Vous ne seriez plus excusables de persévérer dans cette conduite maintenant que vous vous reconnaissez coupables d'un faux amour-propre; cette négligence à vous excuser, à solliciter votre pardon est mauvaise; il est temps que vous preniez la ferme résolution de vous corriger.

R. Nous ferons pour cela tous nos efforts, en nous rappelant que la soumission, à la volonté et aux conseils de notre père et de notre mère, est notre premier devoir.

Il n'est peut-être pas hors de propos d'applaudir ici à la soumission passive que certains parents exigent et obtiennent de leurs enfants, soit par une disposition naturelle et volontaire, soit par la constante et ferme volonté paternelle.

Plus tard, quand ces enfants sont grands, quand la raison vient éclairer leur jugement, ils conservent de ce passé un reste d'habitude qui leur rend l'obéissance aussi facile qu'intelligente.

Devenus majeurs, ils ont la conviction que ce n'est pas abaisser son cœur que de se plier à l'obéissance aux lois, aux devoirs de son état, à la discipline sociale et professionnelle envers ses chefs et ses supérieurs hiérarchiques, que le caractère gagne, au contraire, en élévation quand le jeune homme et l'homme, quand la jeune fille et la femme accomplissent ce devoir avec le sentiment délicat de la soumission.

Rappelons ici que la respectueuse soumission de l'enfant, incliné sous la main de son père qui le châtie pour le corriger de ses défauts, est un acte plein d'amertume et de repentir, mais qui témoigne en faveur de son intelligence qui lui fait comprendre que cette correction est pour son bien.

« Un jour le fils d'un chef croate (Hongrie) avait volé des fruits dans le verger du château. M... alla se plaindre au grospodar.

» — Combien valent tes fruits? demanda celui-ci. — Un florin, répondit M...

» Le chef paya, et appelant son fils : — Va chercher un banc. Le fils obéit.

» Le père lui fit signe de s'étendre dessus. Il lui lia les mains derrière le dos et lui administra vingt coups de bâton.

» Le fils se releva, reporta le banc à sa place et vint baiser la main de son père en lui disant : merci. »

Méditez sur cet exemple de soumission filiale.

§ 3. — *Les grands-parents.*

D. Avez-vous bien la connaissance de vos grands-parents?

R. Parfaitement.

D. Quels sont-ils?

R. Ce sont le père et la mère de notre père et de notre

mère que nous appelons grand-papa et grand'maman, ou grand-père et grand'mère.

D. Y en a-t-il d'autres?

R. Oui, ce sont encore les frères et sœurs de nos père et mère, que nous appelons nos oncles et nos tantes.

D. Devez-vous aux grands parents obéissance et respect?

R. Oui, les enfants, et à plus forte raison les petits-enfants, doivent obéissance, respect, soins et dévouement aux grands-parents.

D. Est-ce mal de troubler le repos des grands-parents?

R. Oui, si un cher grand-papa repose, l'enfant doit respecter son sommeil et cesser ses jeux bruyants. Il agit de même à l'égard de sa grand'maman.

D. Si vos parents désirent un objet qui n'est pas à leur portée, que devez-vous faire?

R. L'enfant doit se hâter de chercher la chose désirée et doit l'apporter avec empressement et bonne grâce.

D. Quel est le devoir des enfants si leurs grands-parents ne peuvent sortir ou s'ils ont l'habitude de rester chez eux?

R. L'enfant doit les visiter aussi souvent que possible; rester près d'eux le plus longtemps qu'il peut, leur tenir compagnie, leur faire une lecture, les charmer par sa gaîté et sa bonne humeur.

D. Dans ces doux entretiens avec ses parents, l'enfant n'a-t-il pas plusieurs avantages?

R. Certainement il acquiert des connaissances : les personnes âgées ont beaucoup vu, souvent beaucoup étudié; elles ont l'expérience de beaucoup de choses et les enfants ont considérablement à gagner dans leur société.

D. D'où vient qu'il y a des enfants qui s'éloignent de leurs grands-parents ou que, s'ils les visitent à de longs intervalles, ou par de courtes apparitions, leurs démarches sont toujours empreintes d'impatience ou d'une certaine contrainte?

R. C'est que le cœur de ces enfants n'est point élevé. Dans l'ignorance de l'enseignement qui élève et ennoblit les sentiments, ils subissent l'influence de leur égoïsme d'où se dégage fatalement l'irrésistible entraînement à l'ingratitude.

Profitez, chers enfants, des leçons de l'éducation pour vous préserver de l'ingratitude. Soyez attentifs aux désirs de vos père et mère et de vos grands-parents; remplissez auprès d'eux, avec empressement et bonne grâce, tous les soins qu'inspire une véritable tendresse et soyez bien convaincus qu'il y a entre cet enfant, fidèle observateur de ses devoirs, et celui qui les méconnaît, toute la distance qui sépare l'honneur du mépris. Ambitionnez l'honneur, la considération, n'encourez pas le mépris.

§ 4. — *Des sacrifices des parents.*

Les sacrifices des parents se résument en un état d'abnégation sublime, de dévouement intrépide, par lequel ils consacrent leur existence et font l'abandon d'eux-mêmes, de leur vie, de ce qu'ils ont de plus cher en faveur de leurs enfants, espérance de la famille.

D. Ignorez-vous que vos parents s'imposent des privations pour satisfaire à votre éducation et à votre instruction?

R. Nous en avons le soupçon, car, en y réfléchissant bien, nous nous rappelons que nos parents ont dit : quelle année difficile, encore une perte d'argent, une faillite où nous perdons une forte somme. Il faudra nous priver de beaucoup de choses pour suffire à l'éducation et à l'instruction de nos enfants.

D. Que devez-vous faire, étant bien convaincus que vos parents font des sacrifices réels pour vous élever et instruire?

R. Nous devons ne pas perdre une minute, et apporter la plus grande application à nos devoirs d'écoliers et d'écolières, afin de rendre profitables les sacrifices de nos parents.

D. Croyez-vous que vos mères ne s'imposent pas mille privations pour vous?

R. Oui, nous devons nous persuader que nos mères se sont privées de bien des choses qui leur eussent fait plaisir et qu'elles se sont dit : l'enfant d'abord. Et nous pouvons être paresseux? Oh non! car alors nous n'aurions pas de cœur.

Voilà un élan qui contient implicitement une promesse dont la réalisation vous vaudra l'approbation de tous les esprits droits. Agissez donc de manière à récompenser votre père et votre mère de leurs soins, de leur tendresse et de leurs sacrifices pour le succès de vos études, et hâtez-vous de les affranchir au plus tôt de ces sacrifices.

§ 5. — *De l'assistance des enfants envers leurs parents.*

L'assistance consiste à venir en aide à ceux qui souffrent, à défendre leurs intérêts et à les secourir avec un généreux empressement dans la nécessité.

D. L'enfant doit-il assistance à son père, à sa mère, à son grand-papa, à sa grand'mère dans le besoin?

R. Oui, l'enfant devenu grand doit aide, abri, nourriture à son père, à sa mère, à son grand-père, à sa grand'mère, dès qu'ils ne peuvent plus se suffire à eux-mêmes par le travail.

D. Est-ce à cela seulement que se bornent ses services?

R. Il doit toujours montrer à ses parents la même déférence, la même affection; les aimer d'autant plus qu'ils sont devenus âgés ou infirmes. Leur grand âge, leurs infirmités doivent les rendre plus vénérables et plus chers.

D. N'est-ce pas tout ce qu'il y a de plus naturel?

R. Sans doute, puisque l'enfant est soigné par eux du jour de sa naissance jusqu'au jour où il est en état de suffire à ses propres besoins, il est donc tout simple qu'à son tour il soutienne ses parents, lorsque l'âge ou les infirmités les empêchent de travailler.

D. Sera-t-il béni de Dieu, l'enfant qui aimera, qui respectera, qui soignera ses parents?

R. Oui, la bénédiction de Dieu accompagne l'enfant qui accomplit ses devoirs envers ses parents; il sera béni de son père, de sa mère, de son grand-père, de sa grand'mère qu'il aura pieusement soignés.

D. Existe-t-il une loi qui impose cette obligation?

R. Il y a la loi naturelle. La loi civile a aussi prévu le cas des enfants oublieux ou ingrats; elle oblige les enfants à nourrir, à loger, à soutenir leurs père et mère et autres ascendants.

D. Que dire des enfants à ce point oublieux de leurs devoirs, que les parents soient obligés de les contraindre à leur donner assistance?

R. Que la conduite de ces enfants est honteuse, inexcusable et qu'ils ne prospéreront jamais.

Ayez, enfants, l'âme vaste, chaude, ouverte à tous les bons sentiments, à toutes les aspirations délicates; que votre candeur, votre courage et votre générosité soient inépuisables en sacrifices pour vos parents.

« Un menuisier laborieux, qui gagnait beaucoup d'argent, vivait d'une manière très frugale : il s'habillait, lui et sa famille, avec simplicité et évitait soigneusement toute dépense superflue.

» — Que faites-vous donc de tout votre argent, maître menuisier, lui dit un jour son voisin, qui était tourneur.

» Le menuisier lui répondit : — J'en emploie une partie à payer mes dettes, et je place l'autre à intérêts.

» — Bah! s'écria le tourneur, vous plaisantez; vous n'avez pas de dettes, ni de capital placé en rentes.

» — Il en est cependant ainsi, dit le menuisier; mais laissez-moi vous expliquer la chose.

» Voyez-vous, tout l'argent que mes bons parents ont dépensé pour moi depuis le moment où j'ai vu le jour, je le regarde comme une dette dont je dois m'acquitter.

» Tout l'argent que je dépense pour mes enfants, afin de

leur donner un bon état, je le regarde comme un capital qu'ils me rembourseront avec intérêts quand je serai vieux.

» Mes parents n'ont rien épargné pour me bien élever, je fais de même pour mes enfants, et je considère comme un devoir de rendre à mes parents le bien qu'ils m'ont fait, j'espère aussi que mes enfants s'acquitteront de ce qu'ils me doivent, comme s'ils m'en donnaient un billet en bonne forme.

» Enfants, vous devez rendre fidèlement un jour à vos bons parents tout le bien qu'ils vous font aujourd'hui. »

(Ch. Schmid.)

§ 6. — *Devoirs entre frères, et entre frères et sœurs.*

Les liens qui unissent les enfants d'une même famille sont bien doux! Ces enfants ont puisé la vie dans le même sein, ils ont été reçus dans le même berceau, et ils ont donné aux mêmes parents les doux noms de père et de mère.

Dans la famille unité d'impulsion morale, unité de tendances et d'affections; égalité d'habitudes, de bien-être ou de privations; égalité de rang, d'espoir et d'avenir, ce sont autant de liens qui enlacent les cœurs des frères et des sœurs dans une profonde et sincère amitié.

D. Que faut-il faire pour être bon frère?

R. Il faut se défendre de l'égoïsme et être généreux dans ses relations fraternelles.

D. Qu'entendez-vous par cette générosité fraternelle?

R. C'est avoir une sollicitude égale pour les intérêts de ses frères comme pour les siens propres; se réjouir de ce qui leur arrive d'heureux et partager leurs peines et en adoucir l'amertume.

D. Devez-vous cette même sollicitude à votre sœur?

R. Oui, et en outre, le frère a pour sa sœur une délicate attention à lui être agréable; il met à son service son intelligence virile, car, avant même d'être sorti de l'enfance, il est déjà son protecteur.

D. Comment la jeune fille répond-elle à cette intimité fraternelle?

R. Elle apporte en échange l'exquise sensibilité de l'amitié; elle est la confidente naturelle des chagrins, des joies, des espérances de ses frères, la tendre et ingénieuse amie qui les ramène à la vie de famille s'ils tendent à s'en détacher.

D. Elle exerce donc dans la maison une salutaire influence qui maintient la concorde entre tous les membres de la famille?

R. Douée d'une grâce puissante, d'un don céleste dont elle use habituellement pour répandre la sérénité dans toute la maison, elle en bannit la mauvaise humeur et modère les reproches qu'elle entend parfois sortir de la bouche d'un père ou d'une mère irrités.

D. L'intimité entre sœurs n'a-t-elle pas un caractère particulier?

R. En effet, leur intimité est complète, leurs occupations sont semblables, leurs goûts diffèrent peu; la similitude de leurs vêtements semble n'être que le symbole de leur ressemblance morale. C'est un seul cœur, c'est une seule vie qui se communique à plusieurs âmes.

D. Cette intimité n'est-elle pas aussi un préservatif contre l'ennui?

R. Oui, les sœurs entre elles se soutiennent, se mirent, pour ainsi dire, l'une dans l'autre, et trouvent dans leur intimité un préservatif assuré contre l'ennui de l'esprit et la solitude du cœur.

« Ceux qui contractent à l'égard de leurs frères et de leurs sœurs des habitudes de malveillance et de grossièreté, restent grossiers et malveillants avec tout le monde. Que ce commerce de la famille soit uniquement beau, uniquement tendre, uniquement saint, et alors, quand l'homme, — la femme — passera le seuil de sa maison, il portera dans ses relations avec le reste de la société, ce besoin d'estime et d'affection nobles, et cette foi dans la vertu que produit toujours l'exercice journalier des sentiments élevés. » (SILVIO-PELLICO.)

IV

L'ÉDUCATION EST LE FONDEMENT DE L'INSTRUCTION

Jusqu'au dix-septième siècle, l'éducation était donnée en famille, le père s'associait aux douces espérances de la mère et, d'un commun accord, ils élevaient leurs enfants dans la pratique des devoirs et des égards sociaux.

Il n'était pas rare de rencontrer des enfants ne sachant ni lire ni écrire, mais qui se distinguaient par les formes extérieures, par le charme d'une éducation relative.

Peu à peu, le père et la mère se sont désintéressés de l'éducation de famille. Le père absorbé par les spécialités et les détails de son état, ou par son travail manuel journalier, ou encore par des combinaisons spéculatives, semblait justifier l'abandon des siens. La mère, plus préoccupée des soins de sa personne et cédant volontiers à la mode de l'éducation collective, s'est affranchie du plus saint de ses devoirs.

De nos jours ce système d'éducation s'est généralisé. A peine l'enfant a-t-il atteint l'âge de six ans, qu'il est aussitôt interné dans un établissement d'instruction, ou qu'il le fréquente comme externe; dès ce moment les parents, pour la plupart, se croient dispensés de continuer l'éducation de leurs enfants, laissant ce soin aux professeurs avec cette conviction qu'on doit les leur rendre bien élevés et instruits.

La même opinion a pris racine dans l'esprit des classes laborieuses. L'école primaire est instituée, en effet, pour y enseigner simultanément l'éducation et l'instruction. Mais, pour rendre fécond ce double enseignement, les pères et les mères doivent associer leurs efforts au dévouement des professeurs, afin d'affermir leurs enfants, par leurs conseils et surtout par leurs bons exemples, dans le développement et l'élévation de leurs sentiments.

Nous avons tracé, en commençant cet article (p. 13), les grandes lignes de l'enseignement de l'éducation ; ici nous allons vous faire connaître, chers enfants, quel rôle joue l'éducation dans l'instruction?

L'éducation étant l'éveil et le développement gradué et successif des facultés morales dans la voie de la vérité et de la vertu, devient la base de l'instruction qui repose sur cette assise, comme un monument de pierre repose sur de larges et profondes fondations qui en assurent la solidité.

Je veux construire un bâtiment. Pour le rendre durable, je commence par établir une base sur laquelle je puisse, en toute sûreté, asseoir mon édifice. J'ouvre dans le sol une tranchée ; je la remplis de pierres que je relie ensemble au moyen d'un ciment. J'élève ma construction sur cette assise et, en observant les règles de l'harmonie et le bon goût architectonique, j'obtiens un bâtiment aussi élégant que solide.

A mesure que l'enfant reçoit l'éducation qui donne au cœur la sensibilité, à l'esprit la bienveillance, à l'âme sa dignité, il se forme en lui une assise de sentiments moraux et religieux, qui se constitue fortement par la continuité de cet enseignement et sur laquelle l'instruction vient s'asseoir avec confiance. Elle s'y maintiendra, sans péril de s'écrouler dans l'oubli des devoirs qu'impose l'éducation, tout comme l'architecte a posé son monument sur de larges et profondes fondations de pierres.

L'accord est aussi parfait entre l'éducation et l'instruction qu'il l'est, en effet, entre le monument et ses fondations; car, en développant les idées religieuses et morales à mesure que s'étendent les connaissances intellectuelles et la pratique des formes, on obtient, par l'harmonie des règles de ce double enseignement simultané, qui donne à l'âme, sa grandeur morale, — à l'esprit, des connaissances, — aux manières, des grâces qui font luire l'éducation, on obtient, dis-je, un édifice humain aussi gracieux que durable.

Mais l'enseignement de l'instruction sans le secours de l'éducation produira des hommes instruits, des savants même, mais des hommes incomplets, le cœur n'étant pas élevé.

Il est donc bien utile de faire une étude spéciale de ce que l'on nomme éducation, car on élève le cœur comme on élève l'esprit, comme on développe l'intelligence.

Comment distinguer l'éducation de l'instruction?

Nous empruntons cette définition au livre *de l'Éducation* par Mgr Dupanloup, qui s'exprime ainsi :

« L'éducation développe les facultés.
» L'instruction donne des connaissances.
» L'éducation élève l'âme.
» L'instruction pourvoit l'esprit.
» L'éducation fait les hommes.
» L'instruction fait les savants.
» L'éducation est le but.
» L'instruction n'est qu'un des moyens.
» L'éducation est donc singulièrement plus haute, plus profonde et plus étendue que l'instruction.
» L'éducation embrasse l'homme tout entier.
» L'instruction, non. »

D. Nommez l'une des principales preuves extérieures d'une bonne éducation?

R. C'est la politesse.

V

LA POLITESSE

On a dû vous répéter bien souvent ce que l'on entend, ce que l'on veut dire, par ce mot la *politesse*. Voyons si vous avez bonne mémoire.

D. Qu'est-ce que la politesse?

R. La politesse est la bonté, la morale du cœur, le sentiment des convenances; c'est un lien que la société a établi entre les personnes. Elle est la sauvegarde de leurs relations.

D. En quoi consiste-t-elle?

R. Elle consiste à s'oublier soi-même, à s'occuper des autres pour saisir les occasions de leur témoigner le désir qu'on a de les obliger, de leur plaire, de leur montrer de la complaisance et des égards.

D. La politesse doit avoir des exigences?

R. En effet, elle exige une attention continuelle, sans affectation, à rendre les autres contents de nous et d'eux-mêmes. C'est pourquoi la politesse emprunte tour à tour les noms de bienveillance, — d'urbanité, — de courtoisie, — de sensibilité — et de tact.

D. Donc pour bien comprendre l'étendue de la politesse, il faut connaître la valeur de chacun de ces mots?

R. C'est bien notre opinion.

D. Alors, qu'est-ce que la bienveillance?

R. La bienveillance est une disposition favorable à l'égard de quelqu'un.

D. Donnez-en un exemple.

R. Un de mes condisciples est accusé d'avoir troublé la classe; il est sur le point d'être puni pour ce fait, moins sérieux qu'on le dit. J'interviens auprès du maître. Je lui fais agréer mon témoignage de bienveillance pour mon compagnon d'étude, je sollicite son indulgence et je fais fléchir sa sévérité.

D. La bienveillance n'a-t-elle que ce simple caractère?

R. Oh! non. Par ces attentions exquises, ces procédés délicats, ces paroles délicieuses, elle encourage la timidité, gagne la confiance et dénoue, l'un après l'autre, tous les liens de la contrainte sans encourager la présomption ni compromettre la dignité.

D. Comprenez-vous aussi bien l'urbanité, la courtoisie?

R. L'urbanité et la courtoisie nous paraissent, à vrai dire, n'être autre chose que la forme polie de nos manières et de notre langage.

D. Complétez votre définition.

R. Dans une discussion avec une personne emportée par la vivacité de son caractère, nos réponses se font sur le ton de la douceur et d'une grande honnêteté d'expressions : on fait rougir les personnes brutales, grossières en leur parlant poliment.

D. Observez-vous régulièrement cette bonne conduite?

R. Ce serait mentir que de l'affirmer; cependant elle s'impose en nous avec plus d'autorité, dans la mesure de nos progrès dans l'éducation.

D. Qu'est-ce que la sensibilité?

R. La sensibilité est une disposition de l'âme qui nous porte à participer aux peines et aux plaisirs les uns des autres.

D. Pratiquez-vous ce sentiment?

R. Nous le pratiquons à l'égard de nos parents et de nos camarades, par le témoignage de nos sympathies pour ce qui leur arrive de bien, et par la part que nous prenons à ce qui leur arrive de mal.

D. N'éprouvez-vous pas une jouissance à offrir ces témoignages de sympathie, non seulement à vos parents et à vos amis, mais encore aux personnes qui vous sont étrangères lorsque vous êtes témoin de leurs chagrins ou de leurs joies?

R. En effet, je me rappelle qu'un jour un enfant de mon âge, qui glissait à mes côtés sur la glace, s'est laissé tomber. Il se plaignait d'une vive douleur au pied. Je l'ai aidé à se relever et je l'ai accompagné chez lui. Il pleurait, je pleurais aussi et j'éprouvais un sentiment tendre, délicat, une joie intérieure de pouvoir lui être utilement agréable.

D. De tous ces noms, empruntés à la politesse, il reste le tact sur lequel vous voudrez bien vous expliquer?

R. Le tact, c'est la mise en pratique du sentiment des convenances. Il nous oblige à être prudent, discret, réservé, indulgent et à ne voir les défauts de personne.

D. Le tact n'est-il pas aussi une mesure?

R. Oui, c'est aussi la mesure de l'expression de la pensée, le point précis jusqu'où peut aller, sans bassesse, l'humilité du respect, de la déférence.

D. Donnez-nous quelques exemples pratiques du défaut de tact?

R. 1er *élève.* — Parler sans savoir se taire à propos est un manque de tact, car ce que la vie sociale a de meilleur, c'est le silence intelligent.

2e *élève.* — C'est aussi manquer de tact, que de manifester ses antipathies en société, fussent-elles raisonnées ou simplement instinctives.

3e *élève.* — Reprocher une faute que la bonne conduite et le temps ont fait oublier, est un défaut d'indulgence, et l'indulgence est encore du tact.

4e *élève.* — S'exprimer inconsidérément sur les malheurs du prochain, et réveiller, par d'imprudentes indiscrétions, d'amers souvenirs, c'est l'oubli de la sensibilité.

5e *élève.* — Fermer les yeux sur les bonnes qualités d'autrui, et ne voir que ses défauts, c'est l'oubli des convenances.

6e *élève.* — Faire écho aux méchants en répétant leurs calomnies, leurs médisances, toutes les noirceurs de leurs cœurs, c'est l'oubli de la charité.

7e *élève.* — L'oubli de la sensibilité, l'oubli des convenances et de la charité blessent la bienséance, qui n'est que le suprême sentiment du bon goût, du tact.

D. Le tact n'est-ce pas encore un frein?

R. C'est encore un frein contre la médisance, la calomnie, le dénigrement et la tendance à se mettre au service des envieuses jalousies, et se faire inconsidérément l'écho de leurs injustes ressentiments.

Le tact nous ouvre ici une nouvelle série de mots contraires à la politesse, et qu'il est aussi important de comprendre pour s'en garantir.

D. Qu'est-ce que la médisance?

R. Médire, c'est mal parler de quelqu'un, c'est divulguer ses travers, révéler les secrets, les confidences intimes de son prochain.

D. Et la calomnie?

R. C'est dire du mal qui n'existe pas, c'est un mensonge odieux inventé pour faire tort à autrui.

D. Ce n'est pas seulement cela?

R. Non, c'est encore une fausse imputation, accusation ou plainte qui blesse la réputation et l'honneur de celui ou de celle à qui elle s'adresse.

D. Calomnier est donc une bien méchante action?

R. Elle l'est d'autant plus qu'elle laisse, sur la vie des personnes calomniées, la trace luisante et visqueuse que laisse, sur une rose, le passage d'une limace.

D. Qu'est-ce que le dénigrement?

R. Dénigrer, c'est chercher à noircir, travailler à diminuer le mérite, la réputation de quelqu'un, à le rendre ridicule, méprisable.

Dans la vieille Athènes, la loi voulait que le calomniateur subît, étant vaincu dans le débat contradictoire, la peine qu'aurait subie l'accusé si le crime imputé avait été authentiquement établi.

Il nous semble que cette loi avait du bon et qu'elle pourrait prendre place dans nos codes pour réfréner les intempérances diffamatrices et les aveugles entraînements à l'outrage, si multipliés de nos jours.

Recherchons ensemble, chers enfants, le mobile qui nous porte à médire, à calomnier, à dénigrer notre prochain. Ne serait-ce pas la jalousie, l'envie et aussi leurs serviteurs, qui sont : la malignité, l'imprudence et l'irrésistible besoin de parler?

Cherchons. Ces recherches d'ailleurs ne sont point indiscrètes; elles se lient intimement à l'éducation, qui se propose de donner de l'élévation aux sentiments, de la dignité, de la grandeur au caractère.

D. Et, d'abord, qu'est-ce que la jalousie?

R. C'est un amour excessif du bien d'autrui, un sentiment bas qui fait s'attrister de son bonheur, de ses succès.

D. La jalousie n'est-elle pas un vice?

R. Oui. C'est un vice affreux qui rend méchant, injuste et cruel, et qui nous excite à épouser sans cesse les mauvaises idées et les sottises de tout le monde.

D. Qu'est-ce que l'envie?

R. L'envie est une inquiétude de l'âme causée par un bien que nous désirons, et dont jouit une autre personne.

D. Serait-ce là, suivant vous, les causes principales de la médisance, de la calomnie et du dénigrement?

R. Oui. Voilà bien ce qui rend l'esprit mordant, le cœur méchant, l'âme lâche.

D. Les âpres tristesses de l'envie et de la jalousie ne font-elles pas, au cœur et aux réputations, d'incurables blessures?

R. Oui, des blessures malsaines, pleines d'un venin, qui ulcère les plaies et leur fait suinter la haine.

D. Ceux ou celles qui se donnent la jouissance de cette bassesse de sentiments n'ont-ils point d'auxiliaires?

R. Hélas! Oui. Ils ont cette troupe banale des irréfléchis, des frivoles, des niais ou niaises, follement joyeuse et toujours avide d'un stimulant qui ranime, aiguillonne son esprit de critique.

D. De là, sans doute, vient cette fureur de tout rabaisser, de tout amoindrir?

R. C'est bien son intention de salir tout ce qui s'élève au-dessus du niveau commun.

D. S'arrête-t-elle là?

R. Non. Elle prend plaisir à gloser sur le prochain, à exercer sa malignité avec son noir venin, et à donner, aux choses les plus simples, les plus fausses couleurs.

D. Est-elle écoutée?

R. Elle a cette faveur. Elle prodigue les sales folies, les outrages suprêmes, sur le ton de l'affirmation, avec une assurance non pareille et une fécondité quotidienne.

D. C'est un rôle infâme?

R. En effet, car passant alternativement d'un air de bonhomie naturelle, d'une simplicité excessive, au rire pointu, acéré, féroce, elle se fait ainsi l'excitatrice des rivalités et des passions humaines.

D. Mais le sentiment de la dignité personnelle ne fait-il pas obstacle à cet entraînement irréfléchi?

R. Là où le sentiment de la dignité personnelle n'est pas élevé, l'âme tout entière manque de noblesse.

D. Privée de ce sentiment, elle doit s'avilir de plus en plus, mais comment?

R. En ayant constamment l'œil ouvert chez ses voisins, pour voir ce qui s'y passe, l'oreille tendue, pour entendre ce qui s'y dit, et se faire l'écho des petites misères du foyer domestique.

D. S'arrête-t-elle là, enfin?

R. Non. Elle jette au milieu de la vie des familles les petitesses de son esprit, les noirceurs de son cœur.

D. Sous quelles formes?

R. Tantôt sous les traits d'une bienveillante et doucereuse sympathie, tantôt en revêtant la vérité, ou le mensonge, d'un âpre sentiment qui désunit les meilleurs amitiés, et devient l'ennemi de la paix, de la douceur et de la politesse.

Pourtant la politesse

> ... Est à l'esprit
> Ce que la grâce est au visage;
> De la bonté du cœur elle est la douce image,
> Et c'est la bonté qu'on chérit. (***)

D. Un despote oriental faisait mettre à mort les messagers de mauvaises nouvelles. Seriez-vous disposés ici à l'imiter?

R. Non, retenus par un sentiment d'humanité, nous n'aurions pas recours à cette suprême sévérité.

D. Que feriez-vous alors?

R. Ce que nous faisons actuellement. Nous appelons le plus profond mépris sur ces âmes molles qui remplissent l'office sinistre de messager de la médisance, de la calomnie, du dénigrement, qu'elles soient inspirées par le souffle impur de la jalousie ou de l'envie, ou par l'inconscience de cette vertu, qui nous fait aimer notre prochain comme nous-même.

Nous aimons votre indignation, chers enfants, et nous la partageons. Oui, c'est une déplorable passion de contester à l'honnêteté sa considération, au talent ses travaux, à la vertu ses bienfaits. C'est aussi bien misérable de montrer une bienveillance simulée sous la fausseté du sourire, sous l'aigreur de la voix, sous l'amertume du regard; c'est odieux, c'est la suprême hypocrisie.

L'envie est le chagrin injuste et méprisable
Qu'inspire le mérite ou le bonheur d'autrui.
Elle porte à la haine; et l'envieux coupable
Se dessèche, et périt ou de rage ou d'ennui.

(L M. DE L.)

Disons avec Gresset :

... J'abhorre les méchants,
Leur esprit me déplaît comme leur caractere.

D. Après cette revue des noms, tour à tour empruntés par la politesse, ou en opposition à son usage, il vous sera facile de répondre à cette question : Sur quelle base la politesse est-elle fondée?

R. La politesse repose sur l'amour du prochain et sur le désir de s'en faire aimer. Le cœur en est la base immuable.

D. La politesse a-t-elle un complément?

R. La politesse a pour complément la civilité, qui nous porte naturellement à avoir du respect pour nos supérieurs, de la bienveillance pour nos égaux, de l'indulgence pour nos inférieurs.

D. Doit-on être poli avec les gens que l'on n'aime pas?

R. Oui. On ne peut s'écarter des règles de la politesse sans se rendre incivil, et l'incivilité est un défaut d'éducation.

D. Mais alors n'est-ce pas faire acte d'hypocrisie?

R. Non. L'hypocrisie consiste à affecter un sentiment que l'on n'a pas. La politesse est le langage du cœur, que l'on emploie indifféremment envers tout le monde.

D. Quels sont les signes extérieurs les plus apparents de la politesse?

R. Ce sont : le salut, la déférence.

D. Comment un jeune garçon doit-il saluer?

R. Un jeune garçon doit saluer en ôtant sa casquette ou son chapeau avec grâce et non par un mouvement précipité, automatique; s'il est nu-tête, il doit s'incliner.

D. Quand doit-il faire ce salut?

R. Toutes les fois qu'il rencontre une personne à qui il doit cet acte de déférence; il la salue quelques pas avant de la dépasser, afin qu'elle puisse lui rendre sa politesse.

D. Si un supérieur, une dame, un vieillard, arrête un jeune homme dans la rue, quelle doit être son attitude?

R. Il doit se découvrir et tenir sa casquette ou son chapeau à la main.

D. Est-il bien séant de tenir son chapeau ou sa casquette à la hauteur de la tête comme si l'on craignait de se découvrir entièrement la tête?

R. Non, on doit abaisser le bras le long de la jambe, tenant son chapeau à la main et attendre que l'on vous invite à vous couvrir.

D. Comment les jeunes filles doivent-elles saluer?

R. En faisant une révérence ou, en marchant, par une inclination pleine de souplesse et de grâce.

D. Il nous semble pourtant rencontrer des jeunes personnes qui saluent d'un simple mouvement de tête?

R. On voit, en effet, de charmantes personnes aux manières libres, saluer de la tête. C'est un fâcheux écart aux bienséances et le puissant indice d'une éducation mobile.

> Ciel ! que je hais ces créatures fières,
> Soldats en jupes, hommasses chevalières. (***)

D. Y a-t-il plusieurs manières de saluer?

R. Oui. Un enfant bien élevé doit saluer son supérieur sans trop d'humilité, un inférieur sans dédain, une femme avec respect, un ami avec bienveillance et ses égaux avec considération.

D. En est-il de même du salut qui termine une lettre?

R. Ce genre de salut est très varié, il se règle généralement sur la condition des personnes auxquelles on écrit et suivant le degré de respect, de déférence ou de simple considération qui leur est due.

D. Est-il convenable de saluer ses supérieurs avec considération?

R. Non. On doit s'abstenir de saluer ses chefs et ses supérieurs avec considération et attachement.

D. Pourquoi?

R. Parce que la considération ne se donne jamais qu'à un inférieur et tout au plus à ses égaux. Exemple :

« Un officier demandait une grâce au maréchal de France X..., et terminait sa lettre par : je suis avec considération et attachement... Le maréchal lui accorda sa demande et termina ainsi sa réponse : « Au reste je vous prie de garder votre *attachement* pour vos gens, votre *considération* pour vos inférieurs et un profond *respect* pour le maréchal. » (Mme DE NECKER.)

A propos de lettre. — La bonne éducation se manifeste dans toutes les actions de l'homme et de la femme bien élevés; l'accueil est toujours aimable, gracieux. Ils répondent poliment aux lettres qu'ils reçoivent, quel qu'en soit le sujet.

D. Mais dans le monde ne rencontre-t-on pas des personnes qui semblent être étrangères à ces règles?

R. On y rencontre, en effet, des personnes qui par dédain ou indifférence, s'abstiennent de répondre aux lettres qui leur sont adressées.

D. D'où vient cela?

R. Cela provient sûrement d'une lacune dans leur éducation, car répondre aux lettres que l'on reçoit c'est un acte de politesse et de haute convenance.

D. Toutefois, ne peut-on exceptionnellement s'abstenir de répondre à une lettre impolie?

R. On peut s'abstenir de répondre à une lettre impolie, injurieuse. Il y a une certaine éloquence dans le silence qui proteste contre l'impolitesse et venge l'injure.

D. Quand deux personnes de même valeur se rencontrent, quelle est celle qui doit saluer la première?

R. Ce doit être la plus jeune; mais c'est souvent la plus polie des deux qui commence.

D. N'y a-t-il point des personnes qui attendent toujours qu'on les prévienne?

R. Il y en a pour qui c'est une satisfaction à leur vanité de se voir l'objet, en public, de cette déférence.

D. Mais le salut qui s'abaisse devant cette morgue ridicule ne vous semble-t-il pas empreint d'humiliation pour l'amour-propre de la personne qui salue?

R. Oui, assurément, et en pareil cas notre dignité personnelle nous relève de toute initiative de prévenance.

D. L'usage d'échanger une poignée de main entre personnes qui se rencontrent, fait partie de notre éducation. Cet usage a-t-il aussi ses règles de convenance?

R. Oui.

D. Faites-les connaître?

R. Un jeune garçon ne doit jamais tendre la main à une dame, — à son chef, — à ses supérieurs, — à une personne plus âgée que lui, il doit attendre qu'on le prévienne.

D. Quand il est honoré de cette prévenance, que doit-il faire?

R. Il doit y répondre en serrant discrètement la main qu'on lui présente et s'incliner en signe de respect.

D. Une jeune fille doit-elle aussi attendre qu'on lui tende la main ?

R. Oui. Une jeune fille doit même observer une plus grande retenue qu'un jeune garçon et ne presser légèrement la main de ses supérieurs qu'avec une respectueuse modestie.

D. Mais si c'est un parent, un ami, une amie, ce serrement de main respectueux n'est-il pas une froide expression de l'amitié ?

R. On serre la main d'un parent, d'une parente, d'un ami, d'une amie, avec la spontanéité et l'expansion réglées sur le plaisir plus ou moins grand que nous fait légitimement éprouver cette rencontre.

D. Comment serre-t-on la main d'un étranger, d'une personne que l'on voit pour la première fois?

R. Le tact nous enseigne, en cette circonstance, que la pression de main doit être, comme le salut, en rapport avec le degré de considération, de respect, de déférence, que nous croyons devoir à l'étranger, où à la personne inconnue qui nous tend la main.

D. Et si vous ne lui devez qu'un simple acte de politesse ?

R. Dans ce cas la pression de main doit être très réservée ?

Souvenez-vous, en toutes occasions, que la poignée de main, cette franche et cordiale étreinte, est le langage du cœur, et de ce signe, plein de mystère, n'en faites point une chose vulgaire et sans portée.

D. Lorsque les jeunes gens veulent entrer dans une chambre, ne doivent-ils pas frapper à la porte et attendre qu'on leur dise : entrez?

R. Oui, l'usage ordonne de frapper un petit coup à la porte et d'attendre qu'on dise : entrez, avant d'ouvrir.

D. Pourquoi prendre cette précaution ?

R. Les simples convenances exigent tout au moins qu'on se fasse annoncer avant de pénétrer dans l'appartement d'une personne.

D. Si un enfant se trouve sur le passage de quelqu'un, que doit-il faire?

R. Il doit se retirer en arrière, faire place, ou, s'il ne peut le faire, laisser le passage libre le plus possible.

D. Si l'enfant est obligé de passer devant quelqu'un, que doit-il dire?

R. Il doit dire : pardon, et en même temps s'effacer le plus possible et témoigner son respect, de la déférence aux personnes plus âgées que lui.

D. Devez-vous, dans la rue, du respect et de la déférence aux personnes représentant le pouvoir, — l'autorité, — à vos chefs, — à vos supérieurs hiérarchiques?

R. Oui, la politesse nous en impose le devoir et, outre le salut, nous devons leur céder le haut du pavé.

D. Qu'entendez-vous par le haut du pavé?

R. On entend par le haut du pavé le côté des maisons.

Le grand Turenne cédait partout le pas à son neveu parce que cet enfant était le chef d'une maison souveraine.

C'est en sortant de l'école ou en vous y rendant que vous devez prendre la bonne habitude de ces égards et celle de ne coudoyer personne. Pour faciliter les courants de population en sens contraire qui s'établissent dans les rues et sur les places, à Londres, à Copenhague, — les piétons ont l'habitude de prendre leur droite. C'est une excellente habitude qui préserve les passants des coups de coude dans la poitrine qu'on n'évite pas toujours où les foules sont compactes et indisciplinées. Faites-vous un mérite d'être les promoteurs de cette innovation dans nos usages, soyez fidèles à vos devoirs dans l'étude et dans la pratique de toutes les règles de la politesse. Distinguez-vous par une élégante éducation et faites que l'on dise de vous, en vous voyant : Voilà des enfants bien élevés.

VI

L'OBÉISSANCE

L'obéissance! voilà un bien grand mot que des esprits prévenus confondent avec la servitude. Quant à vous, chers enfants, nous sommes certains que vous allez en donner une définition exacte qui s'accorde avec le respect de votre dignité.

D. Qu'est-ce que l'obéissance?

R. L'obéissance est l'acte par lequel on se soumet aux ordres de ceux qui ont le droit de nous commander.

D. Est-on réellement soumis à l'obéissance?

R. Oui, sans aucun doute. Toutes les créatures humaines sont tenues d'obéir à la loi, au devoir, à des chefs, à des supériorités.

D. Il y a donc une hiérarchie?

R. La tradition d'accord avec le bon sens nous dit qu'il faut une hiérarchie qui sert d'infranchissable barrière aux compétitions individuelles, sans elle il n'y a plus qu'une immense rivalité mesquine où l'intérêt grossier, l'appétit inavoué, la malsaine ambition se disputent avidement les positions administratives et sociales.

D. Bien. Mais votre définition, en ne parlant que des positions administratives et sociales, est incomplète. Achevez-la?

R. C'est vrai. Il y a aussi l'industrie, le commerce, l'atelier où règne cette même hiérarchie dans l'intérêt de la bonne direction des travaux.

D. La société reconnait-elle cette hiérarchie?

R. Oui, la société reconnait, comme une nécessité naturelle de sa constitution, l'ordre hiérarchique de préséance et de surbordination. Cet ordre s'impose absolument dans tous les services.

D. Qu'entendez-vous par la hiérarchie de préséance et de subordination?

R. C'est un ordre établi entre les pouvoirs publics ayant des rangs subordonnés les uns aux autres, entre les autorités et les personnes, qui fait que les unes dépendent des autres.

D. Cet ordre hiérarchique est-il nécessairement réglé?

R. Oui.

D. Comment?

R. Dans l'administration civile et judiciaire par le rang des emplois,— dans l'armée par le rang des grades,— dans l'industrie, dans le commerce, à l'atelier par des chefs, — dans la société par des supériorités qui s'imposent d'elles-mêmes; tous ont acquis une autorité relative qui impose l'obéissance hiérarchique à leurs ordres.

D. Ce sentiment de la hiérarchie ne descend-il pas plus profondément dans les masses populaires?

R. Oui, il y a là, en effet, une hiérarchie de convenance, une subordination naturelle envers les intelligences supérieures les unes aux autres.

D. D'où vient d'ailleurs ce sentiment?

R. De ce que nous comprenons que les hommes ne sont pas égaux en moyens, en force, en richesse, en esprit, et que cette inégalité même est le ressort de la société où tout est disposé en hiérarchie.

Les questions de préséance, qui semblent avoir un caractère de vanité puérile, sont au contraire très graves parce qu'elles déterminent et fixent, d'une manière en quelque sorte vivante, les degrés du pouvoir et l'autorité. S'il est libre à l'homme de faire bon marché de ses prétentions personnelles, il n'a pas le droit de sacrifier les prérogatives inhérentes à ses fonctions.

D. Le soldat doit-il obéissance à ses chefs?

R. Oui, il est tenu à l'obéissance passive, muette, immédiate. (Voy. *service militaire*, p. 244.)

D. Dans la marine, l'obéissance est-elle rigoureuse?

R. L'obéissance est très rigoureuse dans la marine, et les peines qui frappent le matelot, ou le soldat de marine récalcitrant sont plus sévères que celles qui atteignent le soldat de l'armée de terre.

D. Vous voyez, enfants, vous qui n'obéissez que difficilement, combien vous avez peu de raison?

R. Il est vrai, nous sommes obligés d'en convenir.

D. Les fautes que commettent les enfants sont-elles graves?

R. Quelquefois, et s'il est difficile d'être un grand coupable à six, dix ou douze ans, cependant les désobéissances fréquentes, les irrégularités de caractère, les caprices, les jalousies, les accès de paresse, le désordre surtout troublent l'existence.

D. A quoi peut-on comparer ces défauts?

R. On peut comparer ces défauts à de mauvaises herbes qui prennent racine, s'affermissent, et que plus tard il devient impossible de détruire.

D. Croyez-vous, jeunes garçons, que vous serez soldats?

R. Oui, tout Français doit être soldat.

D. L'insubordination du soldat, du matelot entraîne-t-elle de graves punitions?

R. Oui. La prison, le cachot, les compagnies de discipline, la dégradation, la mort, s'il y a voies de fait.

D. La désobéissance, dans l'ordre civil, est-elle un grand mal?

R. C'est un grand mal par elle-même; quand elle est réfléchie elle est coupable.

D. Est-ce qu'il y a une différence entre la désobéissance involontaire et la désobéissance réfléchie, volontaire?

R. Oui, la première peut être le résultat d'une étourderie ou d'une absence de mémoire, elle peut être excusée ou légèrement punie; mais l'autre, à moins d'un motif sérieux, admissible, encourt une peine sévère.

D. Comment! Vous comprenez tout cela et chaque jour vous désobéissez à vos parents, à vos instituteurs, à vos institutrices, auxquels vous devez une soumission absolue; quels égards aurez-vous donc aux ordres de vos chefs, de vos supérieurs, de ceux qui ont le droit de vous commander et de se faire obéir?

R. Cette question nous fait apercevoir que, si nous possédons la théorie de l'obéissance, nous pratiquons mal ce devoir; nous allons nous étudier à mieux faire à l'avenir et placer l'obéissance au premier rang de nos obligations.

On fait preuve d'éducation en témoignant, avec une bonne grâce et une politesse naturelle, l'obéissance qu'on doit à l'autorité, à ses chefs, à ses supérieurs hiérarchiques.

Environné d'amis, mon fils, lorsque tu joues
Je te vois les classer dans un ordre inégal,
Et l'éclair dans les yeux, la pourpre sur les joues,
Tu leur dis fièrement : « Moi, je suis général ! »
Pour te mettre à leur tête, es-tu donc le plus digne?
Comment as-tu gagné le titre que tu prends?
Et pourquoi demander qu'on se courbe à ton signe
Si tu n'as obéi d'abord aux derniers rangs?
Commander, mon enfant, est un honneur suprême :
On ne peut l'exercer qu'après un long combat ;
Nul ne sait ordonner s'il n'a servi lui-même,
Et ne sera bon chef s'il ne fut bon soldat. (TAILHAND.)

VII

LE RESPECT. — LA DÉFÉRENCE

D. Enfants, on vous parle souvent du respect, savez-vous bien ce que c'est que le respect?

R. Oui, c'est un sentiment intime de notre subordination. Il a sa cause soit dans les qualités, soit dans la dignité de la personne qui en est l'objet.

D. Comment se manifeste-t-il?

R. Le respect se manifeste par un maintien, une attitude réservés, témoignages muets de déférence, et par tous actes extérieurs qui ne sont que la traduction, le signe du respect qui est dans notre cœur.

D. Qu'est-ce que la déférence?

R. C'est la soumission mêlée d'égards, de respect, envers quelqu'un.

D. A qui doit-on ces témoignages de considération respectueuse?

R. A nos parents, à ceux et celles qui nous ont élevés et instruits, — à la loi, — aux représentants de l'autorité, — au caractère, — à la dignité, — aux qualités, — aux supériorités sociales, — aux vieillards, — au malheur.

Voulez-vous avoir une idée exacte de la grandeur du respect? Apprenez, chers enfants, que chez les Turcs et les Arabes, un fils ne contredit jamais son père; il ne paraît jamais devant lui que par son ordre, et il se tient debout jusqu'à ce qu'il lui ait ordonné de s'asseoir.

Parmi les peuplades sauvages de l'Amérique, un crime réputé affreux et sans exemple, est celui d'une enfant rebelle à sa mère. Lorsqu'une jeune indienne a mal agi, sa mère se contente de lui jeter quelques gouttes d'eau au visage et de lui dire : « Tu me déshonores. » Ce reproche ne manque jamais son effet.

D. L'expression du respect et de la déférence doit-elle descendre jusqu'à l'humilité?

R. L'humilité, sagement réglée par le tact, est tout simplement une manière polie de faire agréer son respect, sa déférence, qui n'abaisse point la dignité.

D. Qu'est-ce que la dignité?

R. La dignité est la grandeur dans les sentiments; elle se manifeste par un profond respect pour soi-même et par une noble simplicité dans les manières, dans toute la personne au moral et au physique, qui se distingue parfaitement de la raideur.

D. Expliquez-vous?

R. La raideur est la caricature de la dignité, qui croit en imposer par l'exagération et l'affectation de son maintien toujours hautain.

D. D'où vient cette différence entre la dignité et la raideur?

R. On peut affirmer qu'elle est le résultat d'une éducation dépourvue d'élévation morale, et d'une infirmité intellectuelle.

Que de nuances morales sont représentées par le plus ou moins d'accentuation de la courbe que dessinent le respect, la déférence :

L'esclave oriental se prosterne ;

Le lazzarone se plie en deux ;

Le Chinois se voûte jusqu'à terre.

L'homme civilisé, comprenant mieux sa dignité, s'incline. Il est humble, mais d'une humilité qui est la modestie respectueuse sans bassesse.

Et s'il en est qui demeurent debout, inflexibles dans leur orgueilleuse fierté, ou dans leur haine jalouse, ceux-là offensent la morale.

Pour vous, chers enfants, vous justifierez nos espérances en conciliant le respect de votre dignité avec les témoignages de respect et de déférence qui sont imposés par l'éducation, et en vous rappelant que l'humilité est l'aînée de toutes les vertus. Elle est le privilège des grandes âmes seules, qu'elle élève pour les dédommager, dans une proportion double de l'abaissement apparent auquel elle les oblige.

VIII

LA DISCRÉTION

La discrétion est une qualité de l'âme qui nous porte à avoir de la réserve dans nos paroles et dans nos actions pour ne point blesser les bienséances.

D. Recourons aux exemples pratiques. Vous est-il permis de décacheter une lettre qui n'est point à votre adresse?

R. Jamais une lettre cachetée, et à une autre adresse que la nôtre, ne doit être ouverte.

D. Si vous trouvez une lettre décachetée, vous est-il permis de la lire?

R. Non, la lettre doit être rendue à qui elle appartient sans en avoir pris connaissance.

D. Mais si cette lettre est sur le bureau de votre papa, ou à côté, sur un meuble?

R. Cette lettre, n'étant pas pour l'enfant, ne doit pas être lue par lui; tout écrit que le hasard fait tomber entre nos mains doit être respecté par nous.

D. Si dans une pièce voisine un enfant entend une conversation, doit-il l'écouter?

R. Il faut avertir de sa présence ou quitter la place; les secrets, les affaires d'autrui, comme les lettres, doivent être sacrés.

D. Ainsi il est inconvenant d'écouter aux portes?

R. Oui, il est même honteux d'écouter aux portes; c'est de la trahison; c'est ce que l'on nomme l'espionnage.

D. La discrétion s'arrête-t-elle là?

R. C'est manquer de discrétion que de révéler ce qu'on devrait cacher, que de trahir un secret qui nous est confié.

D. N'est-ce pas aussi manquer de discrétion que d'offrir à tous propos ses services?

R. C'est manquer de discrétion que de se poser en officieux et de provoquer la confiance qui ne vient pas à nous librement.

D. A qui ressemble un officieux?

R. L'officieux, qui a la passion d'obliger les gens et de leur rendre service malgré eux, ressemble à l'ours de la Fontaine, qui écrase la tête de son ami pour tuer une mouche qu'il lui voyait sur le nez.

D. Cette comparaison est-elle bien exacte?

R. Elle nous le semble, parce que l'officieux est un dangereux ami.

D. Comment justifiez-vous votre opinion?

R. L'officieux attire à lui les esprits confiants, il les éblouit par l'exagération de son influence, et quand il possède le secret de leur désir, qu'il a promis d'en assurer la réalisation, il se dérobe par un faux-fuyant, ne pouvant plus les abuser.

D. Quel est son but, s'il est impuissant à se rendre utile?

R. De faire croire à son crédit, et d'en tirer vanité.

N'allons pas rechercher les affaires des autres :
On est toujours puni de son zèle indiscret.
Nous en avons assez de bien faire les nôtres,
Sans aller nous donner des motifs de regret. (L. M. de L.)

D. Comment se préserver de ce défaut?

R. On s'en préserve en observant les règles d'une sage prudence et de la circonspection.

D. Qu'est-ce que la prudence?

R. C'est une vertu qui fait discerner le bien d'avec le mal, le vrai d'avec le faux et qui aide à user des choses de la vie avec circonspection.

D. Qu'est-ce que la circonspection?

R. C'est prendre garde à ce que l'on dit, à ce que l'on fait, être retenu, discret dans ses paroles, dans ses actions.

La discrétion exige une grande surveillance sur nous-mêmes afin de nous garantir contre ce penchant à la curiosité, à l'indiscrétion et à cette affectation à vouloir se rendre utile sans nécessité.

IX

LA FAMILIARITÉ

La familiarité est une liberté dans les paroles et dans les actions qui suppose la confiance et l'égalité qui règnent entre deux personnes liées par l'amitié. L'indépendance et l'égalité laissent aux liaisons toute la candeur de la bienveillance; ni le devoir, ni l'intérêt n'y entrent pour rien, le plaisir et l'amitié en font seuls la loi.

D. Peut-on abuser de la familiarité?

R. Non, on ne doit pas abuser de la familiarité, car l'abus engendre le mépris.

D. Est-ce là la conséquence inévitable de la familiarité?

R. Non, quand il est démontré qu'elle n'est pas un calcul, elle augmente le respect, et elle entretient l'affection.

D. Y a-t-il des enfants qui abusent de la familiarité dans le mauvais sens?

R. Oui, cela se voit souvent.

D. Et quels sont-ils?

R. Ce sont les enfants importuns, grossiers, mal élevés, sans affection réelle.

D. Qu'est-ce qu'un enfant importun?

R. C'est celui qui trouble, qui dérange tout le monde.

D. Qu'est-ce qu'un enfant grossier?

R. Un enfant grossier est celui qui est libre en paroles, en actions, qui répond mal, qui dit des injures, qui se bat...

D. Doit-on répéter les mots de la rue, les expressions triviales, les jurons?

R. Non jamais, à moins d'être grossier. Un enfant bien élevé doit tenir un langage choisi, et avoir horreur des expressions vulgaires et communes.

Défiez-vous de cette réserve hautaine qui exclut la familiarité, l'expansion. Soyez familiers avec vos amis, prenez vos aises, sans oublier toutefois que de l'aisance à l'effronterie il y a toute la distance de l'homme d'esprit au sot.

L'aisance consiste à se tenir constamment dans l'attitude et à la place qui nous est acquise par nos vertus, nos qualités et notre mérite.

X

LA SUSCEPTIBILITÉ OMBRAGEUSE

D. Qu'est-ce que la susceptibilité ombrageuse?

R. C'est un défaut d'esprit, de clairvoyance, une obstination à ne pas vouloir s'éclairer par la réflexion, à se croire offensé sans réalité et à se fâcher sans raison de ce qu'on vous dit et de ce qu'on vous fait.

D. N'est-ce pas ce qu'on appelle une infirmité morale?

R. C'est en effet une infirmité morale, car celui, ou celle qui en est atteint est toujours disposé à voir l'offense partout où elle n'est point.

D. Est-il sensible aux plaisanteries?

R. Très sensible; mais s'il prend part à la plaisanterie des autres, bientôt il s'en croit l'objet, et sa physionomie, un instant enjouée, trahit aussitôt sa mauvaise humeur.

D. Ce ne sont pas là ses seuls travers?

R. Non, il est toujours sur le qui-vive pour vérifier si on lui rend les égards qu'on lui doit, ou qu'il s'imagine lui être dus; au moindre soupçon d'irrévérence, il se blesse.

D. Parle-t-il volontiers?

R. Oui, mais s'il parle il veut qu'on l'écoute, les distractions le contrarient et d'un air hautain il les réprime là où l'on tolère son insolence, ou, cessant de parler, il prend son chapeau et quitte la société, fort mécontent d'elle.

D. Cela est peu convenable. Ensuite?

R. S'il se présente quelque part, il exige qu'on le reçoive à l'instant, quand même il y a impossibilité absolue. Si on lui fait remarquer avec politesse que son insistance est une indiscrétion, il se retire en murmurant et ne revient plus.

D. Résumez ce caractère?

R. C'est en résumé un être insupportable, qui met un froid glacial dans les relations et les dépouille de toute espèce d'agrément.

D. Quels sont les mobiles de cette susceptibilité?

R. Ce sont l'erreur et le masque de la délicatesse : l'erreur, lorsqu'elle vient d'un faux jugement; le masque, lorsqu'il vient d'un faux orgueil.

D. Ne lui connaissez-vous pas d'autres mobiles?

R. Il y a encore l'irrégularité d'humeur, le travers d'esprit, mais qui ont la même origine.

D. Peut-on se guérir de cette susceptibilité?

R. On se guérit de cette infirmité par l'éducation du cœur.

Souvent l'esprit le plus lucide
Voit tous les objets à l'envers;
Mais quand on prend son cœur pour guide,
On ne va jamais de travers. (***)

XI

LA RANCUNE

D. Savez-vous ce que c'est que la rancune?

R. La rancune, c'est le ressentiment que l'on garde d'un reproche, d'une correction, d'une offense.

D. Ce ressentiment est-il fondé, quand le reproche ou la correction vient de vos parents, de vos maîtres et maîtresses?

R. Non, puisque c'est pour notre bien qu'on nous punit et qu'on relève nos fautes.

D. Vous reconnaissez donc à vos parents le droit et le devoir de vous corriger?

R. Oui. Nos parents, nos instituteurs et nos institutrices ont ce devoir, et, au lieu de murmurer et de leur résister, nous devrions leur vouer une profonde reconnaissance.

D. Ne voit-on pas cependant des enfants assez méchants pour se coucher sans dire bonsoir à leurs parents et sans les embrasser, parce qu'ils ont été grondés?

R. Oui, et alors on ressemble à l'enfant prodigue : on blesse son père et sa mère, en leur prouvant que l'orgueil est plus fort que la tendresse.

D. Croyez-vous que, le lendemain, il sera plus facile de demander son pardon?

R. Non, ce sera plus difficile encore : l'orgueil, accompagné de la honte, fléchira encore moins, et trois fautes seront commises au lieu d'une seule.

D. Mais heureusement il est rare de voir des enfants faire preuve d'une telle ingratitude?

R. Non, ce n'est pas rare, et pourtant c'est un véritable crime que de contrister le cœur d'un père, d'une mère.

D. Comment s'en corriger?

R. Nous devrions penser à l'orphelin qui n'a jamais, hélas! un père et une mère à embrasser; à cette pensée, notre cœur, se sentant ému, et notre tendresse plus vive nous rendraient meilleurs.

La rancune est une cause de tourments pour l'esprit et le cœur; on ne saurait trop réagir contre elle pour s'en préserver et, au besoin, pour s'en corriger.

XII

LA CONSCIENCE

La conscience est le reflet de la divinité et, comme l'a dit un penseur, l'œil de Dieu dans l'âme de l'homme. C'est une voix intime que Dieu a mise en nous, un guide assuré, un juge infaillible du bien et du mal. C'est l'instinct qui nous dirige avant même que la raison soit formée. C'est le mentor sévère qui dit à l'enfant sur le point de faire mal : « Arrête! ce que tu vas faire est mal »; au paresseux : « Tu es grand et fort, travaille! » Enfin, la conscience est, sur la terre, la première et souvent la seule rémunératrice des bonnes actions.

D. Si jeune que l'on soit, sait-on si l'on fait mal?

R. Dès l'âge le plus tendre, l'enfant sait quand il fait mal.

D. Qu'est ce qui nous indique que nous faisons mal?

R. La conscience, cette voix intérieure qui ne nous trompe jamais.

D. Écoutez-vous toujours ce cri de votre conscience?

R. Non.

D. Pourquoi ce mépris du bien?

R. Parce que nos mauvais penchants nous entraînent : le paresseux n'a pas le courage de travailler; l'orgueilleux ne veut vaincre sa vanité; le prodigue ne veut borner ses dépenses; le menteur ment, tout en sentant le rouge lui monter aux joues.

D. Il y a donc un combat en vous-même, lorsque vous vous conduisez mal?

R. Non, quand l'action est soudaine; mais elle est bientôt suivie d'un regret. Oui, quand la réflexion précède l'action, il y a un combat réel entre les mauvais penchants et la conscience.

D. Cela doit vous apprendre que l'on n'est pas seul dans la vie?

R. En effet, Dieu et la conscience ne nous quittent jamais.

D. Que doit dire la conscience au fils méchant qui fait de la peine à ses parents?

R. La conscience lui dit malgré lui, malgré sa colère : « Tu es un méchant; tu payes la tendresse de tes parents de la plus noire ingratitude. »

Enfants, quand vous êtes sur le point d'accomplir un acte répréhensible, ne sentez-vous pas au dedans de vous-mêmes une voix qui dit : « Arrête ! que vas-tu faire? Ce que tu veux commettre est une faute, ne le sais-tu pas? » L'enfant pieux et bon, qui écoute cette voix intérieure, obéit à la voix de sa conscience.

Dans toutes les circonstances de notre vie, la conscience nous parle ainsi; elle nous éclaire; elle ne nous conseille que le bien. Mais là ne se borne pas son œuvre, car elle applaudit encore aux efforts que nous faisons pour devenir bons.

Par vanité, et afin de laisser croire à ses condisciples qu'il avait chez lui toutes les friandises qu'il désirait, un jeune enfant voulut apporter des gâteaux à l'école. Il guette le départ de son papa; s'assure que sa maman est occupée, et furtivement, sur la pointe des pieds, il s'avance vers le buffet. Déjà sa main fait tourner la clef, lorsque ses yeux s'arrêtent devant une glace; il voit un enfant si pâle, si bouleversé, si étrange, qu'à peine s'il se reconnaît. « Comment ! c'est moi, dit-il, ah ! j'ai la figure d'un voleur », et sa main quitte la clef; il se sauve, va embrasser sa mère plus tendrement que jamais, et rentre à l'école les mains vides, mais les joues roses et le front joyeux. Cet enfant avait bien agi, et Dieu le bénira; il avait écouté la voix de sa conscience.

Ayez donc toujours cette pensée présente à la mémoire, et restez-y fidèles : qu'on est heureux quand on possède réellement l'amitié de sa conscience.

XIII

LA JUSTICE RÉVÉLÉE PAR LA CONSCIENCE ET LA RAISON

La justice est ici une vertu morale, qui fait qu'on rend à chacun ce qui lui appartient, et que l'on respecte tous les droits d'autrui.

D. Sur quelle maxime repose la conduite de tous?

R. Sur cette maxime : Ne faites pas à autrui ce que vous ne voudriez pas que l'on vous fît à vous-même.

D. Vos jeux sont une source de querelles; l'injustice en est habituellement le motif.

R. Oh! non, nous débattons nos droits.

D. Comment! Vous soutenez vos droits en poussant du pied votre bille de jeu, pendant que votre adversaire est occupé après la sienne?

R. C'est par inadvertance.

D. Est-ce aussi par inadvertance que vous enlevez quatre pyramides de billes, alors que vous n'en avez renversé que trois et rompu la quatrième avec la main?

R. Cela se commet bien involontairement?

D. Alors pourquoi ne rétablissez-vous pas la quatrième pyramide, au lieu de vous l'approprier!

R....

D. Votre silence est un aveu, un commencement d'excuse?

R. Oui, nous reconnaissons, en effet, que c'est manquer de probité que de ne point agir envers les autres comme nous l'exigeons pour nous-mêmes.

D. Qu'est-ce que la probité?

R. La probité est une droiture d'esprit et de cœur, un attachement sévère au devoir de la justice, de la morale, de la raison.

D. Qu'est-ce que la raison?

R. La raison est un acte de réflexion avant que la volonté agisse.

D. Vous livrez-vous à cette réflexion avant d'agir; n'examinez-vous pas plus habituellement vos actes après qu'ils sont accomplis?

R. Oui, nous agissons sans réflexion, et quand, plus tard, nous apercevons nos torts, nous les regrettons.

D. Est-ce avec sincérité?

R. Oui, avec sincérité.

D. Ces alternatives renouvelées, d'injustice et de retour à la probité, ne vous aliènent-elles pas l'amitié de vos parents?

R. Non, le retour au sentiment de la justice, la soumission à la raison, nous font pardonner.

D. Le cœur des parents est donc une source inépuisable d'amour?

R. Oui, l'amour des parents est le plus noble, le plus généreux, le plus sublime de tous les dévouements. Que de parents sacrifient même leur avenir pour leurs enfants!

D. De quelle reconnaissance, jeunes enfants, vos cœurs doivent être pénétrés, pour n'être que justes envers vos parents?

R. Tous les enfants, pour n'être que justes seulement, devraient travailler sans relâche, se conduire parfaitement et faire tous leurs efforts pour être la joie de leurs parents.

La justice, cette vertu morale, la conscience et le raisonnement en font un devoir impérieux et l'une des premières conditions de l'honorabilité. Rendez-vous dignes, enfants, d'être honorés, par un incorruptible respect de la maxime : *Ne fais à autrui que ce que tu voudrais qu'on fît à toi-même.*

XIV

L'ÉGOÏSME

D. Qu'est-ce que l'égoïsme?

R. L'égoïsme est l'amour de soi poussé à un tel point, que le cœur n'a plus de place pour aimer personne.

D. Les enfants gâtés, trop admirés, ne sont-ils pas presque toujours égoïstes?

R. Oui, l'enfant gâté, trop admiré, se croit une merveille, il n'aime que lui et s'imagine qu'on lui doit tout.

D. Cependant, l'enfant qui tient tout de ses parents ne peut être que reconnaissant envers eux?

R. Il devrait en être ainsi, mais l'égoïste ne donne jamais et rapporte tout à lui.

D. Nous nous persuadons que les enfants mieux élevés aiment mieux leurs parents; qu'en pensez-vous?

R. Exempts d'égoïsme, nous aimons nos parents, mais nous n'avons pas encore le cœur assez généreux, ou nous avons l'esprit trop léger, pour partager leurs ennuis et pour travailler avec courage, dans la mesure de nos forces, afin de les seconder le plus vite possible.

D. Ne voit-on pas des enfants prendre leurs aises chez leurs parents et refuser de travailler avec eux, même pendant la longue durée des vacances?

R. Oui, c'est là une véritable preuve d'égoïsme, et nous voyons maintenant combien nous serions coupables de persévérer dans cette conduite.

D. Prenez-vous l'engagement de vous corriger?

R. Nous promettons de mettre tous les loisirs que nous laissent nos études à la disposition de nos parents et, pendant les vacances, nous travaillerons, nous aiderons notre père et notre mère dans tout ce que nous pourrons.

D. Avez-vous jamais songé à faire une surprise à votre mère en lui offrant quelque objet agréable?

R. C'est vrai pourtant, nous avons eu le tort de n'y pas songer. Nous avons ainsi fait encore preuve d'égoïsme.

Elle n'a cependant jamais laissé passer notre fête, ou le jour de l'an, sans nous donner un souvenir.

D. Lui avez-vous rendu ce souhait le jour de sa fête?

R. Parmi nous il y en a peut-être qui ont accompli ce pieux devoir, mais un grand nombre l'ont assurément négligé.

D. C'est pourtant un grand jour que celui de la fête d'un père, d'une mère, d'un parent qui vous aime?

R. Oui, c'est un jour de joie et d'expansion de tendresse.

D. Vous savez cela et vous ne vous empressez pas de vous donner cette satisfaction du cœur!

R. Cet oubli, nous le réparerons, pour ne plus y manquer à l'avenir, en ayant toujours présents à la pensée nos devoirs affectueux envers notre père, notre mère et nos bons parents.

D. Mais il se peut qu'avec la meilleure volonté on laisse passer le jour où il conviendrait d'accomplir ce souhait; dans ce cas que doit-on faire?

R. Dès que l'on s'aperçoit de cet oubli, on le répare aussitôt.

D. Comment?

R. Par une visite en personne.

D. Mais si cette visite en personne n'est pas possible?

R. Dans l'impossibilité de faire cette démarche on écrit une lettre dans laquelle on laisse parler son cœur, véritable interprète de nos vrais sentiments.

D. Le premier janvier, appelé le jour de l'an, que faites-vous?

R. Ce jour-là, nous souhaitons la bonne année à nos parents.

D. Dans l'espoir sans doute de recevoir des étrennes?

R. Il y a bien ce motif, mais il est primé par le puissant sentiment de l'affection.

D. Parmi vos parents vous ne comprenez pas vos frères et vos sœurs, pourquoi?

R.....

D. Vous hésitez à répondre? c'est que vous n'attendez d'eux aucun présent et vous les négligez. N'est-ce pas vrai?

R. Cela peut être en effet.

D. C'est mal agir : vos souhaits doivent se faire agréer réciproquement entre vous.

R. Nous le ferons à l'avenir.

D. N'adressez-vous pas vos vœux de bonne année à d'autres personnes qu'à vos parents?

R. Nous les adressons aussi à nos amis, à nos chefs, à nos bienfaiteurs.

D. Si l'on vous proposait de supprimer cette tradition du jour de l'an, quel serait votre avis?

R. Nous nous y opposerions.

D. Pourquoi?

R. Parce que ce jour-là est un jour d'oubli, de pardon et de réconciliation. Il rapproche les personnes qu'un intérêt mesquin, qu'un moment de vivacité avaient séparées.

D. De sorte que les relations sont plus intimes?

R. Oui, en se rétablissant, elles deviennent plus cordiales et la bonne harmonie succède au désaccord à la plus grande joie des familles.

D. N'obtient-on que ces heureux résultats?

R. Il en est d'autres encore : c'est une occasion de rafraîchir ses affections, de venir en pensée, en esprit et de cœur faire agréer nos souvenirs affectueux à nos parents, à nos amis, à nos bienfaiteurs éloignés.

D. Ce n'est pas tout?

R. Non. Il nous permet aussi d'affirmer, par l'expression de ce témoignage, que l'amitié et la reconnaissance sont éternelles.

D. Très bien, voilà qui témoigne de votre horreur pour l'égoïsme ; mais, lorsqu'on est atteint profondément de ce mal, croyez-vous qu'on puisse s'en corriger facilement?

R. Oui, avec la volonté, l'esprit de justice et d'équité et l'amour du prochain on se corrige de ce défaut.

L'égoïsme est le culte sacrilège de la personnalité humaine que l'orgueil conseille et qui est odieusement contraire aux lois de l'équité.

L'égoïste a l'âme dure, insensible. Il subit l'influence

d'une force répulsive d'instinct contre l'affection, le dévouement, l'expansion originale, ces nobles sentiments qui font la félicité des âmes bien élevées. Il est lui, dans sa personnalité, sans amis, ne sachant pas aimer; — le cœur vide, n'ayant point d'attachement affectueux; — il est le tyran de son propre bonheur.

Plaignez-le !

XV

LES DÉFAUTS DÉIFIÉS PAR L'ORGUEIL

Si l'on écoutait une conversation de jeunes gens, on serait surpris d'entendre chacun étaler ses défauts et s'en prévaloir comme de choses charmantes : « Moi, je suis orgueilleuse, » dit, en se rengorgeant une jeune personne. Vous êtes orgueilleuse, vraiment, cela se conçoit; c'est si aimable l'orgueil qu'il y a lieu de s'en vanter ! « Moi, je suis paresseux, répond un jeune garçon, l'oisiveté c'est ma vie ! » quelle gracieuse perspective pour l'avenir ! « Moi, je suis bavarde; moi, je suis curieuse; moi, coquette, » et s'il y a vingt jeunes personnes réunies, elles sembleront, comme à plaisir, renchérir chacune sur leurs défauts.

En parlant ainsi, les enfants semblent ignorer les funestes conséquences de l'orgueil et de la vanité. Ah ! pauvre nature humaine, tu es tellement pétrie d'orgueil et de sottise que tu déifies tes défauts au lieu de t'en corriger.

D. Qu'est-ce donc que l'orgueil ?

R. L'orgueil est une estime désordonnée des avantages qu'on a, ou qu'on croit avoir, qui fait qu'on se glorifie en soi-même et qu'on se préfère aux autres.

D. Quelle acception donnez-vous à la présomption ?

R. La présomption : c'est s'aimer d'une manière déréglée, exagérer ses qualités, avoir une trop haute opinion de soi.

D. A quels signes se reconnaît-elle dans l'homme, dans la femme ?

R. Le présomptueux ou la présomptueuse affecte des airs de grandeur, il affiche des prétentions hautaines, il s'enfle d'ostentation, il a faim de louange et ne cesse de la mendier ; toute supériorité le blesse, l'offense et l'irrite.

D. Cette définition ressemble à s'y méprendre à celle de l'orgueil?

R. Oui, c'est la transformation de la présomption en orgueil.

D. Et alors que devient-il?

R. L'orgueil devient pour l'âme un poison pénétrant, subtil, qui subjugue, qui change en mauvais les bons sentiments.

D. De ces abaissements de l'âme que peut-il résulter?

R. Un excessif amour-propre qui excite à s'élever fièrement au-dessus de ses égaux, à ramper vilement devant ceux qui sont au-dessus de soi.

D. Cette dernière conséquence est-elle absolue, fatale?

R. Assurément. La bassesse de ce sentiment rend l'âme lâche et la vanité qui en est la compagne sollicite l'orgueilleux, l'orgueilleuse, à s'humilier pour paraître aussi grand que ceux devant lesquels ils s'abaissent.

D. Faites-nous connaître la vanité?

R. La vanité est un sentiment misérable qui nous excite à nous faire admirer des autres et qui nous rend aussi dupes que sots.

D. La vanité n'est-elle pas l'amour-propre qui se montre avec fracas?

R. En effet, la vanité est opposée à la modestie, ce parfum du jeune âge, l'auréole de l'innocence, qui est l'amour-propre qui se cache.

D. La vanité ne gâte-t-elle pas le cœur?

R. Oui, elle le rend égoïste et cruel à force de l'appauvrir.

D. N'a-t-elle pas aussi une action sur l'esprit?

R. La vanité est un masque de petitesse d'esprit ; elle est si misérable, qu'on ne peut guère lui dire pis que son nom : elle se donne elle-même pour ce qu'elle est, et, s'il est quelqu'un que la vanité a rendu heureux, à coup sûr ce quelqu'un était un sot. *Lorsque l'orgueil et la vanité cheminent devant, honte et dommages suivent de bien près.*

De bonne heure il faut guérir cette vanité mobile et intempérante qui se plie quelquefois, mais comme un ressort prêt à rebondir, et devenir raisonnables, chers enfants, car vos défauts sont vos mortels ennemis : ils causent la plus grande partie de vos peines. Le caractère a une influence sur toute la destinée. Soyez sévères pour vous, indulgents pour les autres... N'est-ce pas là justement le contraire de ce que vous faites tous les jours? Prenez donc la résolution de vous corriger de ce défaut qui abaisse les âmes.

La vie humaine n'est qu'une suite de luttes contre les difficultés de toute nature qu'il nous faut vaincre. C'est par le travail et la vertu seuls que nous en triompherons, mais à la condition d'être humbles sans bassesse. Quant aux orgueilleux, aux vaniteux, aux présomptueux, à tous ceux et, celles atteints de ces défauts, s'ils ne s'en corrigent pas, ils seront toujours malheureux.

Esprits présomptueux, souffrez
Que l'on vous parle avec franchise;
Sachez, vous qui vous admirez,
Que tout le monde vous méprise. (LEBRUN)

Un philosophe vit un homme couvert de pourpre, qui, fier de cet ornement, marchait avec beaucoup d'affectation, et, voulant rabattre son orgueil, il lui dit : « Pourquoi tant de fanfaronnades? une brebis portait autrefois cette laine dont vous faites parade; ce n'était pourtant qu'une bête. »

XVI

LE DÉSORDRE

D. Savez-vous bien ce que c'est que le désordre?

R. Le désordre est un manque de soin habituel qui caractérise le mauvais écolier, la mauvaise écolière; les habits, les robes, les jupes, les cahiers et les livres, tout se ressent de cette négligence des mauvais élèves. Leurs cahiers sont mal tenus, leurs livres malpropres, leurs vêtements décousus, tachés, déchirés.

D. Quel tort le désordre des enfants cause-t-il à leur famille?

R. Le désordre des enfants augmente les dépenses que font les parents; il prive d'autant le père et la mère de l'enfant peu soigneux.

D. Le désordre, enfants, vous cause-t-il beaucoup d'ennuis?

R. Oui, car bon nombre d'entre nous sont punis pour les livres égarés, oubliés, les vêtements salis ou déchirés, etc.

D. Qu'amène le désordre chez les enfants?

R. Le blâme et les punitions.

D. Et plus tard dans la famille?

R. Il amène la ruine.

« Une jeune demoiselle, nommée Sabine, avait une chambre très jolie, mais qui cependant présentait un aspect fort désagréable, car rien ne s'y trouvait à sa place; toutes les exhortations de la mère de Sabine, pour engager sa fille à tenir sa chambre plus en ordre, étaient faites en vain.

» Un dimanche après midi, Sabine venait de terminer sa toilette et se disposait à sortir, lorsque la fille d'un voisin lui apporta une corbeille pleine de grosses cerises noires.

» Comme la table et les appuis de fenêtres étaient encombrés de vêtements et autres objets, Sabine plaça provisoirement la corbeille sur un fauteuil recouvert d'une étoffe de soie bleue, puis elle alla se promener avec sa mère dans un village des environs.

» Le soir, il faisait déjà sombre quand mademoiselle Sabine rentra dans sa chambre. Toute fatiguée, elle s'assit; mais aussitôt elle poussa un cri d'effroi, car elle venait de s'asseoir précisément au beau milieu de la corbeille pleine de cerises.

» Au cri, la mère accourut dans la chambre avec une lumière; mais que vit-elle? toutes les cerises étaient écrasées, leur jus se répandait de tous côtés sur le fauteuil, et la robe de Sabine, qui était toute neuve et en taffetas blanc, était si maltraitée qu'il fut désormais impossible de la remettre.

» Sa mère lui fit une sévère réprimande et lui dit, entre autres choses : Tu vois maintenant par toi-même, combien il est nécessaire d'avoir de l'ordre, et d'assigner à chaque chose une place convenable. Tu viens d'être fortement punie de ta désobéissance et de ton esprit de désordre. Rappelle-toi ceci une fois pour toutes :

» *Il faut que tu tiennes à avoir de l'ordre en tout, car le désordre ne cause jamais que du désagrément.* »

(Ch. SCHMID.)

XVII

L'ORDRE

A ne considérer le désordre que simplement comme un manque de soin, voyons si l'ordre ne vaut pas mieux.

D. Qu'est-ce que l'ordre?

R. L'ordre, c'est régler avec économie ses dépenses d'après son avoir ou ses revenus. C'est aussi procéder avec méthode à l'arrangement de ses effets, de ses livres, etc...

D. L'ordre et l'économie sont donc bien utiles?

R. L'ordre et l'économie sont indispensables pour faire une bonne maison et pour la soutenir; sans l'ordre, sans l'économie, les plus grandes fortunes s'écroulent; les positions médiocres deviennent impossibles.

D. La prospérité est donc la récompense de l'ordre et de l'économie?

R. Oui, ce sont les causes principales de la réussite dans les affaires. Grâce à elles, règne l'aisance dans les petites positions, et par elles se font les plus grandes fortunes.

Vous venez de le dire, enfants, et ne l'oubliez pas, l'ordre est la base première et principale de toute réussite. Associé à une sage et prévoyante économie, à une conduite régulièrement honnête, il réunit tous les avantages d'une heureuse prospérité.

« La femme d'un modeste employé de l'état civil était restée veuve avec quatre enfants. La pension était très modique, et pourtant il fallait faire vivre tout ce petit monde-là, tout en conservant une certaine apparence bourgeoise.

» Grâce aux bons soins et à l'esprit d'ordre et d'économie de la mère, les trois fillettes avaient toujours des robes fraîches et le petit bonhomme était toujours proprement vêtu; il portait même, pour aller au collège, un caban d'étoffe écossaise qui lui donnait un petit air crâne, ce dont la maman était d'autant plus fière que c'était elle qui avait confectionné le caban.

» Et la brave femme, admirable de patience, d'activité et de courage, se levait le matin à cinq heures pour que ses fillettes eussent toujours des collerettes blanches. Souvent, à la fin du mois, on était gêné; mais, si le repas était maigre, la table avec sa nappe blanche était toujours proprette, et on y mettait un petit bouquet pour la fleurir et la parfumer.

» J'ai été témoin de la vie de cette simple et noble amie, et c'est parce que j'ai grandi auprès de cette femme que je suis devenu poète; car, vous l'avez sans doute deviné, le petit bonhomme c'était moi! » (François Coppée.)

XVIII

LE MENSONGE. — LA DISSIMULATION. — LA VÉRITÉ

§ 1er. — *Le mensonge.*

D. Pouvez-vous nous donner une définition succincte du mensonge?

R. Le mensonge en un acte accompli dans l'intention de tromper. C'est une chose avilissante, malhonnête et partant odieuse. Le mensonge est l'infâme serviteur de tous les crimes, il mérite le plus sévère châtiment.

D. Pourquoi mentent les enfants?

R. En général pour cacher une faute qu'ils auront commise, une maladresse, et le plus souvent pour ne pas être grondés.

D. Mais au moins le mensonge donne-t-il au menteur quelque tranquillité d'esprit?

R. Non, car le menteur redoute sans cesse que sa fourberie soit enfin découverte par ceux qu'il a voulu duper.

D. Est-ce la crainte seule qui trouble ainsi l'esprit du menteur?

R. Non, mais la conscience lui crie au dedans de lui-même : *menteur! menteur!* tu as mal agi.

D. Que direz-vous donc de l'enfant qui ment avec assurance, le front haut, la voix vibrante?

R. Oh! malheur à lui, son cœur est déjà corrompu, puisque le cri de sa conscience est étouffé.

D. N'éprouve-t-on pas une grande honte lorsqu'un mensonge est découvert?

R. Il y a dans la découverte d'un mensonge, quelque chose de si bas qu'on reste confondu.

D. Croyez-vous qu'on ne pardonne pas plus facilement une faute qu'on avoue, qu'une faute qu'on s'obstine à nier?

R. Assurément, car l'aveu d'une faute, c'est déjà le repentir.

D. Donc, enfants, vous aurez horreur du mensonge?

R. Oui, nous en aurons horreur comme d'une faute qui abaisse le caractère, qui l'avilit.

Si vous avez eu la lâcheté de mentir pour cacher une faute, dites-vous alors : Je me suis à ce point avili ! comment oser maintenant avouer ma faute, convenir que j'ai menti ? eh bien ! j'en aurai le courage, et mes parents me pardonneront ; ils auront égard à mon repentir. D'ailleurs, si j'hésitais, est-ce que Dieu me pardonnerait ma faute ? comment oserais-je prier et dire : Mon Dieu, je vous aime, pardonnez-moi, si le mensonge m'a rendu misérable ? Avouons notre faute, au moins nous aurons la paix du cœur.

C'est ainsi, enfants, que la jeunesse doit se corriger ; elle doit avoir honte de ses défauts afin de remplir le but de la vie, qui est le *perfectionnement de soi-même.*

§ 2. — *La dissimulation.*

Dissimuler par une conduite réservée et digne, par le silence, la mauvaise impression que fait éprouver un manque de convenance, un affront, une injure que le respect de soi-même porte à mépriser, c'est du tact.

D. Mais la dissimulation qui consiste à déguiser sa pensée, ses actions pour tromper, comment la définissez-vous ?

R. Prise dans ce sens, la dissimulation est un des vices les plus bas qui dégradent notre espèce, car c'est le mensonge sans cesse en action, et c'est ce qui est indigne d'une honnête personne.

D. Alors celui ou celle qui agit ainsi, avec une mauvaise intention, doit être bien peu estimé ?

R. Oui, on n'a plus pour cette personne ni confiance ni considération.

Il arrive fréquemment que l'esprit dissimulé se trompe lui-même ; il devient la victime de ses propres ruses et fourberies, qui sont les caractères principaux de la dissimulation, et descend lentement la pente du malheur sans rencontrer une main secourable, une sympathie généreuse.

Fuyez pour un moment l'homme colère et pour toujours l'homme dissimulé. (Nic.)

§ 3. — *La vérité.*

D. Définissez succinctement la vérité.

R. La vérité est ce qui est véritablement. Elle est le principe de la vie de toute chose.

D. Quel est le contraire du mensonge?

R. Le contraire du mensonge, c'est la vérité.

D. Est-ce beau la vérité?

R. Oui, la vérité est belle, elle est grande, elle est courageuse, elle est sublime.

D. Quelques enfants, sous prétexte de dire aux autres la vérité, en profitent pour leur dire des choses désagréables et désobligeantes en se justifiant par ces mots : *je suis frano, je suis franche.* Que pensez-vous de cette conduite?

R. C'est à la fois un manque de charité, c'est-à-dire, une désobéissance à la loi divine, et une preuve d'incivilité. Sous prétexte de dire au prochain la vérité, se permettre l'injure, c'est se montrer injuste, méchant.

La franchise est une faculté qui nous porte à exprimer notre pensée en toute liberté sans crainte de déplaire. C'est une noble indépendance de caractère que l'intérêt privé ne saurait suborner.

Mais elle doit se régler avec prudence et discrétion afin de se faire entendre et se faire souffrir.

Elle doit toujours être tempérée par une sensibilité vraie, que la crainte de blesser rend adroite, et ne jamais dégénérer en franchise brutale.

La franchise brutale est celle qui manque de bienveillance, qui est impolie et blessante.

L'homme franc, ouvert, simple, n'a en lui rien de mystérieux ni de romanesque. Il a un esprit qui ne se perd pas en futilités, mais sa direction est toute pratique. C'est l'esprit du cœur et de la volonté, tout comme celui de la tête.

Cet homme reste confondu dans la foule, rarement on le voit figurer au premier rang; mais, pour être éclipsé par des individualités plus brillantes, il n'en est pas moins fort souvent le guide invisible, le régulateur de l'activité, de la vie, du milieu où le sort l'a placé.

XIX

LE VOL

Le vol est l'action de dérober, ou de prendre par force ou par ruse le bien d'autrui. On peut se rendre indirectement coupable de vol : lorsqu'on encourage le voleur en recélant ou en achetant des objets, sachant qu'ils ont été volés, — lorsqu'on néglige un dépôt confié à notre garde, ou lorsque l'on s'en sert sans la permission du propriétaire, — lorsqu'on se soustrait, par voie illégale, au payement d'un impôt établi par le gouvernement du pays. On peut encore se rendre coupable de vol dans le commerce : lorsqu'on vend des marchandises falsifiées et défectueuses, — lorsqu'on se sert de faux poids et de fausses mesures, — lorsqu'on contracte des dettes sachant qu'on ne pourra pas les payer.

D. Comment appelle-t-on celui qui dérobe, ou qui prend par force, le bien d'autrui, quelle que soit la forme qu'il emploie pour commettre cette action?

R. On l'appelle un malfaiteur.

D. N'auriez-vous pas horreur d'un écolier, d'une écolière qui prendrait le bien d'autrui?

R. Oui, nous aurions horreur de celui, de celle qui aurait volé.

D. Mais s'il s'agissait d'une chose peu considérable, d'une bagatelle, par exemple?

R. La valeur de l'objet volé est indifférente; un larcin

est toujours un larcin ; un vol est toujours une action honteuse, déshonorante.

D. Expliquez votre idée sur le vol?

R. L'enfant qui épie le moment où il pourra s'emparer d'un objet sans être vu, qui essayera ses clefs à la serrure d'un pupitre qui n'est pas le sien, ou forcera un cadenas, ou emploiera un subterfuge quelconque pour voler est un malheureux, une malheureuse.

D. Quels sont les mobiles ordinaires du vol?

R. La gourmandise chez les jeunes enfants, la prodigalité, le désordre lorsqu'on est plus grand ; voilà ce qui, le plus souvent, conduit au vol.

D. Ne voyez-vous pas combien vous devez veiller sur vous-mêmes?

R. Oui, nous devons écouter la voix de notre conscience qui nous dit : *tu fais mal ; arrête, tu es perdu si tu commets un vol.*

D. Mais, enfin, n'oublie-t on pas le vol que peut avoir commis un enfant?

R. Non, jamais : et dix ans, quinze ans, vingt ans plus tard, il se trouvera quelqu'un pour se souvenir de la faute commise par l'enfant.

D. Que dira ce quelqu'un?

R. Il dira : « Ah ! il est voleur, ce n'est pas étonnant : dès l'âge de dix ou douze ans, il prenait déjà le bien d'autrui; il a dû continuer. » Mais n'y eût-il personne pour nous reprocher un jour nos fautes, que nous n'en devrions pas moins nous abstenir du mal, en nous rappelant que Dieu nous voit.

D. Quelle punition attend l'enfant qui a commis un vol à l'école?

R. Il est chassé de la classe.

D. N'est-ce pas là une honte épouvantable?

R. C'est, pour l'enfant, la plus terrible de toutes les hontes.

D. Que penseront le père et la mère de cet enfant?

R. Leur désespoir pourra seul égaler la honte qui rejaillit sur eux.

D. Est-ce que toute l'école connait le vol qui a été commis?

R. Sans aucun doute : pour l'exemple et pour dégager tout le monde du soupçon, la cause du renvoi doit être connue. Il faut que chacun connaisse le nom du malfaiteur.

D. Sentez-vous bien toute la honte que comporte le vol?

R. Oui, cette action infâme imprime une véritable flétrissure, et aura la plus fatale conséquence sur toute la vie.

D. Comprenez-vous aussi que la détention d'un objet trouvé est un vol?

R. Nous n'ignorons pas que l'objet trouvé appartient toujours à celui qui l'a perdu.

D. Que doit faire celui qui a trouvé un objet quelconque?

R. Il doit le remettre à qui de droit; s'il ne connait pas celui qui l'a perdu, il le remet à ses maitres et maitresses ou à ses parents.

D. Ceux-ci, qu'en font-ils?

R. Ils en font le dépôt entre les mains du maire de la commune ou entre celles du commissaire de police.

D. Cet objet trouvé, si son propriétaire légitime ne l'a pas réclamé, que devient-il?

R. Au bout d'une année, s'il n'à pas été réclamé, la police le rend à l'*inventeur*, c'est-à-dire, à celui qui l'a trouvé, et qui en devient ainsi le légitime propriétaire.

Chers enfants, ayez horreur du vol comme du mensonge, car le vol et le mensonge sont les deux infâmes serviteurs de tous les crimes; la vie de Cartouche en témoigne.

« C'était un écolier, fils d'honnêtes négociants qui travaillaient beaucoup, et qui réussissaient dans leur commerce; ils placèrent Louis Cartouche au collège Louis-le-Grand.

» Cet enfant avait quelque argent à sa disposition, car il était gâté, adulé, et sa mère lui disait souvent : « Amuse-toi, mon enfant, car tu n'auras rien à désirer plus tard; tu seras riche; ton père et moi nous travaillons pour te donner une existence heureuse. » Paroles imprudentes, folies de l'amour maternel, faiblesse coupable! C'est l'échafaud que l'avenir réserve à cet enfant adoré.

» Tous les enfants gâtés sont prodigues; comme il ne leur en coûte rien pour obtenir de l'argent, ils s'habituent vite à faire un mauvais usage des petites sommes qu'on leur dispense. Ce fut le cas de cet enfant. Accoutumé à la dépense, il en arriva bientôt à prodiguer l'or que ses parents lui faisaient tenir pour ses menus plaisirs.

» Mais un jour l'argent lui manqua, et le jeune écolier ne voulant pas, aux yeux de ses camarades, passer pour un pauvre ou laisser voir cette gêne momentanée, déroba à la cantine du collège quelques friandises de peu de valeur. Ce larcin passa inaperçu.

» Si quelqu'un eût pu alors mettre la main sur le cœur de cet enfant, il l'eût senti battre bien fort, car il y a des degrés dans le vice, et du premier coup on ne les franchit pas.

» Dès lors, Cartouche ne s'arrêta plus : il vola deux fois, trois fois; devant l'impunité, le démon du vol envahit tout son être; plus de prières, plus de conscience, plus de famille; dérober fut son idée fixe; il osa tout. Il vola durant les récréations; il vola dans le silence, dans l'obscurité des nuits. Découvert, confondu, pris sur le fait, il fut chassé du collège malgré les instances de son malheureux père, malgré les larmes et les prières de sa mère!

» Le père du coupable lui infligea une correction terrible, afin que l'enfant n'oubliât pas et sa honte et celle des siens. Le jeune homme fut privé d'argent, sevré de plaisirs, soumis à un travail sévère; ses supplications furent inutiles; son père se montra inflexible. « Plutôt te voir mourir, di- » sait-il, que de te voir voleur. »

» Plus de joie dans cette maison naguère si heureuse, plus un sourire, plus une caresse; ce n'était plus un enfant adoré qui était là, c'était un coupable, et un coupable irrité, endurci, dont le regard sombre osait soutenir le regard indigné de son père. Et quel était le chagrin de la mère, de cette mère infortunée, ainsi placée entre son époux et son enfant, tremblante devant l'audace du fils, tremblante devant la colère du père? Consolant, relevant le coupable, elle lui promettait son pardon, et priait Dieu pour lui. Pauvre mère! elle osait quelquefois espérer. Un jour, le secrétaire fut forcé, une somme importante enlevée, et le fils disparut de la maison paternelle.

» Tremblez, enfants, à ce récit; il n'est que trop vrai. Un premier vol resté impuni avait développé chez ce jeune homme le plus exécrable des instincts; la prodigalité, le désir de paraître avaient fait le reste. Résistez à toutes les tentations, et dites-vous bien que si la première faute fait battre si fort le cœur, c'est un avertissement de Dieu.

» Le jeune Cartouche, fuyant la maison paternelle, se lia avec des gens sans aveu, sans asile, avec des voleurs, des assassins. Il devint le chef d'une bande et l'épouvante de la société; arrêté enfin, il fut condamné à mort. Son malheureux père avait succombé, sa mère vivait encore. Quelle affreuse douleur pour cette pauvre et malheureuse mère! »

Rappelez-vous, chers enfants, que jamais le crime ne reste impuni; écoutez toujours la voix de votre conscience, et pénétrez-vous bien de cette vérité : qu'une mauvaise action ne donne jamais que les larmes, le chagrin, la honte et le désespoir.

XX

HYGIÈNE DE LA PROPRETÉ

« L'hygiène est l'art de conserver et d'améliorer la santé. Tout le monde sait que la santé est le premier des biens, et que, sans celui-là, tous les autres sont de peu de prix. Mais si la santé est nécessaire même à ceux que la fortune a favorisés, elle est indispensable à tous ceux qui vivent de leur travail, et dont c'est la première richesse.

» Pour conserver la santé, il faut éviter les causes de maladies, et se fortifier quand on est faible; car plus on est robuste, mieux on résiste aux causes de maladies. C'est ce que l'hygiène enseigne; et celui qui veut et qui peut en observer les préceptes évitera la plupart des maladies.

» Les notions d'hygiène, répandues tous les jours davantage, ont déjà porté leurs fruits. Depuis le commencement de ce siècle, la moyenne de la durée de la vie humaine a augmenté de sept années, et, de trente-trois ans, elle est arrivée à quarante ans. La santé générale s'est aussi améliorée; on sait mieux se soigner, et l'on voit disparaître ou s'amoindrir une foule de maladies qui étaient dues à l'ignorance des règles de l'hygiène.

» La médecine doit rester le privilège des médecins, mais l'hygiène doit être connue de tous. C'est ce que l'on a compris en faisant entrer l'hygiène dans le programme de l'enseignement public à tous les degrés. . . . .

. . . .

» Les soins du corps ont une importance capitale. Il est indispensable, en effet, de toujours maintenir très activement les fonctions de la peau. La peau excrète ou rejette au dehors des matières grasses, de la sueur et de l'épiderme. La sortie de ces substances, qui dégage les organes intérieurs et contribue puissamment à l'entretien de la santé générale, est favorisée par les soins de propreté et, notamment, par les lotions, les ablutions, les bains. . .

. . . .

» Les lotions, les ablutions, c'est-à-dire le lavage des mains, de la figure et de l'intérieur des oreilles à l'eau pure, sont nécessaires au moins une fois par jour. Mais on joint souvent à l'eau l'emploi du savon, pour mieux débarrasser la peau de toutes les souillures. Le savon convient à tous les soins de la toilette, soit pour la peau des mains, soit pour celle du visage, soit pour le nettoyage des cheveux, soit pour les bains partiels ou généraux.

» Pour le lavage de la figure, on emploie indifféremment l'éponge ou la serviette.

» Pour les cheveux, les meilleurs préceptes à indiquer, c'est de les porter courts, de les faire couper environ tous les mois, et de les couvrir le moins possible. On doit les peigner et les brosser tous les jours; car, là encore, la propreté est la première condition de la santé.

» Chez les élèves... des écoles, il faut surveiller de très près l'état de la chevelure. Le docteur Vernois, en parlant de certaines maladies parasitaires très contagieuses, comme l'*herpès tonsurant* et la *teigne faveuse*, dues à des végétaux microscopiques ajoute : « On comprend quel soin il faut » apporter dans la toilette des jeunes enfants, dans la pro- » preté de leurs peignes..., du linge et des éponges dont ils » se servent pour se nettoyer.

» La bouche exige aussi des soins particuliers. On se nettoie la bouche et les dents, avec de l'eau pure, tous les matins, et même après les repas, pour empêcher le séjour des débris alimentaires qui, en se décomposant, rendent l'haleine fétide et attaquent les dents. . . . .

» Les bains et les ablutions ont entre autres avantages celui de débarrasser la peau des résidus laissés à la surface, soit par la matière grasse contenue dans de petites glandes cutanées, soit par l'évaporation de la sueur, qui laisse un dépôt de matière saline et de matière animale, soit par la sécrétion de l'épiderme. . . . .

» Les bains chauds sont par excellence les bains de propreté. . . . .

» En été, il convient de faire un usage modéré des bains de rivière.

» Tout le monde sait qu'il ne faut pas se mettre à l'eau immédiatement après avoir mangé; il est bon d'attendre environ deux ou trois heures après le repas. Il faut également, quand le corps est en sueur, attendre que la peau soit sèche pour se baigner. En outre, il est bon de plonger d'un seul coup le corps tout entier dans l'eau, parce qu'alors il n'y a pas à craindre que le sang monte à la tête. »

(Dr Hector George.)

D. Quel enseignement tirez-vous de ces règles d'hygiène?

R. Nous en tirons l'enseignement pratique que le matin, après avoir ouvert notre cœur à Dieu, nous devons procéder à notre toilette : nous laver la figure, la bouche, les mains, et brosser nos cheveux.

D. Est-ce simplement à cela que se bornent les soins de propreté?

R. Non. Nous devons encore nous nettoyer les ongles, brosser nos effets d'habillement, sans y laisser la moindre ordure ni la plus petite tache.

D. Vous parlez absolument comme si vous deviez commencer aujourd'hui, pour la première fois, à observer ces soins de propreté?

R. Nous devons avouer que nous avons été souvent rebelles à cette nécessité, et nous promettons de nous y conformer scrupuleusement à l'avenir.

D. N'avez-vous pas recours à l'obligeance de votre mère pour vous laver et nettoyer vos effets, ce serait à en rougir à votre âge?

R. C'est encore un aveu à faire. A notre âge, nous pouvons suffire seuls à l'entretien de notre propreté, et nous aurons la volonté d'y suffire.

D. Que faut-il d'ailleurs pour s'entretenir dans une convenable propreté?

R. Il faut simplement : de l'eau pour se laver, un linge pour s'essuyer, une brosse à cheveux, un peigne et une brosse à habit, et savoir s'en servir non seulement le matin en se levant, mais encore dans la journée quand la nécessité s'en fait sentir.

En résumé, n'oubliez pas, chers enfants, que la propreté est la première condition de la santé; qu'elle est au corps ce que l'amabilité est à l'âme, et qu'elle consiste dans le soin de sa propre personne, et dans la manière convenable d'entretenir et de porter ses effets d'habillement.

Rappelez-vous ce proverbe : L'habit ne fait pas le moine, mais il le pare.

La première des parures, c'est la propreté; on vous excusera un vêtement râpé, rapiécé, mais on ne vous pardonnera pas une tache de graisse.

La seconde, c'est la simplicité. Une mise simple est préférable à toute recherche; c'est la manière de la porter qui en fait le prix.

Bien heureux sont les enfants qui trouvent, en rentrant chez eux, un père et une mère qui concourent, avec leurs maîtres et maîtresses, à leur éducation; elle se fait plus vite et elle est plus féconde en résultats pratiques.

XXI

LA COQUETTERIE

Il ne faut pas confondre la propreté avec la coquetterie. La propreté est une vertu, la coquetterie est un défaut.

D. Qu'est-ce donc que ce défaut de la coquetterie?

R. La coquetterie, c'est l'amour de la parure, l'admiration de soi-même, le désir de briller.

D. C'est plus encore?

R. Oui, c'est le vide de l'esprit, l'indigence du cœur, qui éveillent l'amour du luxe et le désir de plaire.

D. Beaucoup de jeunes gens ont-ils ce défaut?

R. Peu de garçons sont coquets, car les vêtements masculins comportent peu d'ornements; on rirait d'un garçon coquet, et le ridicule guérit vite d'un défaut.

D. En est-il de même chez les jeunes filles?

R. Non, les jeunes filles aiment la parure, et le désir de plaire mène à la coquetterie.

D. Quelle mauvaise influence la coquetterie a-t-elle sur le cœur?

R. La coquetterie, ayant pour compagne la vanité, l'égoïsme, fait qu'une jeune fille coquette n'aime qu'elle au monde.

D. Quelle influence la coquetterie a-t-elle sur l'esprit?

R. Une personne coquette, ne s'intéressant qu'aux choses tout extérieures et frivoles, apprend fort peu, ignore les choses utiles, et sacrifie tout au vain désir de paraître.

D. Quelle influence la coquetterie a-t-elle sur le caractère?

R. La coquetterie rend le caractère égoïste, maussade, capricieux, tyrannique.

D. Les jeunes filles coquettes ont-elles, en général, le cœur généreux?

R. Non, elles s'aiment trop pour aimer les autres, la parure les absorbe; elles sont suffisantes et hautaines avec leurs parents, de qui pourtant elles tiennent tout.

D. Ainsi les jeunes filles coquettes sont même ingrates?

R. Oui, bien ingrates, car elles s'efforceront d'être charmantes avec des étrangers, ou dans le monde, tandis qu'au sein de la famille, elles ne montreront que froideur, dédain et ennui.

D. Et ce sont les toilettes et l'amour du luxe qui rendent ainsi méchantes les jeunes personnes?

R. Oui, presque tous les tourments de l'intérieur viennent du luxe et de la coquetterie; petit enfant, le cœur est desséché; jeune fille, il est de pierre. La coquetterie et l'amour du luxe n'amenèrent jamais que le désordre dans les familles et les désastres dans les nations.

D. Ainsi, peu à peu, les bonnes qualités font place aux mauvaises, grâce à la coquetterie?

R. Oui, les soins superflus du visage, l'amour de la toilette occupent toutes les facultés; il ne reste plus rien pour la famille, pour l'étude, pour la raison.

D. Quelles sont encore les compagnes de la coquetterie?

R. La paresse, la prodigalité, le désordre.

D. Savez-vous où mènent ces défauts?

R. Ils mènent à la ruine, à la misère.

D. Quelles sont les bonnes qualités opposées au vain désir de paraître et à la prodigalité?

R. Ce sont : la simplicité, l'ordre, l'économie.

D. Qu'est-ce que la simplicité?

R. La simplicité est la droiture de l'âme, l'ignorance de son propre mérite, la vérité d'un caractère naturel et droit; c'est l'éloignement du faste, de l'affectation et de la recherche des hommages.

D. Les jeunes demoiselles ne doivent-elles pas être toujours simples, modestes dans leur mise, et économes?

R. Oui, une jeune personne perd tout son charme, lorsqu'elle cesse d'être simple et modeste.

D. Qu'est-ce qui rend une jeune fille charmante?

R. La douceur du regard, la bonté du sourire, la grâce naturelle, la bienveillance du langage et la simplicité de la mise.

D. Est-ce seulement à la simplicité et à la propreté de sa mise, qu'on reconnaît l'écolière soigneuse?

R. A d'autres signes encore, on distingue l'écolière soigneuse ou l'écolière négligente. Le pupitre de l'écolière est, en quelque sorte, l'image de l'armoire de la jeune personne, et l'image de la maison de la mère de famille, tout doit y être propre et bien rangé.

D. En est-il de même de l'écolier?

R. On apprécie aussi l'ordre de l'écolier par la tenue de son pupitre, et sa propreté par la tenue de sa petite personne.

Le maintien est le miroir d'une jeune fille, il reflète, pour l'observateur, toutes les nuances de son caractère et plus particulièrement de son éducation.

La convenance du maintien exclut :

La tenue prétentieuse,

Les airs moqueurs,

Les mouvements brusques,

Une contenance hardie.

Elle exige une attitude modeste et digne sans raideur.

Un jeune garçon donne aussi une haute idée de son éducation par la modestie de son maintien et la bonne grâce de ses manières.

XXII

L'ENFANT DANS LA FAMILLE

« Cet âge est sans pitié, » a dit la Fontaine en parlant de la jeunesse. Qu'il connaissait bien la nature humaine le grand fabuliste! Oui, cet âge est sans pitié; car voici un ménage troublé par la méchanceté d'un enfant qui devrait en être la joie, d'un enfant que ses parents chérissent; qu'ils gâtent et qu'ils adulent depuis sa naissance! Regardez-le ; sa mère vient de lui infliger une punition. Si elle a pris le parti de le châtier, c'est bien malgré elle; mais elle ne pouvait faire autrement. Tant de fois déjà elle l'avait averti, menacé même, et lui, il s'était complu à désobéir. En ce moment, loin de se montrer soumis, il pleure, il crie, il fait une scène. C'est que l'enfant est l'égoïsme en personne et l'on dirait qu'il éprouve une joie réelle à se venger d'une réprimande, d'une punition; une scène le rendra heureux.

Ce petit prodige de méchanceté naissante, qui veut gouverner sa mère au lieu d'être gouverné par elle, c'est un enfant gâté, c'est un enfant qui ne prie pas Dieu de lui donner la raison, la sagesse; c'est un enfant égoïste.

Bien plus que le père de famille, la mère a l'occasion de réprimander les enfants. Aussi est-ce le plus ordinairement la pauvre maman qui a le plus à souffrir. Veut-elle réprimer le désordre naturel à l'enfant, qui ignore la valeur de l'argent et des choses, la maman doit surveiller sans cesse la conduite de ses enfants; veut-elle qu'on s'occupe, qu'on étudie, la pauvre mère doit encore supporter les airs maussades, les larmes et quelquefois davantage. Le père, après les heures d'un travail pénible, croit en rentrant chez lui être reçu à bras ouverts, le rire aux lèvres, la joie dans les yeux, et il trouve un enfant qui pleure. Etonné, il s'arrête et demande, comme il l'a si souvent demandé : « Qu'est-ce qu'il y a encore? — Maman m'a grondé, répond en sanglotant le malicieux enfant. — ... Pauvre chéri, ne pleure plus, va embrasser ta mère, elle te pardonnera, n'est-ce pas? » Et à demi-voix, le bon père ajoute :« Tu le grondes trop, cet enfant, ce sont les vacances, il faut être plus indulgente à son égard. »

Dieu veuille que la mère de famille soit assez maîtresse d'elle-même pour garder le calme, qui est le seul remède dans toutes les difficultés de la vie! Dieu le veuille, car la maman, qui ne demande qu'à pardonner, pardonnera et tout sera fini dans un tendre baiser. Mais si malheureusement il y a incompatibilité de caractère entre le père et la mère, des contrariétés naissent, dont cet enfant est la cause. Il se demande parfois, dans sa naïveté, quelle faute il a commise? La voici : au lieu d'être pour ses parents un sujet de joie, il a été une cause de trouble et de discorde; et s'il ne voit pas quelles ont été les funestes conséquences de sa conduite, et si cet exemple d'un désaccord entre son père et sa mère, à son occasion, ne suffit pas pour le corriger, c'est que cet enfant a un mauvais cœur; il mérite une correction sévère égale à son infâme conduite.

Prenez bien garde, chers enfants, d'être une cause de chagrin pour vos parents, vous qui devez en être la consolation. Aimez-les assez pour les respecter toujours et recevoir leurs observations avec soumission. Songez qu'un enfant, fille ou garçon, quelque dévoué qu'il soit, ne rendra jamais à ses parents la millième partie des bons soins qu'il en a reçus depuis sa naissance, et retenez bien ceci : l'enfant méchant pour son père ou sa mère est maudit de Dieu et des hommes.

Revenons à cette tolérance qui laisse sans correction l'insinuation de l'enfant à indisposer son père contre sa mère pour se venger d'avoir été grondé par elle.

D. Ne pensez-vous pas que cette tolérance peut exercer sur le cœur et l'esprit de cet enfant une influence nuisible à son avenir?

R. Cela se peut bien.

D. Vous n'en saisissez pas de suite les conséquences. Abordons-les. Comment appelez-vous l'enfant qui se plaît à raconter tout ce que font et disent les autres enfants?

R. Nous l'appelons un rapporteur.

D. Ne voit-on pas des enfants prodiguer leurs hypocrites caresses à leur père, dans le but de l'indisposer contre leur mère, pour se venger d'avoir été grondés par elle?

R. Cela se voit trop souvent et cause même plus d'un chagrin dans les familles.

D. N'est-ce pas honteux?

R. Oui, c'est lâche, car l'enfant aimé de son père et de sa mère, s'il a du cœur, doit être affligé de voir du chagrin dans la famille à cause de lui.

D. Eh bien! cet enfant n'est-il pas un rapporteur?

R. Sans doute, c'est même un rapporteur de la pire espèce, car il agit avec une intention méchante.

D. Il y a donc plusieurs espèces de rapporteurs?

R. Oui, il y a le rapporteur par vengeance et par méchanceté — et ceux par légèreté et par malice.

D. De quelle considération jouit le rapporteur dans l'esprit de ses condisciples?

R. D'aucune considération, il est craint et méprisé?

D. Y a-t-il quelque lien de parenté entre le rapporteur et le dénonciateur?

R. Tous deux sont de la même famille.

D. Voilà donc le rapporteur confondu, du moins dans votre pensée, avec le dénonciateur. Le délateur est-il aussi de la même famille?

R. Oh! non. C'est une bassesse de sentiment de dénoncer un fait, une action, un tort quelconque intimes et qui ne devaient pas être divulgués pouvant compromettre quelqu'un. Mais ce sentiment devient odieux quand il a le caractère de délation.

D. Qu'est-ce donc qu'un délateur?

R. Le délateur est celui qui, mû par des passions honteuses, accuse, dénonce à faux pour perdre quelqu'un dans un but intéressé.

D. Croyez-vous que l'enfant rapporteur, dénonciateur

soit assez peu soucieux de sa dignité en devenant homme, en devenant femme, pour descendre au rôle de délateur?

R. Il est fatalement conduit à commettre cette infamie par ses précédents et par la négligence de son éducation.

D. Comment est-il vu dans le monde?

R. Avec répugnance et indigne d'égards.

Les progrès de la civilisation ont fait justice d'un grand nombre de délateurs, et, s'il s'en trouve encore, ceux-là cachent leur honte sous le voile d'une impudente audace.

C'est le patriotique sentiment de l'honneur, profondément empreint au dedans de nous par l'éducation morale-religieuse, qui nous inspire l'horreur d'une coupable dénonciation, d'une infâme délation.

« Philippe II, roi d'Espagne, ayant accordé une amnistie générale à une ville rebelle, à l'exception de quelques personnes, un courtisan l'avertit du lieu où s'était caché un gentilhomme qui n'était pas compris dans l'amnistie : « Vous feriez mieux, lui dit ce prince, de lui aller dire que » je suis ici que de me dire le lieu où il est. »

Ayez donc, chers enfants, une répugnance invincible pour tout ce qui est faux, vil et bas.

XXIII

CONDUITE DE L'ENFANT DANS LE MONDE

En créant l'homme, Dieu n'a pas voulu qu'il vécût seul et isolé; son instinct est la sociabilité, son véritable état de nature est la société.

La société, avec ses inégalités de moyens, de force, de richesse, d'esprit et d'intelligence, est le perfectionnement de l'humanité. Cette inégalité même est le ressort de la société où tout est disposé en hiérarchie, et où nous sommes liés les uns aux autres par une chaîne de lois et de privilèges équivalents.

Dans son acception la plus étendue, la société se compose de tous les hommes qui peuplent la terre et par « *tous les hommes* » il faut entendre tout le genre humain, l'humanité dans son expression la plus grande.

La société française se compose de tous les hommes, de toutes les femmes et de leurs familles qui habitent la France.

Cette société générale se subdivise en groupes de personnes sympathiques les unes aux autres par des analogies de naissance, d'éducation, d'habitudes, ou par leur position hiérarchique, par leurs goûts et leurs tendances communes que l'on appelle le monde formé de milieux différents. Chaque groupe a ses réunions particulières, ses plaisirs en commun. Dans les conversations se rencontrent la raison solide, — l'imagination active qui colore, — la sensibilité qui émeut, — l'esprit avec ses délicatesses, — chacun apporte sa note dans un concert familier et plein de charme où préside la politesse traditionnelle de toute bonne société.

Le monde pour vous, enfants, le milieu dans lequel on vous élève, c'est votre famille, — c'est l'école, — ce sont vos petites relations d'amitié et aussi les personnes qui fréquentent vos parents.

D. Que devez-vous être avec tout ce monde?

R. Nous devons être complaisants, obligeants. Ce sont les qualités aimables qui font le charme de la société.

Vouloir tout dominer, n'être pas complaisant,
Dans la société c'est être insupportable;
Il faut, pour être aimé, savoir se rendre aimable,
Et l'on ne l'est jamais dès qu'on est exigeant. (L. M. DE M.)

D. Ne devez-vous pas être prévenants ?

R. Oui, nous devons aussi être prévenants.

D. Ne craignez-vous pas de confondre la prévenance avec l'obséquiosité.

R. Oh ! non, l'obséquiosité est un excès de complaisance souvent déterminé par un calcul intéressé.

D. Qu'est-ce donc que la prévenance?

R. La prévenance n'est qu'une manière obligeante d'aller spontanément au-devant de ce qui peut plaire à autrui, sans en tirer d'autre avantage que la satisfaction d'avoir été agréable.

D. Lorsque des visiteurs se présentent chez ses parents, que doit faire, en leur absence, un enfant bien élevé?

R. L'enfant bien élevé doit saluer, souhaiter le bonjour ou le bonsoir, selon l'heure à laquelle a lieu la visite, offrir des sièges et ne s'asseoir que le dernier.

D. Comment un jeune garçon doit-il se présenter dans une réunion?

R. Le jeune garçon doit se découvrir la tête, s'incliner devant la maîtresse de la maison, saluer les dames et se retirer un peu en arrière après avoir également salué le maître de la maison et adressé aux autres invités réunis un salut général en inclinant profondément la tête.

D. Comment doit se présenter une petite demoiselle?

R. Une petite demoiselle doit faire la révérence, donner son front à embrasser aux amies de sa mère et saluer, par une inclination de tête, les autres personnes.

D. Les enfants peuvent-ils se mêler à la conversation?

R. Les enfants ne doivent pas se mêler à la conversation des grandes personnes, ils doivent attendre qu'on leur adresse la parole.

D. Une chose qui tend à disparaître, c'est la causerie. Qu'est-ce que la causerie?

R......

Nous comprenons votre silence. Nous allons y suppléer. La causerie est un entretien familier, un jeu de l'esprit entre plusieurs personnes qui laissent aller la parole au gré de leur caprice, suivant et caressant une idée tant qu'elle leur sourit, l'abandonnant lorsqu'elles en ont épuisé toute la saveur, pour se reprendre à une autre idée qui grandit et se développe à son tour au milieu de la raillerie des uns, des paradoxes des autres, de l'esprit de tous; puis, tout à coup arrivée à l'apogée de son éclat, au zénith de son développement, disparaît, s'évapore, se volatilise comme une bulle de savon.

La conversation est plus à l'usage de tout le monde. On ne définit pas la conversation, elle se comprend d'instinct. Mais elle a ses règles et ses avantages.

D. Quelles sont ces règles, quels sont ces avantages ?

R. D'abord la conversation est étroitement liée à la politesse, et puis, elle repose sur un sentiment naturel de bienveillance.

D. A-t-elle un caractère défini, absolu, limité?

R. Non. Elle peut être vive, légère, enjouée, incisive, piquante, sérieuse, mais toujours aimable.

D. Quel est le sublime de la conversation ?

R. Le sublime est de convaincre les esprits sans blesser l'amour-propre.

D. Quels sont ses avantages ?

R. Le contact d'opinions différentes rend moins exclusif, plus tolérant, et c'est un préservatif contre les utopies.

D. Sont-ce là ses seuls avantages ?

R. Non. La conversation nous habitue à bien formuler nos pensées, à les présenter sous un jour favorable. Elle donne de la souplesse à l'esprit. Nous tirons d'elle la netteté, la précision dans nos discours.

D. Il y en a encore d'autres ?

R. Oui. Si l'on a des idées fausses, la conversation les châtie, les corrige, la raison supérieure nous éclaire.

D. Alors la conversation doit être utile à l'esprit, à la pensée ?

R. Elle habitue à penser, à sentir, elle épure le goût; elle donne à l'esprit plus d'activité, l'esprit s'aiguise au frottement de l'esprit et elle l'enrichit de connaissances.

D. Elle doit avoir une action sur la mémoire, sur le jugement ?

R. Elle donne à la mémoire plus de fermeté, au jugement plus de pénétration, plus de profondeur.

D. Ne polit-elle pas aussi les mœurs ?

R. Oui, elle fait naître l'esprit d'aménité, la bienveillance naturelle, une dignité douce, une élégante simplicité.

Elle corrige la rudesse, la contrainte, les instincts brutaux; elle civilise.

D. Que doit-on éviter dans la conversation?

R. On doit éviter d'être prolixe.

D. Pourquoi?

R. Parce qu'une pensée trop expliquée est comme une fleur épanouie qui perd d'autant plus de sa grâce qu'elle se détache davantage de son fond.

Rappelez-vous, chers enfants, qu'on a toujours plus d'esprit et d'agrément quand on s'abandonne dans la conversation, sans faire aucun calcul de vanité ou d'amour-propre.

Certain distillateur tout plein de coublardise,
A baptiser son rhum en secret s'adonna;
La fraude, par malheur, contre lui se tourna,
Il fit tant qu'il perdit toute sa marchandise.

MORALITÉ

L'esprit qu'on veut avoir gâte celui qu'on a. (***)

Méditez cette pensée.

D. Ne doit-on pas s'abstenir de cette intempérance de langue, ce caquetage importun qui vient nécessairement du prix que l'on donne aux bagatelles?

R. Sans aucun doute. Mais il y a des gens qui trouvent important tout ce qu'ils savent et le disent à tout le monde, sans s'apercevoir que cette abondance de paroles inutiles révèle souvent leur ignorance.

« Un babillard désirant apprendre la rhétorique sous Socrate, celui-ci lui demanda pour ses salaires le double de ce qu'il recevait des autres, et dit pour raison : « Il faut » que je vous apprenne à parler et à vous taire. »

D. La conversation peut-elle se concilier avec la discussion, avec la dispute?

R. Elle se concilie avec la discussion, qui est un aliment nécessaire à son entretien, mais non avec la dispute.

D. Qu'est-ce que la discussion?

R. La discussion, c'est la recherche de la vérité sur un sujet donné, par l'emploi d'une conversation honnête et scrupuleusement polie entre plusieurs personnes d'opinions différentes qui se livrent à un combat d'esprit, d'arguments et de connaissances pour réaliser cette vérité.

D. Comment définissez-vous la dispute?

R. La dispute, qui naît aussi d'avis différents, apporte dans le combat des idées une chaleur plus vive, s'enflamme à la contradiction; les voix s'élèvent, le bruit devient assourdissant, les expressions plus énergiques et moins parlementaires, et l'opiniâtreté augmente les progrès qui se terminent par l'emportement.

D. D'où vous concluez que...?

R. Qui discute a raison : la parole sereine qui élève la discussion dans les régions calmes fait profiter l'esprit des connaissances.

Qui dispute a tort : la parole passionnée trouble l'entendement, entretient l'ignorance, rabaisse les âmes, décompose les sociétés. On n'éclaire, par la dispute, ni soi ni les autres.

D. Commet-on une impolitesse en coupant la parole à quelqu'un?

R. Oui, c'est commettre une grosse impolitesse que d'interrompre une personne qui parle pour prendre soi-même la parole.

D. Si par inadvertance on tombe dans cette faute, comment la réparer?

R. On répare cette faute en s'imposant promptement le silence et en manifestant son excuse par une inclination de tête.

D. Que pensez-vous de jeunes gens qui chuchotent, rient tout bas dans une réunion?

R. Nous pensons que ces jeunes gens sont mal élevés, qu'ils manquent aux égards dus à la société où ils ont été admis.

D. Est-il convenable de se croiser les jambes en société?

R. On ne doit jamais se croiser les jambes en compa-

gnie des dames ni devant un supérieur, c'est une impolitesse.

D. Que serait-ce de la part d'une jeune fille ?

R. Ce serait, de la part d'une jeune fille, commettre une indécence que de se croiser les jambes en société, quelles que soient les personnes qui la composent.

> Je trouve que les jeunes gens
> Aujourd'hui prennent trop leurs aises ;
> Chez les dames du bon vieux temps
> Prenaient-ils les meilleures chaises ?
> Et les voyait-on renversés,
> Les jambes, les genoux croisés ? (***)

D. N'est-ce pas faire preuve d'incivilité que de donner un démenti ?

R. Oui, c'est faire preuve d'incivilité et s'exposer à être outragé : un vieil adage l'a dit : « Un démenti vaut un soufflet, » mais la politesse condamne cet excès de vivacité.

D. Quelle est la formule usitée pour demander quelque chose.

R. Il est convenable de dire : « Voulez-vous avoir la bonté, ou l'obligeance de me donner telle ou telle chose ? »

D. Que doit-on dire après avoir reçu la chose demandée ?

R. On doit dire : Merci.

D. Est-ce *merci* tout court ?

R. Non, il faut toujours ajouter le mot *monsieur, madame, mademoiselle, papa, maman*, etc.

L'usage du monde consiste dans une certaine étiquette de convention, établie pour maintenir la hiérarchie sociale ; il faut unir à la politesse l'usage des convenances.

Ces convenances varient suivant le milieu où l'on se trouve, et elles deviennent plus exigeantes à mesure qu'on s'élève dans l'ordre social.

L'usage des convenances exige une grande observation de soi-même ; il se règle d'après l'âge, le caractère, l'état des personnes, les lieux et les circonstances où l'on se trouve.

Quelle que soit l'infériorité du milieu dans lequel vous

vivez, il faut prendre de bonne heure l'habitude de conformer son maintien, la voix, les manières et même les expressions avec le sentiment de la décence.

La décence est le signe extérieur de notre valeur morale; nous faisons preuve de décence en nous pliant aux exigences du monde, à ses usages, en nous effaçant, évitant de nous distinguer des autres.

Étudiez-vous, chers enfants, à vous élever à l'extrême délicatesse, elle embellit la vertu et donne de la grâce à la modestie.

Surtout n'oubliez jamais qu'on juge d'une personne à son langage, comme à sa tenue, comme à son air de visage, et que la distinction des manières n'est pas une convention vaine inventée par les maîtres de diction et les professeurs de maintien : elle prouve la distinction de l'esprit.

XXIV

LA TENUE A TABLE

Il faut apprendre de bonne heure à se bien comporter à table, — y avoir une attitude convenable, — une grande propreté, — et n'être pas importun à ses voisins.

D. Les enfants doivent-ils mettre leur serviette à table ?

R. Oui, quand il leur en est remis, ils doivent déplier leur serviette et l'étendre avec soin pour éviter les taches?

D. S'il manque quelque chose à table, quel est le devoir de l'enfant de la maison?

R. Son devoir est de se déranger tout de suite, s'il est chez lui, et d'offrir l'objet demandé.

D. L'enfant doit-il tendre son assiette et demander ce qu'il désire?

R. Non, l'enfant bien élevé doit attendre qu'on le serve et ne jamais dire : « Je veux de ceci; je ne veux pas de cela; » à moins qu'il ne soit interrogé à ce propos.

D. Comment refuser quelque chose ?

R. On refuse en disant : « Je vous remercie, je n'en désire pas. »

D. Comment doit-on passer un objet à quelqu'un qu'une personne sépare de vous?

R. On fait parvenir cet objet en priant la personne qui est près de vous de le remettre à son voisin de table.

D. Est-ce convenable de prendre vivement et d'arracher des mains un objet qu'on désire?

R. Il est très grossier de prendre un objet vivement ; mais l'arracher, c'est tout ce qu'il y a de plus inconvenant. La grossièreté des manières et des mœurs dénonce toujours la grossièreté de l'intelligence et du cœur.

D. Est-il permis aux enfants de se servir à table?

R. Jamais les enfants ne doivent toucher aux plats, pas plus qu'aux bouteilles et aux carafes.

D. Que penser d'un enfant qui met ses coudes sur la table?

R. Que cet enfant est bien mal élevé ; jamais les bras ne doivent être avancés que jusqu'aux poignets.

D. Que penser d'un enfant qui boit la bouche pleine?

R. L'enfant qui boit la bouche pleine risque de s'étrangler et a l'air d'un glouton.

D. Quel est le soin à prendre après avoir bu ?

R. Lorsque l'on a bu on doit s'essuyer la bouche avec sa serviette.

D. Doit-on souffler sa soupe quand elle est trop chaude?

R. Non, on doit attendre qu'elle se soit refroidie.

D. Est-il convenable de porter son assiette à sa bouche pour boire son bouillon ?

R. Non, on boit son bouillon avec sa cuillère.

D. Doit-on couper toute sa viande en morceaux avant de manger?

R. On ne doit couper sa viande en morceaux qu'à mesure qu'on la porte à sa bouche.

D. Convient-il de porter sa viande à la bouche avec ses doigts?

R. On doit se servir de sa fourchette.

D. Que doit-on faire des os après avoir mangé la viande?

R. On doit les poser sur les bords de son assiette.

D. Doit-on tenir son couteau à la main en mangeant à table?

R. Non, on ne doit prendre son couteau à la main que pour s'en servir, et le replacer sur la table aussitôt après.

D. Doit-on parler la bouche pleine?

R. Non, on doit craindre et éviter les éclaboussures.

D. Doit-on mordre dans son pain?

R. Non, il n'est pas convenable de mordre dans son pain.

D. Est-ce mal de gâcher le pain, d'en pétrir ou d'en jeter la mie?

R. Oui, c'est très mal de jeter le pain, de gâcher ou d'en pétrir la mie; le pain est un bienfait de la munificence de Dieu, c'est la nourriture de tous; il est bien dur à gagner, bien amer à demander.

D. Certaines personnes ont l'usage à table de se curer les dents. Trouvez-vous que cela soit convenable?

R. Non, c'est manquer de propreté.

D. Expliquez-vous.

R. En se passant un petit instrument dans les dents pour en détacher quelques parcelles alimentaires, on s'expose à en éclabousser ses voisins de table.

D. N'y a-t-il à craindre que cet inconvénient?

R. Non, il se peut aussi que, chassées de la bouche un peu vivement, ces parcelles se répandent sur la table, dans les plats.

D. Quel peut être l'effet de cette cause?

R. L'effet de cette cause peut être le dégoût, exciter la répugnance jusqu'à se lever de table.

D. L'usage du cure-dents est-il général?

R. Non. Il n'y a guère que les gens mal élevés qui se le permettent en société.

D. A l'insu des convenances peut-être?

R. C'est possible; mais il en est qui s'en servent croyant se donner un genre, *faire le beau.*

D. Bah!

R. Oui, oui, c'est le simple bon ton.

« M. X..., se croyant très habile dans la connaissance de l'étiquette à table, se vantait d'en remplir parfaitement les usages pendant le dîner.

» M. Z..., pour lui prouver qu'il se trompait, lui fit, un jour qu'ils dînaient ensemble chez un ami commun, les observations suivantes :

» 1° Vous avez déployé votre serviette, vous l'avez étendue sur vous et attachée par un coin à votre boutonnière. C'est bien ainsi qu'on met la serviette aux enfants; mais, à votre âge, c'est une inconvenance. On n'étale pas sa serviette, on se contente de la mettre sur ses genoux.

» 2° Vous avez mangé votre soupe avec une cuillère d'une main et votre fourchette de l'autre ; une fourchette pour manger la soupe, grand Dieu !

» 3° Vous avez demandé du bouilli, tandis qu'on doit demander du bœuf.

» 4° Vous avez demandé de la volaille, malheureux! au lieu de demander du poulet. On ne parle de volaille que dans la basse-cour.

» 5° Avant de demander à boire, vous avez soufflé dans votre verre et vous l'avez essuyé avec votre serviette, c'est une injure à la propreté de la maison.

» 6° Chaque fois qu'on vous offrait à boire, vous vous avisiez de prendre les verres de vos voisins de table et de les faire remplir avant le vôtre; c'est encore une inconvenance.

» 7° Une autre inconvenance plus sensible encore : chaque fois qu'on vous offre un plat, au lieu de le conserver pour vous, vous le passez à votre voisin de table; vous le croyez donc plus digne que vous d'être servi le premier? Vous blessez le maître de la maison en laissant supposer qu'il s'est trompé en vous accordant la préférence sur la personne qui est l'objet de votre attention.

» 8° Au dessert vous avez mis des bonbons dans votre poche. C'est le comble du ridicule.

» 9° On vous a versé du café très chaud, et vous l'avez

versé par petites parties dans votre soucoupe, et l'avez bu à chaque fois, ce qui ne se fait jamais ; on boit son café dans la tasse.

» 10° Enfin, pour comble d'infamie, en vous levant de table vous avez plié votre serviette, comme si vous pensiez qu'on en pouvait faire un usage quelconque avant qu'elle eût passé chez la blanchisseuse, ou comme si vous aviez l'intention de revenir le lendemain. »

L'enseignement de l'éducation dans ses plus petits détails peut paraître puéril à certaines personnes, et cependant c'est par ces petits riens que l'on apprécie le degré d'éducation et le milieu dans lequel l'enfant a été élevé.

XXV

LE SAVOIR-VIVRE

Quelle que soit la condition d'un jeune homme, d'une jeune fille, son premier besoin en entrant dans la société est de savoir vivre.

Le savoir-vivre, c'est la connaissance des usages du monde et des égards de politesse qu'on se doit en société.

L'étude de ces usages se fait en famille, à l'école et dans le monde. Mais si l'éducation de famille est négligée, si celle de l'école n'a pas redressé ces imperfections, le jeune homme, la jeune fille, ne pourra éviter les écueils du monde, où sa raison peut échouer, sa vertu, son honneur, sa réputation peuvent se briser, à moins que, par l'énergie et la persévérance de sa volonté, il ne se donne à lui-même l'éducation qu'on lui a refusée ou qu'on a négligé d'achever.

On n'acquiert pas tout d'un coup cet usage de la société, il s'apprend peu à peu graduellement comme l'instruction. C'est pourquoi, quel que soit l'âge du jeune homme, de la jeune fille, déshérité de cette éducation de famille, il peut, aidé de l'expérience de la vie et de la réflexion qui éclaire la raison, réparer ce qu'il y a de réparable dans son éducation tardive et apprendre à connaître cette foule de riens, tels que la grâce dans les manières, dans la démarche, dans le geste, dans la tenue; l'heureux choix des mots dans le langage, les égards, la politesse; enfin, cet ensemble de choses qui charment et rendent agréables les relations de société.

Sans elles, on apporte dans le monde un air embarrassé, contraint, des manières lourdes et maladroites qui ne se corrigent plus sans de grands et persévérants efforts.

On est trop indulgent lorsqu'il s'agit de l'éducation des jeunes garçons ; aussi, en général, on peut dire qu'ils sont bien mal élevés. « C'est un garçon, » disent les chères mamans en souriant; ce mot excuse tout, rend indulgent pour tout, jusqu'au jour où, hélas ! on s'aperçoit trop tard que le mauvais pli est pris, et que le jeune garçon, dont les grossièretés ont fait sourire, restera un être mal élevé, mal appris, et que, le premier, il souffrira de son manque d'usage.

On est à table, la société est assise, le potage est servi, quand la porte de la salle s'ouvre avec fracas; ce sont les deux fils de la maison qui apparaissent, les cheveux en désordre, les mains sales et le visage ruisselant de sueur. Ils se précipitent en luttant au milieu des convives étonnés. « C'est terrible ! les garçons, » dit encore l'indulgente maman. Ces charmants écoliers ne disent bonjour à personne, s'essuient la figure avec leur serviette : c'est un vrai débarbouillage. Ils rient, ils importunent leurs voisins, ils parlent haut et ont la plus mauvaise tenue; leurs parents sont obligés de les faire taire, mais ils continuent de plus belle jusqu'au moment où il faut qu'on se fâche tout à fait.

Voici les vacances, époque à laquelle les enfants rentrent tout à fait dans la famille. Ils quittent momentanément l'école où ils ont reçu l'enseignement de l'éducation.

S'ils sont indépendants de toute surveillance, soit parce que leurs pères et leurs mères se trouvent éloignés du logis pendant la journée pour accomplir leurs travaux manuels, soit parce que leurs parents se persuadent que l'enseignement de l'école les supplée dans leur mission et qu'ils ne se préoccupent plus de l'éducation de leurs enfants, on voit ceux-ci errant en ville, à la campagne, couverts de boue, les mains et la figure sales, sans avoir conscience de leur mauvais état.

Les mieux surveillés sont-ils au jeu? A la moindre contradiction, ils s'irritent, s'insultent au lieu de s'expliquer avec calme et de se parler avec politesse; et pour affirmer un droit prétendu, mais non justifié, le plus fort a recours aux voies de fait.

Les enfants sont-ils à la promenade, en course dans les rues? Vous les voyez passer devant des dames de leur connaissance, ou devant des supérieurs sans les saluer.

Ils se font place au milieu de la foule, allant droit leur chemin, séparant la femme de son mari, l'enfant de sa mère, forçant les groupes, avec une brutalité inouïe, à ouvrir leurs rangs pour faciliter leur passage, quand il leur suffirait de faire un écart de côté sans déranger personne.

Vous arrêtez-vous pour lire une affiche, collée au mur d'un édifice public? Tout aussitôt un jeune garçon vient se placer devant vous et vous envoie au nez la fumée tiède de sa cigarette.

Êtes-vous occupé à admirer devant la vitrine d'un magasin les progrès de l'art ou de l'industrie? A l'instant un jeune homme sifflotant ou fredonnant un air de cabaret, s'interpose entre vous et l'objet de votre examen; sans respect pour la personne, sans considération pour son âge, pour son rang, il vient grossièrement la distraire de son attention, de son admiration pour les chefs-d'œuvre qu'elle a sous les yeux et changer complètement le cours de ses réflexions.

D. Ces jeunes gens-là font-ils preuve d'éducation?

R. Non.

D. Observeront-ils jamais les usages du monde?

R. Il est à craindre que mieux éclairés ils n'aient plus la force de réagir contre cette tendance à braver les convenances.

D. C'est donc de bonne heure qu'il faut attaquer et combattre les dispositions aux mauvaises tendances?

R. C'est le bon et le seul moyen de les vaincre par la persévérance à les combattre.

Cette réponse nous conduit à aborder un autre sujet.

Notre rôle ici n'est point de nous élever contre l'usage du tabac que certaines autorités compétentes déclarent nuisible à l'enfant et au jeune homme, qui ont besoin de toutes les ressources de leur organisme pour développer leur force physique et leur intelligence, ni d'applaudir à celles de ces autorités qui reconnaissent que l'usage modéré de ce poison âcre et narcotique est toléré par l'hygiène. Nous voulons simplement nous assurer par vos réponses que cet usage a aussi ses règles dans l'éducation.

D. Le jeune homme qui honore et respecte sa mère fait-il preuve de ces sentiments en lui donnant le bras, ou marchant à ses côtés, ayant un cigare ou une pipe à la bouche?

R. Ce serait se rendre irrespectueux envers sa mère que de fumer la pipe ou le cigare en lui donnant le bras, ou marchant à ses côtés, si elle ne l'avait pas autorisé.

D. N'est-ce pas précisément cette autorisation qu'il faut blâmer?

R. L'enfant n'a pas le droit de blâmer ce que fait sa mère, il ne peut que regretter cette tolérance.

D. Pourquoi ?

R. Parce que cette tolérance nous fait contracter de mauvaises habitudes qu'un peu plus de sévérité nous éviterait.

D. Bien. Mais le respect que l'enfant doit à sa mère, le doit-il également à son père, à sa sœur, aux dames ?

R. Oui.

D. Ce même respect s'étend-il à vos supérieurs dans l'ordre hiérarchique social, à vos chefs ?

R. Sans aucun doute. Mais quand nos chefs, nos supérieurs font l'abandon de leur dignité en nous élevant jusqu'à eux, nous sommes dégagés de toute contrainte.

D. C'est là une grosse erreur. Plus vos supérieurs, vos

chefs vous rapprochent d'eux et plus vous devez être discrets dans l'usage de cet abandon.

R. Nous nous conformerons à ce conseil.

Rappelez-vous, chers enfants, que vous devez surtout vous appliquer à ne gêner personne, c'est-à-dire à ne pas être importuns, et retenez bien que, pour faire votre chemin dans la vie, il vous faudra plaire à tout le monde, supporter sans mot dire la volonté des supérieurs, être exacts aux heures, à la minute. Si de bonne heure vous ne savez pas ronger votre frein, abolir vos volontés, sacrifier vos goûts et vous faire une loi de la politesse, des usages et des convenances, vous serez malheureux.

Le monde est inflexible, il vous faudra supporter l'injustice, les passe-droits, quitte à pleurer de rage lorsque vous serez seuls ; mais, à l'ordre du chef, il faut rester muets, impassibles et quelquefois remercier d'une disgrâce, d'une injustice, pour ne pas briser son avenir et celui de toute sa famille.

Vous ne devez rien ignorer de toutes ces choses, chers enfants, et la plus belle récompense que vous puissiez offrir à votre père et à votre mère, c'est de pratiquer l'éducation qu'ils vous ont enseignée.

XXVI

LE TEMPS

Le temps, c'est la durée des choses, mesurée principalement par le mouvement et la révolution apparente du soleil. Pour se rendre maître du temps qui est la vie même, l'homme l'a divisé en heures, en minutes et en secondes, c'est-à-dire en parcelles proportionnées à la brièveté de l'existence humaine.

D. Savez-vous comment les anciens représentaient le temps ?

R. Oui, ils représentaient le temps sous la forme d'un

vieillard avec de grandes ailes déployées et une faux à la main.

D. Pourquoi un vieillard ?

R. Parce que le temps est de toute éternité.

D. Pourquoi des ailes ?

R. Parce que le temps ne marche pas, il vole.

D. Pourquoi une faux ?

R. Parce que le temps moissonne, fauche les générations.

D. Qu'est-ce qu'une génération ?

R. C'est la réunion ou collection de tous les hommes du même âge, ou à peu près, qui vivent dans le même temps.

D. N'y a-t-il pas aussi une génération du père au fils ?

R. Oui, chaque descendance de père en fils en est une.

D. Combien en compte-t-on dans un siècle ?

R. On compte trois générations par siècle.

D. Qu'est-ce qu'un siècle ?

R. L'espace de cent ans.

D. De ces trois générations combien en disparaît-il dans un siècle ?

R. Il en disparaît deux et demie, la moyenne de la vie humaine étant de quarante ans.

D. A quel âge doit finir l'instruction des enfants ?

R. L'instruction primaire doit être achevée entre onze et treize ans. On quitte l'école à onze ans après avoir obtenu le certificat d'études primaires, ou à treize ans par la limite d'âge.

D. Vous voyez combien vous devez travailler pour parvenir à ce résultat ?

R. Oui, et tous les soirs nous devrions, en récapitulant ce que nous avons appris dans la journée, pouvoir dire : Je n'ai pas perdu mon temps.

Dans les temps modernes, Franklin, le grand citoyen américain a dit : « Ménagez le temps, c'est l'étoffe dont la vie est faite. »

Chaque jour le temps nous vole
Un goût, une passion,
Et chaque instant qui s'envole
Emporte une illusion. (MILLEVOYE.)

XXVII

L'AVENIR

L'avenir, c'est ce qui adviendra. Il faut de bonne heure se préparer un bel avenir.

D. Pour atteindre ce but que faut-il faire ?

R. Il faut faire de bonnes études.

D. Et ensuite ?

R. Il nous faudra travailler comme nos parents le font.

D. Mais si vos parents ont acquis une position aisée, une fortune même, peut-être n'aurez-vous pas besoin de travailler ?

R. Le bien-être souvent n'est que passager, la fortune peut être engloutie par une fausse spéculation. Combien sont nombreux les fléaux qui accablent l'homme ! parfois c'est la guerre ou la révolution, l'incendie ou l'inondation, la faillite d'un débiteur. En fait d'avenir, le plus sage est de compter sur soi-même.

D. On voit pourtant des jeunes enfants qui n'apprennent rien sous prétexte que leurs parents sont riches ?

R. C'est un grand tort de penser ainsi, car il est bon que chacun possède en soi-même, par une sage éducation et une instruction relative, des ressources contre le malheur.

D. N'avez-vous jamais entendu raconter qu'une fortune, acquise par quarante années de travail, ait été détruite en peu de temps par des enfants dissipateurs ?

R. Oui, nous avons entendu dire : Le chemin de la fortune est dur à gravir ; mais la pente en est bien rapide pour la descendre.

D. Mais s'il en est ainsi, et si le travail peut tenir lieu de la fortune, l'argent est donc inutile ?

R. L'argent n'est pas inutile : celui qui est riche et qui est laborieux, fera de sa fortune un noble usage, un emploi utile; c'est l'argent qui est le mobile des plus grandes choses, le nerf des petites et des grandes industries.

D. Vous êtes donc convaincus de la nécessité du travail dans toutes les positions de la vie?

R. Le travail est indispensable dans la vie; aussi devons-nous travailler dès l'enfance pour posséder une bonne éducation et une solide instruction, une carrière ou un métier.

Avec le goût de l'étude et du travail naissent et se fortifient de jour en jour l'amour de l'ordre, de la discipline, toutes les inclinations louables, tous les sentiments dignes d'estime et propres à assurer l'avenir. Il n'y a qu'un temps pour assurer son avenir, c'est le temps de la jeunesse et de la force. Dirigez toute votre activité vers ce but suprême, en vous appuyant sur le travail assidu et sur des habitudes d'ordre et de moralité.

XXVIII

LA RECONNAISSANCE. — L'INGRATITUDE

§ 1er. — *La reconnaissance.*

Si l'on interroge les enfants qui fréquentent les écoles, ils répondent tous qu'ils ont une bien vive tendresse pour leurs parents, et qu'ils aiment leurs maîtres et maîtresses; ils comprennent donc le sentiment de la reconnaissance, puisqu'ils déclarent le pratiquer.

D. Qu'est-ce donc que la reconnaissance?

R. C'est un sentiment affectueux, juste retour qu'inspirent les services qu'on nous a rendus, les bienfaits dont nous avons été l'objet.

D. Qui peut élever en vous ce sentiment de reconnaissance?

R. L'éducation; celle qui a pour base la religion et la morale. Élevés dans ces principes, le jeune homme et la jeune fille d'une condition obscure, qu'une intelligence supérieure élève plus tard au-dessus de leur condition d'origine, reconnaîtront toujours ce qu'ils doivent à leurs parents.

D. Que seront-ils pour eux?

R. Ils seront pour eux pleins d'amour et de respect, et ils diront avec fierté : « Voici mon père, voici ma mère, dont les mains laborieuses, à force de travail, ont fait de nous des enfants utiles à la société. »

D. Le père et la mère de ces enfants, que penseront-ils d'eux?

R. Ils les béniront chaque jour; leur vue sera pour eux semblable à un rayon de soleil; leur joie sera grande en répétant : « Avec tant d'honneur, tant d'éducation et d'instruction, être si bons et si simples, voilà bien le modèle des fils, le modèle des filles. »

D. N'y a-t-il pas aussi un devoir qui tient tout à la fois de la politesse et de la reconnaissance?

R. Nous l'ignorons.

D. Comment, vous ignorez que toutes les fois qu'on vous rend un service, qu'on vous fait hommage d'un don, d'une récompense, vous avez un devoir à remplir?

R. Un devoir? celui de remercier probablement.

D. Il paraît que ce devoir se pratique peu dans le milieu où vous vivez, vous ne paraissez pas en avoir le sentiment bien net?

R. Cela est vrai.

D. Eh bien! rappelez-vous que la reconnaissance est un sentiment qui doit se manifester chaque fois qu'un service vous est rendu, qu'une récompense, qu'un acte d'obligeance sollicité vous sont accordés?

R. Cela nous fait comprendre que nous contractons l'obligation d'être reconnaissants envers ceux qui nous obligent. Nous remplirons ce devoir.

D. Dans quelle forme l'accomplirez-vous?

Un élève demande la parole.

— Parlez.

L'élève. — J'enverrai une carte.

D. De quelle carte parlez-vous?

R. D'une carte de visite.

D. Qu'est-ce qu'une carte de visite?

R. C'est un petit carré de carton, sur lequel sont imprimés, ou écrits à la main, le nom et la qualité d'une personne.

D. Quel usage en fait-on?

R. Dans le monde, lorsqu'on ne rencontre pas chez elle la personne que l'on désire voir, on y dépose sa carte.

D. Que signifie-t-elle?

R. Elle signifie l'intention d'accomplir un acte de déférence, ou un simple témoignage de bonne relation.

D. Au moyen de cette carte, on peut donc correspondre d'un bout du monde à l'autre?

R. Sans aucun doute.

D. Donnez-nous-en la preuve?

R. A l'occasion du 1er janvier, particulièrement, on est souvent surpris de recevoir la carte d'un camarade que l'on croyait mort, et qui a conservé une amitié fidèle ;

Celle d'un brave soldat, qui promène le drapeau vainqueur de la France dans l'Extrême-Orient, qui pense à nous;

Celle d'un courageux voyageur qui nous envoie de là-bas, là-bas, à travers les mers, où la civilisation lutte avec la barbarie, un souvenir.

D. Comment recevez-vous ces manifestations muettes de la pensée et des souvenirs du cœur?

R. Elles sont reçues avec joie, et nos réponses nous sont inspirées par des sentiments réciproques.

D. Cet usage, considéré comme l'expression d'un souvenir d'amitié, d'un acte de respect, de déférence, convient-il pour exprimer sa gratitude?

Un second élève demande la parole.

— Parlez.

Le second élève. — Il me semble que l'envoi d'une simple carte serait un témoignage muet, qui pourrait être interprété comme une indifférence du sentiment de gratitude que l'on veut exprimer.

D. Alors, que lui préférez-vous?

R. Je crois plus convenable, si la personne objet de cette gratitude demeure dans la même ville que moi, par exemple, d'aller en personne la remercier.

D. Et si elle demeure ailleurs que chez vous, que ferez-vous ?

R. Dans ce cas, je lui adresserai une lettre de remerciement.

Oui, chers enfants, vous devez exprimer à vos protecteurs, à chaque bienfait que vous recevez d'eux, l'assurance effective de votre gratitude. Une visite en personne, s'ils sont sur les lieux que vous habitez ; en cas d'absence, une lettre de remerciement. Mais gardez-vous bien de déposer à la poste, ou d'adresser par la voie d'un commissionnaire, une simple carte, le témoignage le plus expressif de l'indifférence, et, s'il est besoin de recourir à votre plume, mettez-la à la disposition de votre cœur ; si votre reconnaissance est sincère, il vous dictera la bonne expression de ce sentiment.

Vous ne devez pas ignorer non plus, qu'il est élémentaire de rendre en personne, dans son milieu social, une visite de politesse faite en personne. L'envoi d'une carte serait une faute d'éducation, un manque d'égard et une inconvenance, au premier chef, si cette personne vous est supérieure. Ce serait d'ailleurs se placer, de soi-même, dans un milieu inférieur à soi.

Retournons la question et demandons-nous si, à votre tour, chers enfants, vous n'avez pas l'occasion d'être appelés à rendre service.

D. Devez-vous attendre qu'on vous demande un service, ou devez-vous en prendre l'initiative ?

R. Il y a des circonstances exceptionnelles où la générosité des sentiments nous pousse à prendre l'initiative ; mais, hors ces cas fort rares, on ne doit pas provoquer la confiance qui ne vient pas à nous librement. Le contraire est l'œuvre des officieux.

D. Avant de vous engager à rendre un service qui vous est demandé, que devez-vous faire ?

R. Nous devons examiner s'il nous est possible d'être réellement utile, et ne pas nous exposer, par un fol amour-propre, à une amère déception.

D. Mais, dès que vous avez pris l'engagement de rendre un service, comment devez-vous vous en acquitter?

R. Nous devons mettre la plus grande diligence à remplir notre promesse, à moins qu'il ne faille attendre et choisir un moment opportun, pour agir avec plus de certitude et de succès.

D. Quand cela se trouve réalisé, que le résultat de vos démarches soit bon ou mauvais, devez-vous prendre la peine d'informer la personne intéressée à connaître ce résultat?

R. Oui.

D. Pourquoi?

R. Parce que la discrétion s'impose à la personne qui attend un acte d'obligeance, et que, s'il ne lui était pas donné connaissance de ce résultat, elle pourrait accuser notre négligence ou notre mauvais vouloir.

D. Devez-vous à cette personne une visite personnelle, ou simplement une communication par écrit?

R. On témoigne un plus vif intérêt par une démarche personnelle faite de bonne grâce, dans l'impossibilité de la faire en écrit.

D. N'y a-t-il pas d'exception à cette règle?

R. Il y a une exception. Dans le cas où il est convenu, entre l'obligeant et l'obligé, de se revoir, c'est à ce dernier à se déranger sans se rendre importun.

D. Vous reconnaissez qu'il est absolument convenable d'exprimer votre gratitude à l'occasion des actes d'obligeance dont vous êtes honorés. Mais devez-vous prétendre à la reconnaissance des personnes que vous avez obligées?

R. Sans prétendre à leur reconnaissance, nous ne devons point agir de façon à nous l'aliéner.

D. Est-ce que celui qui rend un service peut s'aliéner la reconnaissance qui lui est due?

R. Certainement. Celui qui oblige sans délicatesse, ou

qui reproche le service qu'il a rendu, n'a plus droit à la reconnaissance.

Il faut, autant qu'on peut, obliger tout le monde,
On a souvent besoin d'un plus petit que soi.
Reçoit-on un bienfait, qu'un bienfait y réponde.
Il se faut entr'aider, c'est la commune loi. (L. M. DE L.)

§ 2. — *L'ingratitude.*

D. Ne rencontre-t-on pas des enfants ingrats?

R. Hélas! oui, trop souvent.

D. Qu'est-ce que l'ingratitude?

R. L'ingratitude est un sentiment qui nous laisse indifférent envers nos bienfaiteurs; nous allons même jusqu'à nous imaginer que les soins que nos maîtres et maîtresses prennent de nous, sont des attentions qui nous sont dues.

D. Que trouvez-vous à dire de cette conduite?

R. Qu'elle est honteuse et insensée; elle provient souvent de notre étourderie, plutôt que de notre volonté.

D. Qu'est-ce que l'étourderie?

R. C'est le défaut d'attention, l'habitude de céder aux premières impressions, sans examiner quels en seront les résultats.

D. Que conclure de l'étourderie des enfants?

R. Que l'étourderie fait autant de mal que la méchanceté, et que l'étourdi devient une personne vulgaire.

D. Quels sont les autres résultats de l'étourderie?

R. 1° Ce défaut cause tous les ennuis, tous les chagrins de l'enfance. 2° Les années s'écoulent, et les écoliers et les écolières étourdis arrivent à l'âge où ils quittent l'école, le plus souvent, sans avoir rien appris. 3° Plus tard, leur ignorance entretient leur ingratitude.

D. Que penser d'un jeune homme, d'une jeune fille, qui, ayant reçu de l'éducation et de l'instruction, s'imagineraient être au-dessus de leurs parents?

R. On penserait, d'abord, que ces enfants n'ont pas reçu une bonne éducation, car la bonne éducation élève les sentiments; puis on conclurait que ce sont des orgueilleux, des méchants, des ingrats qui ont un mauvais cœur.

Pratiquez largement le sentiment de la reconnaissance, et laissez, à ceux et à celles chez qui ce sentiment manque à leur cœur, l'opprobre de l'ingratitude.

Les loups mangent gloutonnement.
Un loup donc étant de frairie
Se pressa, dit-on, tellement
Qu'il en pensa perdre la vie :
Un os lui demeura bien avant au gosier.
De bonheur pour ce loup qui ne pouvait crier,
Près de là passe une cigogne.
Il lui fait signe; elle accourt.
Voilà l'opératrice aussitôt en besogne.
Elle retira l'os : puis, pour un si bon tour,
Elle demanda son salaire.
« Votre salaire, dit le loup :
Vous riez, ma bonne commère!
Quoi! ce n'est pas encor beaucoup
D'avoir de mon gosier retiré votre cou?
Allez, vous êtes une ingrate :
Ne tombez jamais sous ma patte. » (La Fontaine.)

XXIX

LA VÉRITÉ CACHÉE SOUS LA FABLE

« Sur le bord d'un chemin, une vieille femme est assise, elle tend la main. Deux belles jeunes filles viennent à passer : l'une a bon cœur, elle ouvre sa bourse, et, avec la grâce de la charité, elle lui donne une pièce blanche, en lui disant : « Courage, bonne mère, Dieu ne vous abandonnera » pas. » — L'autre sœur, fière et dure, jette un regard dédaigneux et passe. La vieille se lève, étend la main vers les jeunes filles, et s'écrie : « A toi, que touchent le mal» heur et le grand âge; à toi, âme tendre, tous les bonheurs, » toutes les joies; de tes lèvres tomberont les perles, les » fleurs, les rubis, dont tu feras des heureux. A toi, jeune » fille, qui n'as pas de pitié pour les malheureux, l'horreur » et l'abandon; de tes lèvres sortiront les crapauds, les ser-

» pents, les araignées, les reptiles, images de ton cœur. »

» Une fête attendait les jeunes demoiselles au logis; la bonne fille s'avance, salue la compagnie, et, aussitôt, les fleurs, les diamants, les saphirs, se répandent autour d'elle. L'orgueilleuse souhaite la bienvenue aux conviés, mais tout le monde recule d'horreur! Serpents, couleuvres, crapauds, s'échappent de ses lèvres, et l'infortunée se sauve en comprimant sa bouche et en gémissant de honte et de désespoir. »

O vous qui êtes bonnes : les fleurs, les rubis, ce sont vos discours qui consolent, qui charment et qui enchantent.

O vous qui êtes méchantes, envieuses, hautaines : vos médisances, vos calomnies, vos méchants procédés, vos ingratitudes, vos perfidies, ce sont les reptiles aux morsures empoisonnées.

Méditez cette légende, jeunes gens; la vérité est cachée sous la fable.

XXX

LA MÈRE DE FAMILLE PAUVRE SUPPLÉÉE DANS L'ÉDUCATION DE SES ENFANTS

Pour la mère de famille qui n'a ni le temps ni les moyens de commencer l'éducation du premier âge, où l'enfant n'est encore qu'une personne morale en germe et en espérance, ni de lui continuer cet enseignement à mesure qu'il avance en âge, la crèche, la salle d'asile et l'école suppléent à cette insuffisance, et lui tiennent lieu de famille.

Du bureau de la crèche, où l'enfant n'a encore reçu que des soins physiques et un commencement de bien-être matériel et moral, il descend à la salle d'asile, où il est admis à deux ans.

Là on dépose dans son âme le germe des sentiments religieux et moraux, et l'on met en elle de saines habitudes par une lutte, tantôt contre ses instincts égoïstes, tantôt en ajoutant à ses inclinations le poids de l'exemple et du commandement, des punitions et des récompenses.

A sa sortie de la salle d'asile, à six ans, l'enfant entre à l'école primaire pour y recevoir l'instruction intellectuelle et civique, et pour y continuer son éducation morale, afin que, en même temps que son esprit s'enrichit de connaissances, son âme s'élève dans le respect de la dignité, dans l'élévation des sentiments, dans la grandeur morale.

Et, toujours suppléant la mère, l'éducateur, fidèle à sa mission, achève son œuvre. Il s'applique avec sollicitude à former son caractère, à tremper son âme, à relever son courage et à entretenir autour de lui une atmosphère de générosité et de dévouement.

DEUXIÈME PARTIE

De l'éducation religieuse, morale, intellectuelle et civique dans l'école et par l'école.

PREMIÈRE SECTION

ÉDUCATION RELIGIEUSE, MORALE ET INTELLECTUELLE

I

§ 1er. — *Ce que l'école se propose.*

L'école se propose, en prenant les enfants dès l'âge de six ans, dans l'innocence de leur âme, de les *élever* et de les *instruire*, de mettre en action, successivement, lentement, sans fatigue, toutes les forces, toutes les puissances de leurs facultés morales et intellectuelles ;

De les élever avec la sollicitude d'une mère, avec la vigilance éclairée d'un père, avec un libre et généreux dévouement ;

D'élever leur cœur; de donner de la dignité à leur âme; de faire pénétrer dans leur intelligence les vérités de la religion, qui sont le fondement de l'ordre social; de former leur caractère, leur conscience, leur sensibilité; de décider, de contenir, arrêter ou diriger leur volonté; de déraciner les mauvais penchants; de corriger les défauts; de prévenir l'éveil des mauvaises passions, et de les préparer à la vie sociale.

L'école se propose aussi de leur donner des connaissances; de pourvoir leur esprit; d'élever leur raison, leur pensée, leur imagination, leur jugement; de les exciter à apprendre par la lecture, et à garder le goût des bons livres, le respect de l'esprit, la passion des idées justes. Mais ces études intellectuelles demandent à être dirigées avec une libéralité intelligente, afin d'entretenir le goût des enfants pour le milieu où ils sont nés, où ils sont élevés; pour les maintenir et leur faire aimer le genre de vie que mènent leurs parents, les travaux et les soins auxquels ils s'adonnent; pour faire aimer aux enfants des campagnes le séjour du village, la vie des champs. L'école primaire ne doit distraire de ce milieu des familles, que les aptitudes réelles aux emplois publics, aux professions libérales et, plus particulièrement, les rares intelligences d'élite qui ont besoin, pour se développer et grandir, d'une sollicitude exceptionnelle.

Enfin, l'école se propose encore d'élever les enfants dans l'amour de ce qui est honnête; de les former à l'enthousiasme pour ce qui est noble, élevé, généreux, à la passion pour ce qui est grand et sublime; d'en faire l'honneur et la considération des familles, les amis de la paix et de l'ordre public; de leur inspirer le respect des lois et de l'autorité, l'amour de la patrie, le zèle pour ses intérêts, et le dévouement pour sa gloire.

§ 2. — *Intervention des instituteurs et des institutrices dans l'éducation de leurs élèves.*

L'éducation commence dans la famille, se continue dans l'école et s'achève dans le monde, sans que le père et la mère abdiquent jamais leur direction, leur surveillance et leur autorité.

Dans la famille, elle est l'œuvre collective de la mère et du père de l'enfant. Dans l'école, elle est l'œuvre de l'instituteur des garçons et de l'institutrice des filles.

Il est dans la nature des choses et dans les nécessités humaines, que la famille puisse appeler à son aide un enseignement qui complète le sien, et cet enseignement est l'école, dont le véritable but est de mener de front l'éducation, en lui maintenant son caractère propre et normal, avec les connaissances utiles à la vie, et de conserver à la jeunesse cette base essentielle de sa formation intellectuelle et morale.

Il n'est pas de mission plus haute que celle de suppléer le père et la mère dans l'éducation de leur enfant, quand ils sont impuissants à la donner eux-mêmes, ou bien d'y concourir avec eux. Cette responsabilité est grande, les plus sincères, les plus fermes dévouements ne sont pas exempts d'inquiétude en l'acceptant.

C'est que, de même que le père et la mère de l'enfant confié à leurs soins, l'instituteur, si c'est un garçon, l'institutrice, si c'est une fille, ont la charge de l'élever, de joindre leurs efforts à ceux de la famille, leur concours à l'enseignement religieux, afin de fortifier, d'enraciner dans son âme, en les faisant passer dans la pratique quotidienne, les notions fondamentales, éternelles et universelles, qui le familiarisent avec l'existence de Dieu, créateur du ciel et de la terre et père des hommes, avec l'idée d'une autre vie, de l'immortalité de l'âme et des radieuses espérances de la foi.

L'instituteur et l'institutrice ont encore la mission d'initier leurs enfants, par des leçons ineffaçables et par de bons exemples, au sentiment de leur dignité, au sentiment non moins profond de leurs devoirs et de leur responsabilité personnelle, au but de la vie, qui est le perfectionnement de soi-même, et à ce culte général du bien, du beau, du vrai, qui est aussi une forme du sentiment religieux.

Ces maîtres et maîtresses ont, à un haut degré, la faculté d'enseigner cette éducation, qui est leur joie dans le présent, leur espérance dans l'avenir, la gloire et l'honneur de leur vieillesse.

Cet enseignement, dans l'école, se donne libéralement avec cette chaude éloquence qui vient du cœur et, en même temps, avec cette autorité qui donne seule une inébranlable conviction, et qui fait fuir le doute et tomber l'objection chez ceux qui écoutent.

C'est par cette persuasive éloquence, que les éducateurs s'emparent de l'âme de leurs élèves, la façonnent, la pétrissent à leur aise, à leur gré, et ils arrivent ainsi à fortifier en eux les bonnes dispositions morales éveillées par l'éducation commencée en famille; ils redressent les imperfections des uns et corrigent les mauvaises tendances des autres; ils commencent l'éducation des enfants des familles laborieuses, qui n'ont ni le temps ni les moyens de s'en occuper; ils opposent à cette molle éducation, d'une tendresse excessive, une opiniâtre volonté de réforme. Aux réfractaires à l'éducation, à ces enfants qui subissent au foyer de la famille, par une destinée inévitable, la contagion de mauvaises mœurs; à tous ceux qu'abandonne sur la voie publique l'âpre calcul de la paresse de leurs parents, qui vivent de leur démoralisation, l'école est ouverte; on les y accueille avec une bienveillante sollicitude, pour leur apprendre à aimer Dieu, à pratiquer le respect, l'obéissance, la soumission, pour développer harmonieusement toutes les énergies de l'intelligence et du cœur, et leur inspirer l'amour des vertus essentielles, qui sont les plus sûrs fondements de la civilisation.

Les maîtres et maîtresses ont aussi des attentions particulières pour la conservation de la santé de leurs élèves. Chaque classe est maintenue dans un état de salubrité parfaite : l'air y est renouvelé à chaque récréation et le soir après la sortie des élèves; en hiver, elles sont chauffées convenablement; en été, la chaleur y est tempérée par des arrosages fréquents et intelligents.

Ils veillent encore à ce que les élèves tiennent une posture commode, naturelle, surtout pendant les exercices d'écriture et de calcul : trop penchés sur leurs pupitres, ils pourraient contracter de mauvaises habitudes nuisibles à leur santé, à leur constitution physique. Enfin, ils éloignent momentanément de l'ecole, après avoir pris l'avis du médecin, les enfants atteints d'une indisposition qui pourrait prendre les caractères d'une maladie contagieuse. Par cette sage et prévoyante initiative, ils préservent les autres enfants de la contagion possible.

Dans l'accomplissement de cette action multiple, assidue et vigilante, sur le cœur, l'esprit, le caractère, les mœurs et l'hygiène, l'instituteur donne à ses élèves une part de lui-même; il rapproche l'âme de l'enfant au contact de la sienne, et le professeur s'élève au rang d'éducateur; il se fait père et mère de ses élèves, avec cet abandon familier qui n'affaiblit point le respect naturel de son autorité.

L'institutrice, qui ne demeure pas étrangère à la pratique de ces mêmes sentiments, emprunte à la mère tout ce qu'il y a de plus généreux dans son cœur, de plus vrai dans son amour exempt de faiblesse, et l'un et l'autre gagnent l'affection de leurs élèves, en les aimant eux-mêmes, en leur faisant connaître qu'ils leur sont chers, en étant avec eux doux et polis.

A cette haute mission d'élever leurs élèves, s'ajoute l'obligation de donner des connaissances à leur esprit, de l'activité à leur intelligence, et, pour que ces deux branches de l'enseignement apportent leur concours à cette œuvre commune, et se fortifient l'une par l'autre, elles sont enseignées parallèlement, de façon que les enfants s'instruisent en s'élevant.

L'instruction s'impose aux élèves suivant leur degré d'aptitude, et par un enseignement tendre, viril, élevé, qui leur fait aimer l'école. Leurs maîtres et maîtresses sont attentifs à leurs progrès; ils encouragent les efforts, excitent l'indifférence, punissent la paresse. Bienveillants, au besoin sévères, ils ne laissent rien de bien sans applaudir, rien de coupable sans correction.

La civilisation ne descend pas toujours, du père et de la mère aux enfants; elle monte aussi parfois des enfants à leurs parents, et, par la communication réciproque de leurs idées, il s'établit entre eux une légitime émulation qui fait cesser l'indifférence des parents pour les succès de leurs enfants. L'instituteur et l'institutrice sont heureux de rencontrer dans la famille ce concours actif, qui hâte le développement de l'éducation et de l'instruction, en venant en aide à leur dévouement dans l'accomplissement de cette grande et noble mission, qui est leur sacerdoce.

L'instituteur, — l'institutrice, — jaloux d'être honoré de la confiance publique, n'est en guerre avec personne; il n'est un obstacle ou un rival ni pour les chefs spirituels de la commune, ni pour les pouvoirs civils, qui s'imposent à ses respects, à ses déférences. Il évite, avec un soin particulier, les intrigues, les luttes, les coteries locales; il se renferme exclusivement dans son rôle d'éducateur, dans l'intelligence vraie de sa grande mission de travail, de gravité, de conciliation, et il acquiert l'autorité, la dignité et le crédit qui lui sont nécessaires. Dans la vie privée, l'instituteur — l'institutrice — continue à s'inspirer des hautes considérations de dignité professionnelle.

II

PROGRAMME DES ÉTUDES PRIMAIRES

L'enseignement primaire comprend :

L'instruction religieuse, morale, intellectuelle et civique;

La lecture et l'écriture;

La langue et les éléments de la littérature française;

La géographie, particulièrement celle de la France;

L'histoire, particulièrement celle de la France jusqu'à nos jours;

Quelques notions usuelles de droit et d'économie politique;

Les éléments des sciences naturelles, physiques et mathématiques; leurs applications à l'agriculture, à l'hygiène, aux arts industriels, travaux manuels et usage des outils des principaux métiers;

Les éléments du dessin, du modelage et de la musique;

La gymnastique;

Pour les garçons, les exercices militaires;

Pour les filles, les travaux à l'aiguille.

III

MAISON D'ÉCOLE. — IDENTITÉ DE PERSONNE

La maison d'école est le lieu où les enfants sont admis pour y recevoir l'éducation morale et l'instruction. Elle est divisée en plusieurs salles. Ces salles sont aménagées pour le bien des élèves : l'espace, la propreté y sont réunis. On y fait pénétrer à longs flots le grand air et la grande lumière, et l'on cherche à rendre les murailles instructives et souriantes.

Les élèves se présentent porteurs d'un billet d'admission à l'école, et l'instituteur, ou l'institutrice, selon qu'ils sont garçons ou filles, leur fait subir un premier examen sur leur identité.

D. Comment vous nommez-vous?

R. Je me nomme René, si c'est un garçon, ou Jeanne, si c'est une fille.

D. René ou Jeanne n'est pas un nom, c'est un prénom. Quel est le nom de votre père?

R. Son nom est Clermont.

D. Vous vous nommez donc?

R. René ou Jeanne Clermont.

D. Quelles sont la profession et la demeure de votre père?

R. Mon père est militaire, — officier, — il demeure à Nancy, place de la Gare, n° 2.

D. Quels sont les noms et prénoms de votre mère?

R. Je n'en sais rien.

Mettez-vous en état de répondre demain à cette question.

Après cet examen, on leur indique la classe où ils doivent se rendre.

IV

LA CLASSE

Dans toutes les écoles, l'enseignement de l'instruction est gradué; par conséquent, les écoliers sont répartis dans plusieurs salles, qui se nomment : première, seconde, troisième classe, et ainsi de suite, quand l'établissement d'instruction publique ou libre en compte un plus grand nombre, tels, par exemple, que les lycées, les collèges communaux et les grandes institutions privées.

La classe est la salle dans laquelle se réunissent tous les élèves qui suivent le même cours, pour y recevoir en commun les leçons du même professeur.

D. Comment l'enfant doit-il entrer en classe?

R. L'enfant se rend devant son maître ou sa maîtresse. Si c'est un garçon, il se découvre et salue en inclinant la tête; si c'est une fille, en faisant la révérence. Puis d'un air modeste, et marchant posément, va s'asseoir à la place qui lui est désignée.

D. Si cette place est déjà occupée, que doit-il faire?

R. Il doit prier poliment celui ou celle qui l'occupe, de la lui rendre.

D. Pourquoi cette politesse?

R. Parce que la classe est déjà pour nous une société réunie, et qu'il convient d'apprendre de bonne heure à s'y conduire poliment et avec bienveillance.

D. Quand l'élève a pris sa place, qu'a-t-il à faire ensuite?

R. Il doit se préparer à remplir ses devoirs d'écolier ou d'écolière.

Chers élèves, au mur de la classe est appendue la carte de France. Vous y remarquerez une tache de deuil : l'histoire vous en expliquera la cause; gardez-en la mémoire; mais, soyez patients et confiants, elle sera effacée un jour, car il est chez vous une vertu chrétienne impérissable, c'est l'espérance!

V

LE DEVOIR. — DÉFINITION SOMMAIRE.

Il est également essentiel d'apprendre de bonne heure à gouverner ses caprices, à régler ses volontés; tous les plaisirs ne sont rien au prix des joies que procurent, à un cœur bien né, l'accomplissement du devoir et le témoignage d'une bonne conscience.

D. Qu'est-ce que le devoir?

R. Le devoir c'est : reconnaître les lois divines et humaines et leur obéir; se soumettre au principe d'autorité, au respect de la famille, à l'union des cœurs; occuper honorablement sa place, quelle qu'elle soit, dans la société, cette grande communauté des esprits et des intelligences.

D. Le devoir a plus d'étendue?

R. Oui, c'est aussi accepter le travail comme une nécessité suprême, la hiérarchie de position comme un besoin social, les adversités, le malheur, comme des épreuves de la Providence, et se souvenir, pour les bien supporter, que c'est par la douleur qu'on devient homme, que c'est par la constance qu'on devient grand.

D. Est-ce toujours une tâche facile de remplir son devoir?

R. Quelquefois, le devoir nous impose de grands sacrifices; mais, lui devant une obéissance absolue, nous devons lui sacrifier nos goûts, notre volonté, notre vie même.

D. Pour l'écolier ou l'écolière, le devoir est-il facile?

R. Pour certaines natures, oui. Ainsi, l'élève studieux trouve tout naturel de travailler; l'élève doux et docile trouve tout simple d'obéir; le bon fils, la fille aimable, seraient désolés de contrarier leurs parents; et l'écolier et l'écolière qui ont un bon cœur, regarderaient comme un crime de causer un déplaisir à leurs maîtres ou maîtresses.

D. Alors le séjour de l'école est rendu bien plus doux à l'écolier et à l'écolière raisonnables, qu'aux écoliers et écolières paresseux et méchants.

R. Cela n'est pas douteux. L'existence de l'élève qui accomplit ses devoirs, qui craint d'y manquer, est aussi agréable et aussi douce, que celle des mauvais élèves est triste et agitée.

D. Que vous ordonne le devoir pendant la classe?

R. Le devoir nous ordonne le silence et l'attention.

D. Que vous ordonne le devoir lorsqu'une punition vous est infligée?

R. Il nous ordonne la soumission à la punition infligée.

D. Que vous ordonne le devoir à l'égard de vos maîtres et maîtresses?

R. Le devoir nous ordonne de leur obéir, de les respecter et d'observer la discipline.

D. Qu'est-ce que la discipline?

R. La discipline est l'observation de toutes les règles qui nous imposent des devoirs, elle est la force de l'éducation (voy. p. 16).

D. A quel moyen faut-il recourir pour assurer l'observation de la discipline?

R. . . . .

Vous vous taisez?... Soyez sincères, et, quelle que soit votre antipathie pour la correction, reconnaissez que le plus sûr moyen de maintenir la discipline réside dans la volonté et le soin de ne laisser jamais rien de coupable sans répression.

Oui, chers élèves, c'est par l'exactitude et la constance de la répression qu'on enlève au coupable, et à ceux qui seraient tentés de l'imiter, tout espoir d'impunité et qu'on les ramène à l'observation des règles du devoir.

Répétons avec Platon : *Toute la force de l'éducation est dans une discipline bien entendue.*

VI

LE TRAVAIL

Le travail est une nécessité suprême et la loi même de la vie, c'est la grandeur, c'est la dignité, c'est l'indépendance de l'homme.

Le travail prémunit contre les excès, les funestes appétits, les grossiers passe-temps inséparables de l'oisiveté.

Le travail est un ami qui console, que l'on a sans cesse près de soi, vous versant le baume à la première larme. C'est une source d'honneur et de vertu.

C'est le travail qui conserve et qui améliore, qui maintient et perfectionne le jeu de tous les ressorts que détendent l'inaction et le repos.

Le malheur peut nous atteindre, atteindre nos familles au moment de leur plus grande prospérité. Toute entreprise, toute valeur en ce monde est exposée à subir l'influence dépressive, soit des fautes de gestion de ceux qui sont chargés de l'administration ou de la faire valoir, soit des accidents de fortune qui peuvent la frapper, et cette influence peut s'exercer directement ou indirectement. L'entreprise financière la plus honnête, par exemple, la plus sérieuse, la mieux administrée, peut se voir compromise par une série de malversations de ses employés subalternes et même par l'intervention malfaisante d'individus qui, prétendant lui appartenir, se seront réclamés de son nom et de son crédit pour commettre de graves méfaits.

C'est encore par le travail que l'on oppose une énergique et victorieuse résistance à l'adversité et qu'on en apaise l'amertume.

En travaillant on se sent l'âme amie, on est soi-même en sa meilleure réalité. Oui, le travail secondé par l'effort personnel, par l'activité, la volonté, l'économie, est la source certaine du bien-être matériel, de la grandeur morale et de toutes les félicités humaines.

D. Que répondriez-vous si l'on vous demandait, chers élèves, ce que font vos parents?

R. Nous répondrions : Ils travaillent.

D. Pourquoi travaillent-ils ?

R. Ils travaillent pour nous élever, pour nous faire donner de l'instruction, développer notre éducation et plus tard augmenter notre bien-être.

D. Avez-vous compris cela, surtout ceux d'entre vous qui perdent leur temps ?

R. A vrai dire, nous sommes si légers, si étourdis que nous n'y avons pas songé sérieusement.

D. Croyez-vous qu'il vous soit possible, à l'âge où vous êtes, de venir en aide à vos parents dans le malheur ?

R. Nous ne pourrions leur être que d'un faible secours. Cependant nous avons vu un de nos bons camarades qui a été retiré de l'école à la mort de son père; sa mère était sans ressources. Il était devenu soutien de famille, étant l'aîné de ses frères et sœurs, et devait, quoique bien jeune, mettre son instruction à profit. Heureusement, ayant bien employé le temps passé à l'école, il était déjà à peu près en état de gagner sa vie et d'apporter à sa mère un utile secours.

D. Ainsi donc, pour gagner sa vie, il faut plus que la bonne volonté?

R. Oui, car la bonne volonté ne nous suffirait pas; il faut l'âge, le talent pour gagner sa vie. C'est par une solide instruction qu'on peut arriver à quelque chose.

D. Comment doit se résumer la conduite des élèves?

R. La conduite des élèves doit être persévérante, c'est-à-dire ne jamais se laisser rebuter par les difficultés que l'on rencontre. Certains écoliers ou écolières ont moins de facilité que d'autres, mais n'en sont pas moins de bons et de bonnes élèves. L'essentiel est de ne jamais perdre courage; on n'obtient rien sans peine : la persévérance est une force qui aide à vaincre.

Vous paraissez être bien persuadés, chers élèves, que le travail est la loi de l'humanité, qu'il repousse la paresse et les habitudes de désœuvrement. Il en est cependant parmi vous qui chaque matin s'exposent à la réprimande, en feignant de ne pas entendre l'appel matinal de la cloche et la douce voix de l'amour maternel qui les invitent à sortir du lit. Ceux-là ne doivent point ignorer pourtant que déjà, avant qu'ils ne soient éveillés, le laboureur est à son champ, le vigneron à son cep, le forgeron fait résonner son enclume, l'apprenti a commencé son travail, ses parents sont à l'œuvre. Commencer ainsi la journée par un acte de désobéissance c'est donner raison à la paresse.

La paresse! S'il s'agissait d'une promenade à la campagne ou de se rendre à une fête de famille, ceux-là sauraient bien la secouer et s'en rendre maîtres pour satisfaire leurs plaisirs. Nous les engageons à faire de même, avec une vigueur résolue pour le travail; il chasse l'ennui et rend heureux.

Aussi riche qu'il soit, un homme a besoin de faire quelque chose : sa dignité l'y pousse, la société et les convenances l'y obligent.

D'ailleurs la lutte dans l'ordre moral comme dans l'ordre physique est la grande loi de la nature. Tout ce qui vit lutte et doit lutter pour vivre.

Voici, chers élèves, un exemple de persévérance à imiter comme travailleur, comme bon fils et comme bon frère :

« Le 4 juillet 1719 était à Paris Michel-Jean Sedaine, fils de l'un des architectes les plus honorés de la ville. Sa famille, heureuse et estimée, lui faisait faire de sérieuses études. Il avait à peine treize ans lorsque son père fut tout à coup ruiné, et, s'étant réfugié au fond des terres où il avait emmené ses enfants, il mourut en peu de temps dévoré par une tristesse profonde.

» Sedaine était un des brillants élèves du collège où ses parents l'avaient placé. Le proviseur lui offrit de continuer ses études : « Merci, mon maître, dit le jeune homme, je » dois soutenir ma mère, élever mon jeune frère, il faut » que je travaille, que je gagne notre pain à tous les trois. » — Faites votre devoir, noble enfant, » dit le proviseur; et, au milieu des regrets et des larmes des professeurs et de ses camarades, le pauvre garçon quitte le collège où il avait été si heureux, si aimé.

» A treize ans que peut faire un écolier? Bien peu de chose encore, si peu même que le brave enfant, pour gagner sa vie, se fit maçon. Oh! comme il économisait son argent, comme il était heureux d'apporter sa semaine à sa mère, et de payer le mois d'école de son petit frère. La journée finie, il s'enfermait dans sa chambre et retrouvait avec délices ses études chéries. Tous les anciens professeurs qu'avait eus le jeune homme, l'aidaient de leurs conseils, car ils admiraient son courage. »

Elle est si noble, l'ambition de soutenir une mère et un jeune frère, lorsqu'on est encore enfant soi-même! Ne le pensez-vous pas comme nous, chers élèves, et n'avez-vous pas comme un remords de perdre le temps comme vous le faites? Oui, n'est-ce pas?

« Le pauvre petit Sedaine, nous dit un de ses biographes, était resté seul avec son plus jeune frère; il le prend par la main et se met en route pour Paris où sa mère s'était retirée dans une abbaye. Il veut l'aller rejoindre. Il avait alors pour tout bien 18 francs; il les emploie à payer la place de son frère dans la lourde diligence de ce temps, lui donne sa veste parce qu'il fait froid, et suit la voiture à pied. Quelquefois les voyageurs font monter sur le siège du conducteur ce petit père de famille de treize ans, et il arrive ainsi à Paris.

» C'est là, c'est alors qu'il reprend par la base le métier de son père et se met vaillamment à tailler la pierre, aidant ainsi à la subsistance de sa mère et de son jeune frère et à l'instruction de celui-ci.

» Tandis qu'il travaillait gaiement, les larmes venaient aux yeux des maçons qui avaient connu son père l'architecte et servi sous lui comme ses soldats; aussi, quelquefois, quand la chaleur était trop ardente ou la pluie trop forte, il trouvait sa pierre placée par eux à l'abri et transportée la nuit sous quelque hangar.

» Sedaine étudiait toujours; à côté de sa longue scie, le tailleur de pierres posait *Horace* et *Virgile*, *Molière* et *Montaigne* qui furent les adorations de toute sa vie, et, quand ses compagnons les maçons dormaient couchés sur la poitrine dans le gazon, il prenait ses chers livres et pensait à l'écart.

» On a dit, avec quelque raison, que souvent la pauvreté empêche certains bons esprits de parvenir. Cela est vrai, mais que ne peut une volonté indomptable! que ne peut le désir ardent d'acquérir de la science! La vie de Michel Sedaine en est un exemple.

» Ce fut en gagnant péniblement sa vie et celle des siens que Sedaine acheva ses études, et le pauvre ouvrier maçon devint plus tard un littérateur célèbre. En 1786, l'Académie française ouvrait ses portes à celui qui autrefois avait été servant maçon et ouvrier tailleur de pierres. »

Pour Sedaine, le travail était un attrait et l'étude une floraison continue de son intelligence.

Écoliers, vous qui avez des maîtres en tous genres qui ne demandent qu'à applaudir à vos efforts, quel est celui d'entre vous qui ne se sentira le désir d'imiter notre héros? Eh bien! soyez attentifs, sérieux, travailleurs, et vous atteindrez le but, chacun selon vos aptitudes, comme l'a fait le gentil maçon, le fils courageux, le spirituel académicien Michel Sedaine.

VII

LES TRAVAUX MANUELS DANS L'ÉDUCATION DES JEUNES FILLES

Vous venez de reconnaître (p. 128) que le travail est une loi suprême de l'humanité, vous verrez plus loin, que la profession est une nécessité qui conduit à gagner honorablement sa vie et qu'il faut, de bonne heure, faire choix d'un métier, en consultant sa famille, sa vocation et son aptitude.

Mais, quelle que soit la préférence d'une jeune fille dans le choix de son état, son éducation doit comprendre les travaux à l'aiguille.

D. Quelle place tiennent les travaux à l'aiguille dans l'éducation des jeunes filles?

R. La première place.

D. Pourquoi la première place?

R. Parce que sur la femme repose le soin de l'intérieur du ménage, l'entretien du linge, la confection des vêtements. Une jeune personne adroite et soigneuse est un trésor dans la maison.

D. Les travaux à l'aiguille peuvent-ils être une ressource suffisante en cas de besoin?

R. Certainement, car les couturières, les lingères, les modistes peuvent fort bien subvenir à leurs besoins et même s'amasser une honnête aisance et arriver à la fortune.

D. N'y a-t-il pas des provinces entières qui vivent du travail de l'aiguille ?

R. Oui, le sud, l'est de la France confectionnent de la broderie, de la ganterie, du tricot ; le nord fait la lingerie; la tapisserie se fabrique partout et Paris offre des merveilles en ce genre.

D. N'est-ce pas un véritable plaisir pour les jeunes filles d'exécuter ces travaux où la laine, la soie, l'or même sont mis et disposés avec goût ?

R. Oui, et ces travaux embellissent l'intérieur d'une maison. On juge de suite une personne laborieuse en voyant son appartement ; et tout le monde sent qu'il y a là quelqu'un qui aime sa maison et qui a pris plaisir à l'embellir de ses travaux.

D. Les jeunes demoiselles n'ont-elles pas aussi une bien douce tâche à remplir en exécutant quelques travaux à l'aiguille ?

R. Les jeunes filles bonnes et habiles font des layettes pour couvrir les petits enfants des pauvres. N'est-ce pas une des plus grandes joies qui soient en ce monde que de soulager les maux du prochain?

D. A qui ressemblent les jeunes filles qui pensent aux pauvres et qui les consolent ?

R. Elles ressemblent aux anges du bon Dieu et elles sont bénies par les malheureux. Quelle douce chose que de voir sourire une pauvre mère qui pleurait et que notre présence et notre générosité viennent consoler et guérir !

Vous avez lu (p. 131) la vie de Sedaine, le plus bel exemple d'un bon fils, d'un bon frère et de la récompense du travail.

En voici un autre où le dévouement d'une jeune fille bien élevée et instruite, épargne à sa sœur, réfractaire à l'étude, l'humiliation et la honte de la mendicité.

« Une nouvelle terrifiante vient de circuler dans la ville ; M... est mort complètement ruiné ; ses deux filles restent seules au monde et sans aucune ressource.

» Que va devenir ma pauvre sœur! s'écriait l'aînée au désespoir. Que faire? où aller? — Courage, répondait la plus jeune au milieu de ses larmes, Dieu ne nous abandonnera pas. — Courage! reprenait avec un surcroît de désespoir la sœur aînée, mais que puis-je faire? Nous sommes ruinées, sans ressource; le pain, l'asile vont nous manquer. Que ferais-je? je croyais être riche à jamais et je n'ai rien appris. J'ai détesté l'étude, j'ai méprisé l'aiguille, que devenir? Et l'infortunée tombait anéantie sous le poids de son infortune.

» Sa sœur cadette déjà instruite et possédant son brevet supérieur trouva de suite une place d'institutrice. — Cesse de pleurer, ma sœur, dit-elle en l'embrassant, la moitié de ce que je gagne sera pour toi. — Ah! tu as toujours été meilleure que moi et plus sage, je le sais, répondit l'aînée, mais crois-tu que je me résigne à vivre de ton travail? Non, non, ce serait une lâcheté! Seulement, je cherche... que faire? Je vois trop tard; la jeune fille qui, à l'âge de dix-huit à vingt ans, n'a pas une carrière assurée, est la plus malheureuse des créatures; elle n'a qu'à mourir de douleur, de misère et de faim. »

Chères élèves, pour qui sont écrites ces lignes? comprenez-vous que l'instruction ouvre une carrière? Elle donne de véritables trésors. Comprenez-vous qu'il faut travailler dès l'enfance, avec une volonté ardente et soutenue, pour être capables de subvenir à vos besoins plus tard, et afin qu'il ne vous faille dire comme la pauvre jeune personne de cette histoire : « Mais que puis-je faire? je n'ai rien appris, je ne sais rien. » Ne comptez pas sur l'aisance de vos parents, elle peut vous manquer, il ne faut compter que sur vous seules.

« Enfin, la sœur cadette, si bien placée, trouva pour son aînée un emploi de demoiselle de compagnie auprès d'une jeune personne. C'était une condition bien modeste pour une jeune fille qui avait été élevée dans l'opulence; pouvait-elle trouver mieux étant dépourvue d'instruction?

» A cette nouvelle, sa joie fut grande, la raison et l'espoir lui entrèrent au cœur, elle accepta humblement cette position qui lui assurait l'existence. « Chère enfant, disait-elle souvent à sa jeune compagne, vos parents sont riches, puissants même, mais un événement imprévu peut tout renverser. Les guerres, l'incendie, les spéculations détruisent quelquefois les fortunes qui paraissent le plus assurées. Possédez une instruction solide, et vous aurez acquis un trésor que rien ne peut ravir. J'ajoute que vous l'aurez acquis sans peine, car si vous étudiez avec goût, l'étude sera pour vous pleine d'attraits; si vous cultivez les lettres, les arts avec ardeur, vous reconnaîtrez, je le suppose, qu'ils donnent les plus pures jouissances de la vie. Ne dédaignez pas la modeste et industrieuse aiguille, c'est une fée charmante dans le bonheur et dans l'adversité; j'en éprouve la douce consolation auprès de vous; elle peut suffire à donner le pain, sinon l'aisance et la fortune aux moins habiles; enfin, elle charme la solitude. Surtout ne comptez pas sur l'avenir : qui le connaît? D'ailleurs vous aurez toujours des devoirs à remplir; qui sait si plus tard il ne vous sera pas donné de soutenir vos parents dans leur grand âge.

» Travaillez, mon enfant, pour n'avoir pas à vous dire comme moi, le jour où je restai orpheline : Que faire? que devenir? je ne puis rien... je ne sais rien... il faut mourir! »

VIII

L'IGNORANCE

« Le peuple monte, » disait naguère un ministre de l'instruction publique, « le peuple monte! »

Il y a dans ce mouvement général, déjà bien accentué dès l'année 1850, et qui d'ailleurs a son point de départ dans l'impulsion donnée de tout temps par l'Église aux écoles, une chose sérieuse, bonne, c'est le souci profond de l'éducation de l'enfant, de son avenir qui est aussi l'avenir de la patrie. Ce souci, de tous points légitime lorsqu'il ne sert pas les mauvaises passions, n'est pas seulement celui des parents, il paraît devenir véritablement national : la France entière veut s'instruire, elle tend à constituer une aristocratie nouvelle par la supériorité de l'esprit, l'application au travail, la dignité du caractère et le prestige du talent. C'est la déclaration de guerre à l'ignorance.

L'ignorance est une désobéissance au devoir imposé au genre humain de s'instruire.

Dans un pays comme le nôtre, il faut de graves motifs pour excuser l'absence des enfants dans les écoles primaires ouvertes gratuitement aux indigents.

D. Quelles sont communément les conséquences de l'ignorance ?

R. Sans éducation, sans instruction, on n'a d'autres ressources, pour subvenir à ses besoins, que les travaux les plus répugnants et peu rémunérateurs.

D. Ce n'est pas tout ?

R. Non. Toute la vie l'ignorant est le serviteur des personnes instruites; il est à la merci de tout le monde ; il croit tout, il ajoute foi aux choses les plus absurdes, incapable qu'il est de discerner le faux du vrai.

Quand l'enfant devient homme, quand la jeune fille devient femme et quand tous deux sont chefs de famille, c'est alors seulement qu'ils s'aperçoivent du vide laissé dans leur âme. Ils maudissent leur sort qui les asservit à de puérils préjugés; ils portent envie à leurs enfants qui s'élèvent et s'instruisent en dehors d'eux. Ils comprennent et mesurent toute l'étendue de leur ignorance; leur dignité s'abaisse, leur fierté s'humilie devant ces jeunes intelligences qui, chaque jour, leur révèlent un nouveau progrès dans l'éducation morale et dans l'accroissement successif de l'instruction intellectuelle; alors ils souffrent, dans le silence de leur cœur, la honte de leur infériorité.

Il n'y a nulle grâce à faire à l'ignorance, il faut avoir pour elle un mépris vigoureux, l'appeler par son nom et en inspirer l'horreur à tous les esprits droits.

Mais il faut plaindre, avec une extrême tendresse, ces

malheureux enfants, dignes d'intérêt, dont les parents exploitent trop tôt l'intelligente précocité au travail manuel.

Faites de la propagande, chers élèves, soyez la véritable armée du progrès; chaque citoyen que vous gagnerez à l'éducation et à l'instruction sera pour vous un compagnon d'armes, et plus vous serez en nombre et en force, plus la société pourra compter sur un avenir de paix, de liberté, de prospérité et d'honneur.

IX

LA BASE DU SUCCÈS DANS LES ÉTUDES

Le succès — c'est-à-dire ce qui arrive à un élève de conforme au but qu'il se propose dans ses études et plus tard dans son travail, dans ses entreprises.

D. Quelle est la base du succès dans les études ?

R. Le silence et l'attention.

D. N'y a-t-il que le silence et l'attention ?

R. Il y a encore l'ordre, l'obéissance et le respect.

D. Qu'est-ce que l'attention ?

R. L'attention c'est la volonté d'écouter, de comprendre les explications du maître ou de la maîtresse.

D. Une classe aura-t-elle du succès sans silence ?

R. Jamais une classe n'aura de succès sans le silence et l'attention.

D. Alors les élèves indociles sont donc bien coupables ?

R. Oui, ils sont doublement coupables, car, non seulement ils perdent leur temps, mais ils le font perdre à toute la classe.

D. Sans doute, ces mauvais élèves qui troublent une classe trouvent trop longue l'année scolaire?

R. L'année scolaire n'a pourtant que dix mois d'études, interrompus par des congés. Comme nous restons si peu d'années à l'école, il est honteux de trouver trop long le temps que nous y passons.

D. Comprenez-vous alors que vous devez être très avares de ce temps?

R. Oui, nous ne pensons pas assez que le temps passe vite et ne revient jamais : un élève raisonnable ne doit pas perdre une minute.

D. De quoi devez-vous vous souvenir pour bien profiter des classes?

R. Nous devons nous souvenir que le silence, l'attention, la bonne volonté et la persévérance sont les bases indispensables du succès dans les études.

« Le jeune Drouot s'était senti poussé vers l'étude par un précoce instinct. Agé de trois ans, il allait frapper à la porte des Frères de la doctrine chrétienne, et comme on lui en refusait l'entrée, parce qu'il était encore trop jeune, il pleurait beaucoup. On le reçut enfin. Les parents, témoins de son application toute volontaire, lui permirent, avec l'âge, de fréquenter des leçons plus élevées, mais sans lui rien épargner des devoirs et des gênes de leur maison. Rentré de l'école ou du collège, il lui fallait porter le pain chez les clients, se tenir dans la chambre publique avec tous les siens, et subir les inconvénients d'une perpétuelle distraction. Le soir on éteignait la lumière de bonne heure par économie, et le pauvre écolier devenait ce qu'il pouvait; heureux lorsque la lune favorisait par un éclat plus vif la prolongation de sa veillée. On le voyait profiter ardemment de ces rares occasions. Dès les deux heures du matin, quelquefois plus tôt, il était debout; c'était le temps où le travail domestique recommençait à la lueur d'une seule et mauvaise lampe. Il reprenait aussi le sien; mais la lampe infidèle, éteinte avant le jour, ne tardait pas à lui manquer de nouveau; alors il s'approchait du four ouvert et enflammé et continuait à ce rude soleil, la lecture de Tite-Live ou de César. . . . .

. . . .

» C'était durant l'été de 1793. Une nombreuse et florissante jeunesse se pressait, à *Châlons-sur-Marne,* dans une des salles de l'école d'artillerie.

» Le célèbre *Laplace* y faisait, au nom du gouvernement, l'examen de cent quatre-vingts candidats au grade d'élève sous-lieutenant. La porte s'ouvre. On voit entrer une sorte de paysan, petit de taille, l'air ingénu, de gros souliers aux pieds et un bâton à la main.

» Un rire universel accueille le nouveau venu. L'examinateur lui fait remarquer ce qu'il crut être une méprise, et sur sa réponse qu'il vient subir l'examen, il lui permet de s'asseoir. On attendait avec impatience le tour du petit paysan. Il vient enfin. Dès les premières questions, Laplace reconnaît une fermeté d'esprit qui le surprend. Il pousse l'examen au delà de ses limites naturelles : les réponses sont toujours claires, précises, marquées au coin d'une intelligence qui sait et qui sent. Laplace est touché, il embrasse le jeune homme et lui annonce qu'il est le premier de la promotion ; l'école se lève tout entière et accompagne en triomphe dans la ville le fils du boulanger de Nancy, le général Drouot. » (LACORDAIRE.)

Si d'un père fameux le ciel vous a fait naître,
De ce frivole honneur craignez d'être orgueilleux.
Il fut illustre ; eh bien ! tâchez aussi de l'être,
Montrez-nous vos vertus et non pas vos aïeux. (X..)

X

LA CONDUITE DES ÉCOLIERS ET DES ÉCOLIÈRES

D. Quel doit être le but des écoliers et des écolières ?

R. Leur but est : 1° De profiter de l'enseignement qu'ils viennent chercher à l'école, — de s'y distinguer en occupant les premières places, ou tout au moins, de s'y conduire de manière à être cités comme de bons élèves ;

2° De se faire aimer de ses maîtres, de ses maîtresses et de ses condisciples, et pour cela, de montrer envers tout le monde un caractère facile, aimable et doux.

D. Quelles doivent être les règles de leur conduite ?

R. Voici ces règles : 1° Apporter une grande application

aux travaux de la classe, afin d'apprendre le plus qu'on peut, car on ne sait jamais assez;

2° Être sévère pour soi, indulgent pour les autres, et, afin de savoir se connaître, faire chaque jour un examen attentif de sa conduite, en se disant : Comment ai-je passé ma journée? qu'ai-je fait qui soit utile? ai-je complètement satisfait le maître et la maîtresse?

3° Se soumettre sans murmure aux punitions en se disant : C'est pour mon bien que l'on agit ainsi envers moi.

L'élève qui reconnaît ses fautes et s'en corrige s'honore lui-même, se fait estimer et aimer.

XI

LES BONS ET LES MAUVAIS ÉLÈVES

D. Avez-vous rencontré quelquefois des hommes, des femmes qui font peur par leurs vêtements en lambeaux, leurs souliers éculés et percés?

R. Oui, ces hommes et ces femmes-là nous ont fait peur et horreur.

D. Eh bien! croyez-vous que si l'on remontait aux jours de leur enfance, ces dégradés aient été de bons et de bonnes élèves dans leurs écoles?

R. Non, ils devaient être classés parmi les derniers, dans la catégorie des incorrigibles.

D. Voulez-vous ressembler un jour à ces êtres avilis par l'ignorance et la paresse?

R. Non, nous voulons être laborieux, car le travail sauve toujours et préserve de la misère; le malheur peut fondre sur une famille, mais l'homme et la femme instruits, s'ils ont de l'énergie, triomphent de l'adversité.

D. Croyez-vous que l'homme et la femme qui se distinguent du vulgaire aient été classés parmi les derniers au temps de leurs études?

R. Non, ceux ou celles qui s'élèvent au-dessus du vulgaire ont été des élèves diligents et studieux.

D. Puisque vous êtes bien convaincus de cette vérité, vous allez donc bien travailler, n'est-il pas vrai?

R. Oui, nous allons redoubler d'efforts, car l'avenir tout entier repose sur les succès de l'école.

Persévérez, chers élèves, dans cette bonne résolution et persuadez-vous bien que les mauvais élèves sont toujours malheureux. Pleins d'eux-mêmes et égarés par les illusions qui flattent la vanité, ils aborderont une carrière où la gloire semble leur ouvrir les perspectives les plus riantes. Ils seront bientôt désabusés; car, où le talent véritable éprouve déjà les difficultés les plus sérieuses, la médiocrité doit nécessairement échouer. Ils ne tarderont pas à s'en apercevoir; ce qui leur manque, c'est l'instruction qu'ils ont négligée dans leur enfance.

Ne dites donc pas que si l'instruction vous manque, vous réparerez plus tard le temps perdu, car le temps perdu est irréparable. C'est dans l'enfance, c'est tout jeune qu'il faut étudier.

Mais qu'ont-ils fait dans l'école ces malheureux enfants pendant les sept années qu'ils y ont passées? Ils ont ri, sans doute, ils ont joué, dissipé leurs condisciples, troublé les classes; ils ont fatigué, désespéré leurs maîtres, leurs maîtresses. Aussi ont-ils été punis : leur jeunesse a été une lutte de tous les instants, et leurs parents ont aujourd'hui des enfants incapables de gagner honorablement leur vie.

Vainement on objectera que ceux-là sont des enfants dépourvus de moyens, des incapables en un mot. Non, non, ils auraient pu faire de très bonnes études primaires élémentaires, mais leur légèreté, leur forfanterie, leur paresse, leur insubordination, voilà l'obstacle véritable et ce qui, à l'école aussi bien que dans le monde, les empêchera de réussir.

Que la jeunesse veuille bien se pénétrer de cette vérité que l'homme, que la femme, fussent-ils millionnaires, fussent-ils de haute naissance, s'ils ne sont pas bien élevés et instruits selon leur condition, sont dépourvus de mérite aux yeux de la société. Ce qui leur donne du mérite, c'est ce qu'ils sont par eux-mêmes, c'est la valeur personnelle. Or, on n'hérite pas de la valeur personnelle comme on hérite de l'argent. L'éducation et l'instruction peuvent seules faire un homme, une femme capables de remplir leur tâche en ce monde, et c'est à l'école qu'on peut acquérir les vertus que le monde admire et qu'il prise plus que la richesse : l'amour du travail et le désir d'être utile à ses semblables.

XII

LA PARESSE

D. Savez-vous bien ce que c'est que la paresse ?

R. La paresse est ce qui nous porte à nous dispenser de tout ce qui demande un peu d'action.

D. Quelles sont les fautes qui accompagnent habituellement la paresse ?

R. Ce sont les murmures, les colères, les révoltes, les injures.

D. Quels sont les résultats de la paresse ?

R. Ce sont l'ignorance, l'incapacité, les punitions pendant l'enfance, le mépris qui accueille l'ignorance et enfin la misère.

D. Peut-on se corriger de la paresse ?

R. Oui, par la réflexion et par la volonté.

D. L'écolier ou l'écolière paresseux est-il heureux ?

R. Il ne peut être heureux, car la vie d'un écolier paresseux, d'une écolière paresseuse, n'est qu'une lutte incessante contre ses maîtres, contre ses maîtresses, une lutte toujours suivie de punitions et de chagrins ?

D. L'écolier et l'écolière paresseux peuvent-ils parvenir dans les affaires ?

R. Non, ils restent toujours au dernier rang. Les paresseux, n'apprenant pas leurs leçons de manière à en profiter et faisant à la hâte leurs devoirs, ne sauraient réussir ; leur vie d'enfant est une vie insupportable à eux-mêmes et à leurs professeurs.

D. Ne serait-il pas plus sage d'en finir une bonne fois avec la paresse?

R. Ce serait une bonne résolution, car on sait toujours le meilleur gré à l'élève faible ou inintelligent qui s'efforce de contenter le maître, la maîtresse, chacun l'encourage; ses professeurs lui viennent en aide, ses parents l'aiment davantage et il devient heureux en cessant d'être indolent.

La paresse est une sorte de mépris du devoir, une sorte d'éloignement pour le travail, qui amènent nécessairement une sorte d'engourdissement intellectuel. Or, ceux qui se dispensent d'obéir au devoir, de se soumettre au travail, se préparent une existence malheureuse. En grandissant, ils deviennent les parias de la société; leur existence se termine par l'indigence, sous sa plus hideuse forme ou par la mort prématurée.

Méprisons donc profondément le paresseux, la paresseuse; celui ou celle qui, en état de travailler, ne travaille pas, s'établit et s'installe avec lâcheté dans les rangs pourris de la misère, considérons-le comme un être inutile, de triste exemple, déjà dégradé, n'ayant aucun sentiment de la mission sociale ni de la solidarité humaine.

Ne vous laissez jamais aller à la paresse,
Faites tous vos devoirs avec la même ardeur;
Le dégoût suit toujours l'indolente mollesse,
La peine surmontée augmente le bonheur. (X...)

XIII

LA RÉCOMPENSE DU TRAVAIL

La récompense est une marque d'honneur accordée aux élèves en témoignage de leurs progrès dans l'éducation et dans l'instruction.

Il y a aussi des récompenses d'encouragement pour les élèves qui s'en rendent dignes par leurs efforts à s'élever et à s'instruire. Elles excitent l'émulation.

L'émulation est un sentiment qui nous porte à reconnaître dans nos semblables les bonnes qualités qui les distinguent et à les prendre pour nos guides et nos modèles.

D. N'avez-vous jamais goûté le bonheur de réussir dans une composition ?

R. Oui, et cela nous a rendus bien heureux.

D. Que vous ont dit vos parents lorsque vous leur avez apporté de bonnes notes et quand vous avez obtenu de bonnes places ?

R. Ils ont été satisfaits, ils nous ont embrassés avec plus de tendresse que jamais, et nous avons vu des larmes dans leurs yeux.

D. N'est-ce rien que ces joies, que ces embrassements du père et de la mère ; et ne ferez-vous pas tout pour le bonheur de vos parents ?

R. Oui, oui, nous penserons à nos parents pour être raisonnables ; nous dirons : Papa, maman travaillent, pourquoi donc ne travaillerions-nous pas ?

D. Et pour vous maintenir dans cette résolution que ferez-vous ?

R. Nous dirons : Arrière la paresse, l'étourderie, il faut de l'attention, du courage, de la persévérance pour arriver ; eh bien, nous en aurons, et nos parents seront fiers de nous. Leur joie sera la première récompense de nos efforts.

XIV

LES PUNITIONS DE L'ÉCOLE

La punition est un châtiment qu'on inflige à un élève qui a failli à ses devoirs. Elle est utile, mais elle doit être juste et exécutoire, — être infligée avec dignité pour être efficace, et n'avoir d'autre but que de moraliser et de rendre meilleur.

D. Quelles sont les punitions de l'école ?

R. Ce sont les pensums, la retenue, la privation de sortie, l'exclusion temporaire et définitive.

D. Qu'est-ce qu'un pensum?

R. C'est un surcroît de travail pour l'élève qui l'a mérité.

D. Qu'est-ce que la retenue?

R. La privation des jeux pendant la récréation.

D. Que fait-on dans la récréation?

R. On joue, on s'amuse.

D. La récréation est-elle utile?

R. Oui, le corps a besoin de mouvement, la tête a besoin de repos.

D. Si vous êtes en retenue, à qui la faute?

R. A nous qui n'avons pas su nos leçons, qui avons mal fait ou omis de faire nos devoirs, ou qui nous sommes mal conduits.

D. Qu'est-ce que la privation de sortie?

R. C'est être consigné à l'école au lieu d'aller chez ses parents.

D. Est-ce qu'il y a des élèves assez étourdis, assez indifférents pour sacrifier le bonheur de voir leurs parents, et préférer le mal à la chose si naturelle de bien travailler et de se bien conduire?

R. Oui, malheureusement.

D. N'est-il pas vrai que trop souvent, en pareil cas, le mauvais ou la mauvaise élève, se montre affecté de sa punition, mais se préoccupe fort peu du chagrin de ses parents?

R. Cela est vrai. Cependant nos parents sont bien affligés, bien tristes; qui sait même si nos mères si bonnes, si tendres, ne pleurent pas?

D. Quel temps énorme perdu ainsi durant ces courtes années que vous passez à vous instruire!

R. Oui, vous avez raison, car les punitions occasionnent toujours une perte de temps. Avant que nous soyons apaisés, avant que nous ayons reconnu nos fautes, pris de meilleures resolutions, notre esprit fatigué, irrité, est incapable d'un travail sérieux.

D. N'est-il pas honteux de troubler une classe et de tenir tête à un maître, à une maîtresse?

R. Nous le reconnaissons, nous ne devons pas perdre ainsi le temps précieux des études; nous devons nous soumettre sans murmure. Lorsque nous sommes punis, ce n'est pas la faute de nos professeurs, c'est bien la nôtre.

Oui, chers élèves, c'est bien votre faute, et, s'il vous arrive de vous révolter contre une punition méritée, vous commettez un acte d'étourderie. La réflexion rend docile; elle nous fait comprendre que la punition est un moyen de corriger nos défauts, et vous devez être d'autant plus reconnaissants que l'on ne vous inflige qu'un léger surcroît de travail, la privation du jeu et de sortie, tandis que de pauvres enfants, hors de l'école, sont traités avec moins de bienveillance. Peut-être est-ce bien nécessaire, car celui ou celle qui ne sait se soumettre à la raison mérite qu'on lui applique un régime sévère, un traitement énergique.

XV

LA SOUMISSION AUX RÉPRIMANDES

Voici une jeune fille de dix ans qui vient d'escalader une fenêtre du rez-de-chaussée pour éviter d'être atteinte par une de ses amies; une maîtresse l'a vue et l'appelle afin de lui faire sentir le danger de sauter par une fenêtre et l'inconvenance de son escalade. Vous pensez que cette jeune fille va tout de suite convenir de son tort et dire : « J'ai tort, excusez-moi, je comprends quelle est ma faute et je vous promets de ne plus recommencer. » Mais il n'en est pas ainsi : mademoiselle fait la moue, répond tout bas et murmure. Comment donc, elle voudrait une récompense ! Naturellement la réprimande s'aggrave; alors les impertinences arrivent, la lutte s'engage entre elle et ses supérieures, et ce qui d'abord n'était qu'une espièglerie est devenu une faute des plus sérieuses.

Et voilà, du petit au grand, comment naissent, s'accroissent et grandissent toutes les difficultés de la vie.

D. Ne vaudrait-il pas mieux avouer vos torts et vous efforcer de les réparer plutôt que de les nier?

R. Ce serait plus conforme à la raison, car en les niant avec ténacité, nous rendons la réprimande plus nécessaire encore et inévitable.

D. Vous y ajoutez peut-être aussi une mauvaise humeur?

R. Oui, il nous arrive de prendre un air fâché, de répondre mal et de commettre une seconde faute qui aggrave la première.

D. On ne peut mieux manifester son insoumission. Qui vous conseille cette conduite?

R. L'orgueil, l'amour-propre mal placé agissant sur nous, nous font faire sottise sur sottise.

D. Et vous ne faites aucun effort pour combattre et vaincre ces deux ennemis de votre bonheur?

R. Ils sont si forts et notre volonté est si faible ! Cependant, avec la soumission, de bonnes et gentilles paroles de regret et d'excuse, nous pourrions nous affranchir de leur funeste influence.

Qu'on examine avec sang-froid ce que sont en réalité les scènes qui trop souvent troublent l'intérieur des familles et quelles causes détruisent le bonheur, on trouvera que ce sont des fautes légères, sans conséquence. Tout cela passerait vite, passerait sans laisser de traces, si l'on avait un peu de raison et de sang-froid.

A tous ces maux il n'est qu'un remède : convenir de ses torts, en avoir du regret. N'ayez donc pas, chers élèves, la sotte vanité qui s'obstine dans l'erreur et qui craint de s'avouer coupable, — ayez l'esprit droit pour reconnaître vos torts, le cœur assez haut pour demander pardon sans fausse honte.

XVI

LES LIVRES. — L'ÉLOQUENCE

Rentrés chez vos parents, après les heures d'études et de récréation, beaucoup d'entre vous, chers élèves, font la lecture.

Nous voulons bien croire qu'avant d'ouvrir un livre, une brochure, un imprimé quelconque, vous avez reçu l'autorisation de vos parents, ou de vos maîtres et maîtresses, de vous livrer à cette lecture. Vous seriez répréhensibles à vos âges d'en agir autrement.

Retenez bien cette vérité : pour remplir leurs devoirs envers vous, vos parents, vos maîtres et maîtresses doivent éloigner de vous tous les périls; si un puits existe, on le couvre avec soin; si un fossé ferme une habitation, une barrière est établie; on veille sur vos jours avec une sollicitude incessante; on éloigne de votre portée le poison, la poudre, toutes les choses dangereuses. Eh bien, un mauvais livre est aussi dangereux, sinon plus, à lui seul, que toutes ces choses réunies, car un mauvais livre, brochure ou imprimé, vous ôtera vos croyances religieuses, détruira tout ce qu'il y a en vous de courage, d'amour du bien, d'innocence et de candeur, vertus si charmantes de la jeunesse et de l'adolescence.

Il est encore un autre danger à éviter, c'est l'influence immédiate, irréfléchie de l'éloquence.

L'éloquence, c'est l'art d'émouvoir, de plaire et de faire passer dans ceux qui nous écoutent et nous lisent les sentiments dont nous sommes pénétrés, mais dont nous voulons les bien pénétrer.

C'est un art périlleux en un sens pour la jeunesse, si facilement impressionnable, et parfois elle ne saurait trop se garantir contre son influence et le prestige des personnalités.

Ainsi, chers élèves, réfléchissez longuement avant de vous laisser séduire par des écrits et des discours bien ordonnés, mais dépourvus d'idées saines et sans enseignement moral; de ces écrits, de ces discours qui faussent le jugement, emplissent l'imagination de chimères, sèment souvent dans le cœur de mauvais sentiments, exaltent l'esprit et l'éloignent du sens réel de la vie et altèrent la netteté de la perception.

XVII

L'INSTRUCTION A L'ÉTRANGER

D. Croyez-vous, chers élèves, que ce soit l'étendue du territoire qui marque le rang des nations?

R. Non, c'est le degré d'instruction : ce sont les sciences, les lettres, les arts, l'industrie, le commerce et aussi la civilisation qui donnent le premier rang aux nations.

D. Quel est le rang que la France occupe parmi les nations?

R. Notre civilisation, notre littérature, nos sciences, les arts et l'industrie nous placent à la tête des peuples, c'est là le rang de la France, comme sa destinée et sa gloire. Mais au point de vue de l'instruction primaire nous n'occupons que le cinquième rang.

D. Quels sont les pays où cette instruction est le plus répandue?

R. Ce sont la Suède et Norwège, la Suisse, l'Allemagne, les États-Unis.

D. Ne voit-on pas un grand mouvement se produire en France pour l'instruction du peuple?

R. Oui, ce grand mouvement, plus particulièrement accentué depuis 1850, se continue avec succès. (V. p. 136.)

D. L'instruction est-elle un moyen de civilisation?

R. C'est l'excellent moyen, le seul avec l'éducation et la religion, capable d'épurer l'intelligence, de faire luire l'ordre, le progrès des mœurs et le respect des lois.

D. Que vous reste-t-il à faire?

R. Nous devons redoubler d'efforts et faire de nouveaux progrès dans l'éducation et l'instruction afin de nous élever au premier rang dans le monde.

C'est assurément ce que vous allez vous appliquer à faire, et vos progrès justifieront bientôt vos espérances.

XVIII

AIMER L'ÉCOLE

D. Arrivés à ce point de vos études primaires, de votre éducation morale, vous avez déjà la connaissance des soins que l'on a pour vous et de la grande utilité de l'école?

R. Oui, nous reconnaissons avec quelle attentive sollicitude on nous élève, on nous instruit. Nos études sont variées, les récréations et les congés divisent la journée comme la semaine; les maîtres et maîtresses sont pour nous pleins d'indulgence et de dévouement.

D. Si nous en jugeons d'après votre satisfaction, vous devez mettre beaucoup d'empressement à vous rendre à l'école?

R. Cela devrait être, mais ce n'est pas général pourtant, sans que nous puissions en préciser la cause.

D. Nous allons vous la dire : C'est que l'école gêne vos goûts, — votre liberté; — elle réprime le laisser-aller, le sans-façon de la jeunesse; — elle châtie les défauts et en particulier la paresse en la forçant à étudier. Comprenez-vous maintenant la cause de votre peu d'empressement à vous rendre à l'école, et n'allez-vous pas réagir sur vous-mêmes pour la supprimer?

R. Nous combattrons avec énergie, avec l'assistance de nos maîtres et maîtresses et la surveillance de nos parents, cette tendance à préférer le jeu et notre liberté à l'étude.

D. Cette résolution suppose que vous croyez à l'utilité de l'école et à ses bienfaits?

R. Assurément, quoique le séjour de sept années nous semble un châtiment, un ennui, au moins pour beaucoup d'entre nous.

D. Comment un ennui, un châtiment? Vous devez vous repentir de prononcer ces mots?

R. Notre repentir est sincère. En effet, qui nous donnerait le savoir si ce n'est un séjour suffisant sur les bancs de l'école? qui ouvrirait notre intelligence, qui nous apprendrait à aimer Dieu, à chérir, à respecter nos parents sinon l'école? C'est encore à l'école que nous apprenons à lire, à écrire, à compter; que nous allons apprendre les règles de la grammaire française, l'histoire, la géographie, le dessin. Enfin, c'est l'école qui nous révèle les mystères de la nature et qui nous ouvre les perspectives d'un avenir heureux.

Cependant vous soupirez en étourdis après le jour où vous sortirez de l'école pour faire votre entrée dans le monde, objet de votre convoitise, pour occuper une place modeste dans le milieu où vous êtes nés. Mais songez-y, le monde est dur, oublieux, cruel et moqueur, il exigera de vous de grands efforts et un solide bagage d'études et de courage. A ce sujet, interrogez vos parents, les vieillards et tous ceux qui ont acquis quelque expérience de la vie, ils vous diront d'aimer l'école et surtout de bien profiter de son enseignement. Ils vous diront que c'est une mère éclairée et vigilante qui accueille, abrite, élève l'enfance; c'est le mentor qui forme la jeunesse à la vertu, à la sagesse, et qui la prépare à occuper dans la société un rang digne de son mérite.

Oui, chers élèves, aimez l'école. C'est par l'enseignement de l'éducation qu'on élève l'âme de la nation, qu'on y développe les idées de justice, de moralité, de droiture, de bienveillance et de patriotisme.

C'est par l'école qu'on élève les sentiments du cœur qui préservent l'esprit des utopies qui pervertissent tout ce qu'il y a de noble dans l'homme.

C'est par l'école qu'on pourvoit l'esprit, qu'on active l'intelligence et qu'on acquiert un contingent de vigueur, de génie ou d'héroïsme.

Aimer l'école, c'est par-dessus tout s'aimer soi-même, aimer son pays.

A vous, génération nouvelle, à donner l'exemple de ce

suprême perfectionnement moral, et bientôt le peuple, un instant brutalement vaincu, se relèvera vainqueur du monde par la civilisation.

Apprends avec fierté ta langue maternelle,
    Musique aux sons harmonieux,
Plus riche que toute autre, enfant, presque aussi belle
    Qu'autrefois la langue des dieux.
Partout on la comprend, du Tibre jusqu'à l'Ebre,
    De la Néva jusqu'à l'Escaut;
Pas de rive inconnue ou de plage célèbre
    Dont elle n'ait frappé l'écho.
Hélas ! hier encore, des cohortes sauvages
    Chez nous l'ont parlée en nommant
Les monts et les ruisseaux, la plaine et les villages.
. . . .

(TAILHAND.)

XIX

DEVOIRS DES ÉLÈVES ENVERS LEURS MAÎTRES ET MAÎTRESSES

L'élève peut être comparé à un jeune arbrisseau, comme lui il a besoin d'un tuteur pour le maintenir ferme et droit dans la vérité, dans la vertu. Le tuteur de l'élève est dans sa famille son père et sa mère, à leur défaut un parent, un tuteur datif s'il est orphelin. Dans l'école des garçons c'est l'instituteur, et l'institutrice dans l'école des filles. Ce tuteur est aussi la discipline.

D. Dès les premières années de votre fréquentation à l'école et, particulièrement, quand vous êtes arrivés au point où vous en êtes de votre éducation, vous devez déjà avoir l'intelligence de vous faire une juste idée de ce que sont pour vous vos maîtres et maîtresses?

R. Nous comprenons parfaitement que l'instituteur et l'institutrice remplacent dans l'école notre père et notre mère; qu'ils forment notre cœur à la vertu, notre esprit à la raison.

D. Fort bien. Mais là ne s'arrête pas leur sollicitude.

R. Non, nous reconnaissons que leur existence est entièrement sacrifiée, ainsi que leur liberté, leur pensée même, à notre éducation et à notre instruction.

D. N'avez-vous que ces seuls souvenirs de leurs bienfaits?

R. Nous ne pouvons oublier que nous leur devons, en grande partie, tout ce que nous savons, et que, par leur enseignement, nous possédons un bien que personne ne pourra nous ravir.

D. Pourquoi, s'il en est réellement ainsi, l'instituteur et l'institutrice, qui exercent une influence si grande sur l'avenir de la jeunesse, sont-ils aussi peu considérés?

R. Parce que grands et petits, jeunes et vieux, tout le monde estime, admire ce qui fait du bruit, tout ce qui reluit, étincelle, resplendit, et que trop souvent la science, la vertu n'ont que la pauvreté pour récompense.

D. Cela doit vous rappeler la fable de la Fontaine?

R. Oui, l'âne qui porte les reliques est plus sûr d'être adoré que le génie qui ne porte rien.

D. Trouvez-vous cette façon d'agir juste et raisonnable?

R. Non. Nous devons aimer nos maîtres et nos maîtresses, leur être soumis comme nous devons l'être envers notre père et notre mère qu'ils sont appelés à suppléer.

D. A quoi ce devoir vous oblige-t-il encore?

R. A reconnaître leur supériorité et à apprécier leur dévouement; cela n'est que juste puisque leurs efforts tendent à faire de nous des créatures raisonnables, instruites et bien élevées.

D. Est-ce assez de reconnaître le dévouement de vos maîtres et maîtresses, ne devez-vous pas leur en témoigner votre gratitude?

R. Nous ne manquons pas à ce devoir.

D. Oui, tant que vous suivez l'école. Mais ne vous semble-t-il pas que les élèves qui sont sortis de l'école avant vous s'affranchissent de cette obligation?

R. Ce serait mal à eux. Quant à nous, nous n'oublierons jamais ni leurs soins ni leur bienveillance paternelle et maternelle et nous leur en témoignerons partout, en toute occasion, notre gratitude respectueusement affectueuse.

Bien, chers élèves, maintenez-vous constants dans cette résolution d'honorer vos maîtres et maîtresses en souvenir de leurs bienfaits. N'oubliez jamais qu'entre eux et vous se forme un lien créé par leur sollicitude et le dévouement le plus tendre à l'éveil et à la fécondité de vos facultés intellectuelles, à l'élévation de vos sentiments, et que ce lien doit être rendu indissoluble par votre persévérante gratitude.

XX

PRÉCEPTES

Nous ne croyons pas inutile de vous mettre sous les yeux les préceptes de Franklin et de vous engager à y fixer une attention intelligente à mesure que vous avancerez en âge : Vous ne perdrez pas votre temps.

« La paresse est semblable à la rouille, elle use plus promptement que le travail.

» Si vous aimez la vie, ne prodiguez pas le temps, car c'est l'étoffe dont la vie est faite.

» La paresse rend tout difficile, et le travail rend tout aisé.

» La paresse va si lentement que la pauvreté l'a bien vite attrapée.

» Un homme qui se couche de bonne heure et se lève matin devient bien portant, riche et sage.

» Celui qui vit d'espérance mourra de faim.

» Il n'y a point de profit sans peine.

» Si nous sommes laborieux nous ne mourrons pas de faim.

» La faim regarde la porte de l'homme qui travaille, mais n'ose pas y entrer.

» Le travail est le père du bonheur : Dieu donne à tous ceux qui s'occupent.

» Ne remettez jamais à demain ce que vous pouvez faire aujourd'hui.

» Avec de la patience une souris coupe un câble, et de petits coups répétés abattent de grands chênes; la goutte d'eau qui tombe constamment et goutte à goutte finit par creuser la pierre, c'est l'image de la *persévérance*.

» Si vous voulez que vos affaires se fassent, allez-y vous-même; si vous ne voulez pas qu'elles soient faites, envoyez-y.

» Si vous voulez avoir un serviteur fidèle et que vous aimiez, servez-vous vous-même.

» Prenez garde aux menues dépenses : une petite voie d'eau fait périr un grand navire.

» Si vous achetez ce qui est inutile, vous ne tarderez pas à vendre ce qui est nécessaire.

» Un laboureur sur ses pieds est plus grand qu'un gentilhomme à genoux.

» Quand le puits est à sec, on connaît le prix de l'eau.

» Voulez-vous apprendre ce que vaut l'argent? essayez d'en emprunter.

» Il est aussi fou au pauvre de vouloir singer le riche, qu'il l'est à la grenouille de s'enfler pour devenir l'égale du bœuf.

» Les grands vaisseaux peuvent se hasarder en pleine mer, mais les petits bateaux doivent se tenir près du rivage.

» L'orgueil déjeune avec l'abondance, dîne avec la pauvreté, soupe avec la honte.

» Les dettes portent le mensonge sur le dos.

» Couchez-vous sans souper plutôt que de vous lever avec des dettes.

» Tout le secret de gagner de l'argent est : 1° d'être constamment probe et laborieux; 2° de dépenser un sou de moins qu'on ne gagne.

» Le temps c'est de l'argent.

» Le goût des friandises conduit à la mendicité.

» Le chemin du cabaret est le chemin de l'hôpital. »

DEUXIÈME SECTION

DE L'INSTRUCTION CIVIQUE

I

NOTIONS ÉLÉMENTAIRES

Avant 1789, il y avait le roi; au-dessous du roi, l'aristocratie; au-dessous de l'aristocratie, la bourgeoisie; au-dessous de la bourgeoisie, les maîtres d'ateliers; au-dessous des maîtres d'ateliers, les compagnons.

La France était divisée en provinces qui avaient des lois propres, des institutions financières, judiciaires et ecclésiastiques sans harmonie entre elles.

Au midi, *pays de droit écrit,* c'est-à-dire ceux où le droit romain avait une autorité.

Au nord, *pays de droit coutumier,* c'est-à-dire ceux qui étaient régis par des coutumes locales.

Il y avait aussi les *pays d'états,* c'est-à-dire ceux qui avaient conservé le droit de régler leurs affaires et de voter les contributions qu'ils s'imposaient.

Et encore les *pays d'élection*, ceux-ci étaient soumis à la taxe répartie par les élus, délégués royaux, ainsi nommés parce qu'ils étaient choisis par les commissaires des états.

Enfin les *provinces d'imposition*, où l'intendant de la province procédait seul à la répartition de l'impôt.

Les *autorités* chargées de rendre la justice étaient : les sénéchaussées, les bailliages, les justices seigneuriales, les parlements.

Sénéchaussée était la juridiction d'un sénéchal, grand officier de la couronne.

Le *bailliage* était un tribunal composé de juges qui rendaient la justice au nom du bailli ou avec le bailli.

Le *parlement* ou cour souveraine de justice, connaissant directement des affaires qui lui étaient attribuées, et, par appel, des jugements des bailliages et sénéchaussées et autres juridictions de son ressort. Les édits, les déclarations, les lettres-patentes et autres ordonnances du roi s'enregistraient au parlement.

Il y avait des corporations, des jurandes et des maîtrises.

Corporation, c'est-à-dire association de commerçants ou d'industriels dont les membres sont unis entre eux par les mêmes droits, les mêmes devoirs. Le principal inconvénient des corporations était le monopole dont elles jouissaient. Un petit nombre de privilégiés avaient seuls le droit d'exercer un métier. Toute concurrence était ainsi annulée, l'intérêt général sacrifié à l'intérêt particulier, les progrès de l'industrie arrêtés par un esprit de jalousie et de persécution à l'égard des découvertes nouvelles.

La *jurande* était une charge de juré d'un métier. Ce juré était préposé pour faire observer les statuts et règlements de son métier.

La *maîtrise* était une qualité de maître dans les arts et métiers.

Les *roturiers* (on appelait roturier l'homme qui n'était pas noble) supportaient seuls l'impôt de la taille établi sur leurs biens et leurs revenus, payaient la dîme et étaient astreints aux corvées publiques pour le service du souverain, et aux corvées particulières pour le service du seigneur.

La *taille* était une imposition de deniers, temporaire et de circonstance, mise par le souverain sur ses sujets et destinée à ses propres besoins et à ceux de l'État.

La *dîme* était le prélèvement d'abord d'un dixième, puis réduit au vingtième et même au trentième des produits agricoles et industriels, au profit du clergé régulier et séculier et des seigneurs. Dans le principe, ce prélèvement était d'une gerbe sur dix, plus tard il n'était plus que d'une gerbe sur vingt, une gerbe sur trente.

La *corvée* était un service de corps ou travail effectué au moyen de charrois et bêtes de somme, au jour fixé par le seigneur, soit pour droit de justice, soit pour droit de fief, pour l'entretien et la réparation des routes.

Seigneur, titre que l'on donnait autrefois au possesseur d'un fief et qui indiquait sa supériorité sur les personnes et les propriétés relevant de sa seigneurie.

Fief était une terre seigneuriale.

A l'origine des sociétés il devint nécessaire de confier l'administration de la justice, du gouvernement et la conduite des armées à des hommes qui, par leur intégrité, leur sagesse et leur bravoure, s'étaient placés au-dessus de la masse commune et, par conséquent, s'étaient rendus dignes d'être les chefs de ceux qui avaient été leurs égaux.

Il se forma donc, chez toutes les nations policées, une classe première qui constitua les notables et servit de souche à ce que l'on appela depuis la *noblesse*.

La noblesse. — Ce titre de noblesse était concédé, en France, par le souverain, en récompense, soit pour faits de guerre, soit pour services rendus dans la haute magistrature, soit pour tous autres services éminents rendus à l'État.

Les principales prérogatives de la noblesse étaient la jouissance des droits seigneuriaux, plus ou moins étendus dans les fiefs qu'elle possédait, — le droit d'avoir un sceau, — de porter des armes, — d'approcher plus facilement la personne du prince, — et d'être exempte des charges publiques ordinaires, mais elle avait aussi les siennes.

La noblesse était astreinte, vis-à-vis du prince, à des services matériels comme le service militaire, la justice; ou à des obligations morales : le dévouement, la foi au prince. En temps de guerre, elle combattait en personne presque seule. Pas un champ de bataille qu'elle n'ait arrosé de son sang, pas une victoire ou une défaite, qu'elle n'ait illustrée par l'éclat de ses talents et de sa bravoure. Elle contribuait aussi de sa fortune par une rétribution volontaire ou imposée, à titre de subside, par le prince. Ainsi, ce qu'elle recevait des roturiers était généreusement offert au prince qui en disposait suivant ses besoins.

L'*Eglise* entretenait et pratiquait le goût des lettres, des sciences et des arts. C'est d'elle que sont sortis ces merveilleux manuscrits, chefs-d'œuvre de patience et de goût qui font aujourd'hui encore notre admiration. C'est en grande partie à ses infatigables recherches que l'histoire de notre pays doit d'être mieux connue et mieux comprise. Et c'est encore à son influence que l'on a dû la conservation de son agriculture et de son industrie. Elle faisait un noble usage de ses richesses en créant et soutenant de ses deniers de nombreux établissements de bienfaisance où étaient recueillis et soignés les malades, les infirmes et les vieillards, et qui étaient aussi ouverts au soulagement de l'indigence; elle enseignait gratuitement l'instruction aux enfants et sollicitait qu'on lui ouvrît des écoles, au moins une par paroisse, quand elle était impuissante à y pourvoir; elle prêchait la morale religieuse; en résumé, elle travaillait de la plume, de la parole et de l'outil, continuant par ce multiple labeur les traditions du travail, de la civilisation et de la charité.

Ce passé, l'histoire de France vous le redira, chers élèves, dans tous ses détails. Elle vous apprendra aussi que toute l'Europe s'est instruite à nos écoles et pénétrée de notre esprit, — que la France avait mérité d'être appelée le soldat de Dieu, — que jusqu'au fond de l'Orient le nom français avait été l'orgueil et la protection de tous les chrétiens et qu'une longue série de grands princes avait établi la primauté de notre pays en Europe.

Les changements successifs dans la politique du gouvernement avaient déjà modifié sensiblement cet état de choses lorsqu'est survenue la révolution de 1789.

La révolution de 1789 a été un événement mémorable en France. L'histoire vous fera connaître ses transformations gouvernementales, ses succès et ses revers, ses traditions de gloire et d'amertume, l'héroïque conduite et le patriotisme de nos pères, leurs défaillances, les crimes même, et la marche de la civilisation.

Ce fut une révolution sociale qui devait remuer hommes et choses, institutions et propriétés, changer l'esprit et le caractère de la nation. Voici très succinctement les principales réformes accomplies :

Dans l'ordre politique : la royauté absolue est abolie, ainsi que la féodalité et les seigneuries.

Dans l'ordre social : la noblesse et le clergé sont détruits comme ordres privilégiés. Il n'y a plus de nobles, d'ecclésiastiques, de roturiers formant des classes distinctes dans la société ; il n'y a partout que des citoyens égaux devant la loi, admissibles à tous les emplois civils et militaires, libres dans leurs personnes et libres dans leurs biens.

Dans l'ordre religieux : liberté de culte. Les protestants et les juifs sont admis à jouir de tous leurs droits civils et politiques.

Dans l'ordre financier : abolition des impôts de l'ancien régime qui sont remplacés par une contribution mobilière et une contribution foncière auxquelles tous les citoyens sont astreints, par des prestations ou redevances qui se payent en argent ou en nature et par la patente imposée aux commerçants.

Dans l'ordre judiciaire : suppression des parlements, des justices seigneuriales, des bailliages, des sénéchaussées.

Ces suppressions sont remplacées par l'institution, dans chaque canton, d'un tribunal de paix ; — dans chaque arrondissement, d'un tribunal civil ; — dans chaque département, d'un tribunal criminel ou jury, — de plusieurs cours d'appel ; — et, pour toute la France, d'un tribunal de cassation. Enfin, unité de coutumes et des lois dans un code uniforme.

Dans l'ordre intellectuel : le projet d'un vaste système d'instruction populaire en voie d'exécution.

Dans l'ordre économique : liberté du travail par la destruction des corporations, des jurandes et des maîtrises.

La liberté du commerce se trouve, par ces suppressions, délivrée de toute entrave.

L'homme était un sujet, les conséquences successives de la révolution en ont fait un citoyen. Les privilèges détruits, ce citoyen vit par le droit.

II

§ 1er. — *Droit public.*

Le droit public se résume dans les rapports entre les citoyens et les autorités, entre les gouvernés et les gouvernants d'un même pays et dans l'exercice des droits concédés et réglés par les lois de ce pays.

La conquête de 1789 nous a valu et nous assure l'*unité nationale* ayant pour tous la même langue, une même législation, une même administration et un même esprit national.

L'*égalité* pour tous les hommes devant la loi, l'admission à toutes les dignités, places et emplois publics, selon leur capacité et sans autre distinction que celles de leurs vertus et de leurs talents.

La *liberté individuelle* est assurée, comme un droit naturel, à tous ceux qui ne contreviennent pas aux lois existantes. C'est la plus grande des libertés parce que de celle-là sortent toutes les autres.

Les *contributions*, pour l'entretien de la force publique et pour les dépenses d'administration, sont votées par tous les citoyens, elles leur sont communes et réparties entre eux en raison de leurs facultés.

Le *travail* et l'*industrie* sont affranchis des privilèges que pouvaient exercer certains métiers et du monopole dont jouissaient les corporations. La concurrence est devenue l'âme du commerce.

Le domicile est inviolable, c'est une conséquence de la liberté individuelle. Il y a pourtant des exceptions : pendant la nuit, nul n'a le droit d'y entrer que pour le cas d'incendie, d'inondation ou de réclamation faite de l'intérieur de la maison ; — pendant le jour, l'inviolabilité du domicile reçoit des exceptions plus nombreuses, motivées pour la plupart sur la nécessité de la poursuite des crimes et délits.

La *propriété* jouit également de l'inviolabilité, et il n'y a d'exception que pour celle dont la nécessité publique, légalement constatée, exigerait le sacrifice sous la condition d'une juste et préalable indemnité.

La *justice* est rendue gratuitement.

L'*instruction primaire* est obligatoire; elle est gratuite pour les indigents.

§ 2. — *Code civil.*

ARTICLE PREMIER. — NATIONALITÉ

Etat, nation. — L'État est un peuple constitué en corps de nation vivant sous les mêmes lois, en communauté de mœurs et de langage. En France, l'État c'est la nation organisée en gouvernement.

Acquisition de la qualité de Français par la naissance. — Sont Français par la naissance : l'enfant né d'un Français soit en France, soit en pays étranger, — l'enfant né en France d'un étranger qui lui-même y est né, — l'enfant né en France de père et de mère inconnus.

Acquisition de la qualité de Français postérieurement à la naissance. — L'étranger peut devenir Français, savoir : par l'adjonction à la France d'un territoire étranger, — par la naturalisation, — par suite des dispositions relatives aux enfants nés en France d'un étranger et aux enfants nés en pays étranger de l'étranger naturalisé Français, — par suite des dispositions relatives aux enfants nés à l'étranger ou en France d'un Français ayant perdu la qualité de Français, — par le mariage d'une femme étrangère avec un Français.

Perte de la qualité de Français. — La qualité de Français se perd : par le démembrement du territoire français, — par la naturalisation acquise en pays étranger, — par l'acceptation, non autorisée, de fonctions publiques conférées par un gouvernement étranger, — par tout établissement fait en pays étranger sans esprit de retour, — par l'acceptation, sans l'autorisation, du service militaire chez l'étranger, ou l'affiliation, sans autorisation, à une corporation militaire étrangère, — par le mariage d'une femme française avec un étranger.

Comment on recouvre la qualité de Français. — Le Français qui a perdu la qualité de Français peut toujours la recouvrer en remplissant trois conditions, savoir : en rentrant en France avec l'autorisation du chef de l'État, — en déclarant qu'il veut s'y fixer, — en déclarant qu'il renonce à toute distinction contraire à la loi française, notamment aux fonctions ou titres dont il serait revêtu en pays étranger, et qu'il ne pourrait pas conserver comme Français. — La femme, à qui son mariage avec un étranger a fait perdre la qualité de Française, la recouvre si elle devient veuve, pourvu qu'elle réside en France au moment de la dissolution du mariage, ou, si elle n'y réside pas, en y rentrant avec l'autorisation du chef de l'État et en déclarant qu'elle veut s'y fixer. — Le Français qui, sans l'autorisation du chef de l'Etat, a pris du service militaire à l'étranger, ou s'est affilié à une corporation militaire étrangère, et qui, par l'un de ces deux motifs, a perdu la qualité de Français, ne peut la recouvrer qu'en remplissant les conditions imposées à l'étranger pour obtenir la naturalisation, c'est-à-dire en obtenant, après l'âge de vingt et un ans accomplis, l'autorisation du chef de l'État d'établir son domicile en France, et en y résidant pendant trois ans, à partir du jour où la demande d'autorisation a été enregistrée au ministère de la justice.

De la condition des étrangers en France. — Les étrangers ne jouissent pas des droits politiques, c'est-à-dire des droits qui consistent dans la participation des citoyens à l'exercice de la puissance publique; ils ne peuvent donc remplir aucune fonction publique.

ARTICLE 2. — ÉTAT CIVIL

L'état civil est la position d'un individu dans la société comme Français ou étranger et comme membre de telle ou telle famille. On appelle acte de l'état civil l'écrit qui constate l'état civil. Les trois grands faits de notre existence sont la naissance, le mariage et la mort. De là trois espèces principales d'actes de l'état civil, à savoir :

les actes de naissance, les actes de mariage et les actes de décès. La tenue des actes de l'état civil est confiée aux maires sous la surveillance du procureur de la république.

ARTICLE 3. — MAJORITÉ, MINORITÉ

La majorité est fixée à vingt et un ans accomplis ; à cet âge on est capable de tous les actes de la vie civile. Cette règle souffre les exceptions suivantes : 1° relativement au mariage, la minorité se prolonge en ce cas jusqu'à vingt-cinq ans ; 2° lorsqu'il s'agit d'adoption, le fils et la fille ne peuvent, avant l'âge de vingt-cinq ans, être adoptés sans le consentement de leurs parents.

Le mineur est l'individu de l'un et de l'autre sexe qui n'a pas encore vingt et un ans accomplis. Pendant sa minorité il est privé de la capacité nécessaire pour les actes de la vie civile, en ce sens qu'il ne peut faire ces actes qu'avec l'assistance d'un tiers. Tant que dure le mariage de ses père et mère, le mineur non émancipé est soumis à la puissance paternelle. En vertu de cette puissance, le père est l'administrateur légal des biens du mineur; il n'y a point là de tutelle. Au décès de l'un des époux, le mineur non émancipé est soumis à l'autorité d'un tuteur, qui est le survivant des père et mère, autorité qui concourt avec celle qui résulte de la puissance paternelle.

ARTICLE 4. — TUTELLE

La tutelle est une charge donnant le droit d'administrer la personne et les biens d'un incapable : le mineur ou l'interdit. Cette charge est créée dans l'intérêt général, et il n'est pas permis de s'y soustraire sans excuse légale.

ARTICLE 5. — ÉMANCIPATION

L'émancipation est un acte légal, qui donne au mineur la faculté d'administrer sa personne et ses biens en se conformant à la loi.

L'émancipation peut être accordée par le père, ou, à défaut du père, par la mère, à l'enfant qui a atteint l'âge de quinze ans révolus. Elle peut aussi être accordée, par le conseil de famille, à l'enfant resté sans père ni mère, si le conseil l'en juge capable, mais seulement à l'âge de dix-huit ans révolus.

Le mineur émancipé est assisté d'un curateur nommé par le conseil de famille. Toutefois le père, ou, à défaut du père, la mère, devient de plein droit curateur de l'enfant qu'il a émancipé.

Tant que le mineur est soumis à la tutelle, c'est le tuteur qui agit en son nom de tuteur; au contraire, le mineur émancipé agit en son propre nom. Le curateur conseille et n'administre pas.

ARTICLE 6. — MARIAGE

Le mariage est la société de deux âmes qui s'unissent et se donnent sans réserve l'une à l'autre, afin de se soutenir dans l'accomplissement du devoir et de se perfectionner dans la vertu.

Dans le mariage, tous les sentiments des époux sont plus vifs, toutes leurs joies agrandies, leurs chagrins seuls diminuent. S'ils sont intelligents, ils le deviennent davantage. S'ils sont honnêtes, ils deviennent meilleurs par l'étroit rapprochement, par l'échange continuel, par l'émulation tendre, par le désir de ne pas déchoir dans l'estime mutuelle; s'appuyant et se fortifiant l'un l'autre pour se maintenir à la fois le cœur haut, le goût pur, pour mettre en commun leurs croyances, pour penser quelquefois ensemble à Dieu, pour y croire et le prier!

Le mariage est l'union légitime indissoluble de l'homme et de la femme, le contrat le plus important de la vie civile, soumis, chez la plupart des nations civilisées de l'Europe, surtout en France, à des formalités destinées à assurer le sort irrévocable de la famille.

La loi, se fondant sur des observations les plus générales, eu égard au climat que nous habitons, a décidé que l'homme, avant dix-huit ans, et la femme, avant quinze ans révolus, ne pourraient contracter mariage.

Outre leur consentement réciproque à cet acte, les futurs époux doivent justifier :

1° Du consentement de leur père et de leur mère, et, si ceux-ci sont morts ou dans l'impossibilité de manifester leur volonté, les aïeuls et aïeules les remplacent ;

2° Et de l'accomplissement des formalités légales relatives au mariage.

La formalité légale est accomplie publiquement devant l'officier de l'état civil, le maire ou son délégué, du domicile de l'un des époux.

Le mariage est célébré publiquement à l'église. C'est un acte solennel, où l'autorité religieuse consacre, au nom et par l'autorité de Dieu, d'une manière extérieure et sensible, l'union des époux.

Le mari est le chef de la famille. Il a d'ordinaire la prépondérance qu'il doit à son expérience, à la culture de son intelligence et au privilège de sa raison virile. Il doit protection à sa femme.

La femme doit à son mari l'obéissance, elle doit le suivre dans le domicile qu'il s'est choisi. Elle a le gouvernement domestique de sa maison, mais elle ne peut donner, aliéner, acquérir à titre gratuit ou onéreux, sans l'autorisation de son mari.

Les époux se doivent mutuellement fidélité, secours, assistance, et tous deux ont la même autorité sur leurs enfants, les mêmes devoirs dans l'enseignement de leur éducation.

(Voy. *Ce que se propose l'éducation*, p. 1).

ARTICLE 7. — INTERDICTION

L'interdiction est l'état de celui qui est privé de l'administration de sa personne et de ses biens.

La loi a pris soin de l'homme privé de ses facultés intellectuelles, comme elle a pris soin du mineur. Le premier, plus encore que le second, a besoin d'appui; car, chez le second, il est à présumer que les défauts de jeunesse s'affaibliront de jour en jour et que les progrès de la raison suivront ceux de l'âge.

Il est rare, au contraire, que le majeur, dont l'intelligence est éteinte ou troublée, redevienne sain d'esprit et de jugement. Dans son intérêt donc, et dans celui de sa famille, la loi a dû lui enlever l'administration de sa personne et de ses biens, pour le protéger contre sa propre faiblesse et contre les embûches de la fraude.

ARTICLE 8. — CONSEIL JUDICIAIRE

Le conseil judiciaire est une personne nommée par le tribunal pour diriger le prodigue ou le faible d'esprit.

L'individu pourvu d'un conseil judiciaire ne peut ni plaider, ni transiger, ni emprunter, ni recevoir un capital et en donner décharge, ni aliéner, ni grever ses biens d'hypothèque sans l'assistance de son conseil.

Il ne peut non plus, sans l'assistance de son conseil, accepter une succession, car les conséquences de cette acceptation pourraient équivaloir à une aliénation ou à un emprunt.

Mais il peut, sans l'assistance de son conseil, librement administrer ses biens, recevoir ses revenus et en donner quittance, contracter mariage, tester et même accepter une donation.

III

DE L'ORGANISATION SOMMAIRE DU GOUVERNEMENT ET DE L'ADMINISTRATION PUBLIQUE

L'autorité est le premier besoin d'une société qui ne saurait vivre si personne ne gouvernait les volontés de chacun afin de les ramener toutes à l'unité et de les diriger avec ordre et sagesse vers le bien commun.

Quand cette autorité réside en un seul, le gouvernement est monarchique héréditaire.

On entend par monarchie héréditaire la forme du gouvernement où le chef de l'État est toujours le même homme; il succède à son père, lequel occupait le trône avant lui et il le transmet à son héritier sans secousse, sans bruit après sa mort.

Cette monarchie est constitutionnelle quand son pouvoir est tempéré par le concours de deux chambres, prenant chacune une certaine part dans l'exercice du gouvernement.

Le gouvernement est républicain quand il est présidé par un président élu pour une période déterminée. A l'expiration de cette période, le suffrage universel peut lui continuer ses pouvoirs ou les transmettre à un nouvel élu.

§ 1er. — *Du gouvernement.*

D. Qu'est-ce que le gouvernement?

R. On nomme gouvernement la réunion des autorités qui dirigent l'État.

D. Quelles sont, en France, ces autorités?

R. Pour l'exercice de la souveraineté nationale, il y a trois pouvoirs qui sont :

Le pouvoir exécutif,

Le pouvoir législatif,

Et le pouvoir judiciaire.

D. Avez-vous une idée exacte sur la nature de ces trois pouvoirs?

R. Oui.

D. Exprimez-la.

R. La puissance exécutive est celle qui donne aux lois la force d'exécution;

Le pouvoir législatif consiste à délibérer et à voter les lois et le budget de l'État.

Le pouvoir judiciaire assure et protège la liberté légale.

D. Par qui ces trois pouvoirs sont-ils exercés?

R. Le pouvoir exécutif est exercé par le chef de l'État;

Le pouvoir législatif s'exerce par deux assemblées : la Chambre des députés et le Sénat ;

Le pouvoir judiciaire est confié à des magistrats inamovibles.

D. Qui nomme ces autorités?

R. Le chef de l'État est nommé par le Sénat et la Chambre des députés réunis en assemblée générale.

Les sénateurs sont nommés :

Deux tiers par le suffrage universel restreint, et un tiers par les sénateurs eux-mêmes.

Les députés sont nommés par le suffrage universel.

Les magistrats de l'ordre judiciaire sont nommés par le chef de l'État.

D. Qu'est-ce que le suffrage universel?

R. C'est la faculté accordée à tout citoyen âgé de vingt et un ans accomplis, de jouir de ses droits civils et politiques, s'il n'en est empêché pour cause d'indignité, et de donner son concours personnel et direct à la nomination aux fonctions soumises aux suffrages de tous les citoyens, ce qui le rend électeur [1].

D. Qu'est-ce que le suffrage restreint?

R. Le suffrage est restreint quand l'électeur désigne la personne qui devra procéder au choix d'un représentant soumis à l'élection à deux degrés, au lieu de faire ce choix lui-même.

D. Comment met-on ce concours en action dans une élection?

R. Par l'appel fait aux électeurs de se réunir aux jour, heure et lieu indiqués pour prendre part au vote.

D. Qu'est-ce que le vote?

R. C'est d'abord le droit de chaque homme d'avoir sa part du suffrage, d'intelligence et de volonté dans le gouvernement.

D. Et ensuite?

R. C'est la déclaration qu'on fait de son sentiment, de

1. Il y a en France 10 300 000 électeurs inscrits et environ 6 800 000 votants.

sa volonté, de son suffrage au moyen d'un bulletin sur lequel on donne par écrit le nom du candidat de son choix.

D. Est-ce une obligation impérieuse pour tous les citoyens électeurs de remplir leur devoir électoral?

R. Assurément, et c'est un devoir pour eux de ne donner leurs suffrages qu'à des hommes intègres, d'un jugement droit, d'une capacité sérieuse, d'une honorabilité et d'une moralité notoires.

D. Ce devoir n'a-t-il pas plus d'étendue?

R. Oui. Le candidat doit être surtout bien résolu à défendre les intérêts du pays et sa sécurité; à assurer la prospérité de son agriculture, de son commerce et de son industrie.

D. N'a-t-il rien à faire respecter?

R. Il doit faire respecter la propriété, la famille et la religion qui sont les bases sur lesquelles s'appuie la société.

D. A côté de l'électeur il y a l'éligible. Qu'est-ce que l'éligible?

R. L'éligible est l'électeur qui peut être élu député, sénateur, etc.

D. A quel âge est-on éligible?

R. A vingt-cinq ans accomplis on peut être élu député; mais il faut être âgé de quarante ans accomplis pour se porter candidat au Sénat.

D. Quel est l'élu dans une élection?

R. C'est celui qui réunit sur son nom le plus grand nombre de suffrages.

D. Outre les sénateurs et les députés, quelles sont les fonctions publiques soumises au suffrage universel?

R. Ce sont celles de conseillers généraux, d'arrondissement et communaux.

D. Quel est actuellement en France le chef de l'Etat et du gouvernement et quelles sont ses attributions?

R. Le président de la république est actuellement le chef de l'État et du gouvernement. Il possède seul le pouvoir exécutif et il exerce la puissance législative collectivement avec le Sénat et la Chambre des députés. Il promulgue les lois lorsqu'elles ont été votées par les deux chambres. Il en surveille et assure l'exécution. Il choisit ses ministres, convoque et proroge le parlement, il signe les traités de paix, de commerce qu'il soumet ensuite aux chambres.

Il a le droit de faire grâce aux condamnés; les amnisties ne peuvent être accordées que par une loi.

Il dispose de la force armée. Il nomme à tous les emplois civils et militaires.

Les envoyés et les ambassadeurs sont accrédités auprès de lui; il a le droit de dissoudre, sur l'avis conforme du Sénat, la Chambre des députés, et de déclarer qu'il y a lieu de reviser les lois constitutionnelles.

Il préside aux solennités nationales.

D. Le président de la république gouverne-t-il seul?

R. Non, le gouvernement est confié à des ministres qui sont :

1° Le garde des sceaux, ministre secrétaire d'État au département de la justice;

2° Le ministre secrétaire d'État au département des affaires étrangères;

3° Le ministre secrétaire d'État au département de l'intérieur;

4° Le ministre secrétaire d'État au département des finances;

5° Le ministre secrétaire d'État au département de la guerre;

6° Le ministre secrétaire d'État au département de la marine;

7° Le ministre secrétaire d'État au département de l'instruction publique, des beaux-arts et des cultes;

8° Le ministre secrétaire d'État au département des travaux publics;

9° Le ministre secrétaire d'État au département de l'agriculture et du commerce;

10° Le ministre secrétaire d'État des postes et télégraphes.

D. Par qui les ministres sont-ils nommés?

R. Ils sont nommés par le chef de l'État.

D. Quel lien de solidarité existe-t-il entre les ministres ?

R. Les ministres sont solidairement responsables devant les chambres, de la politique générale du gouvernement, et individuellement de leurs actes personnels.

D. Ils ont donc des attributions personnelles?

R. Oui, chaque ministre a séparément l'administration de son département, dont les attributions sont définies sommairement par son titre.

D. N'y a-t-il pas une autorité chargée de la préparation des lois et règlements d'administration publique ?

R. Oui, il y a le conseil d'État qui a dans ses attributions la préparation des lois et règlements.

D. Sont-ce là ses seules attributions?

R. Il est encore chargé de résoudre les difficultés qui s'élèvent en matière administrative, de juger des appels du contentieux administratif et les appels comme d'abus, etc.

D. Quelle est l'autorité qui nomme à ces fonctions ?

R. Les conseillers d'État sont nommés par le chef de l'État.

D. Après le Conseil d'État que vient-il dans l'ordre de l'organisation gouvernementale ?

R. Après le Conseil d'État qui complète le gouvernement vient l'administration.

D. Est-ce qu'il y a une différence entre le gouvernement et l'administration?

R. Oui.

D. Faites-la connaître.

R. Le gouvernement ordonne et l'administration exécute ses ordres.

D. Quel est le point d'appui de ses ordres?

R. C'est la loi.

D. Y a-t-il plusieurs sortes de lois?

R. Oui, il y a deux sortes de lois ; la loi écrite et la loi morale.

D. Qu'est-ce que le loi morale?

R. La loi morale est celle qui impose à chacun, dans le secret de sa conscience, un devoir que nul ne le contraint à remplir, mais auquel il ne peut faillir sans se sentir coupable envers lui-même et envers Dieu. (Voy. *La morale*, page 21.)

D. Comment définissez-vous la loi écrite?

R. La loi écrite est une déclaration solennelle qui règle les droits et les devoirs, les intérêts et les rapports des citoyens entre eux et avec l'administration du pays et réciproquement.

D. Quel est son principe et sa sanction?

R. Elle a pour principe et pour sanction la notion de Dieu.

D. De qui est-elle l'œuvre et quelle est l'étendue de son pouvoir?

R. Elle est l'œuvre du temps et de la sagesse, la force du pays, la puissance d'un peuple et la sécurité de chaque citoyen.

D. Qui protège-t-elle?

R. Elle protège le faible contre le fort et l'innocent contre le coupable.

D. N'impose-t-elle pas des prescriptions obligatoires?

R. Oui, elle fixe un minimum de prescriptions que la société impose à tous ses membres sous des peines déterminées.

D. Doit-on obéir à cette loi?

R. Si elle est véritablement la loi, on lui doit une obéissance absolue.

La loi. — Son importance. — Autrefois, la loi était l'expression de la volonté du prince. Elle est aujourd'hui l'acte collectif du corps législatif, du sénat et du pouvoir exécutif. La vraie loi, celle qui mérite ce beau nom, s'affirme immuable et perpétuelle, car elle relève de principes supérieurs et permanents qui obligent la conscience humaine. Elle nous apparaît alors dans toute sa grandeur, puisqu'elle n'est rien moins que le code des devoirs de l'homme envers lui-même, envers ses semblables.

Les projets de lois émanent de l'initiative du gouvernement ou de l'initiative des députés ou des sénateurs.

Ces projets sont soumis à l'examen du Conseil d'État ou

à une commission parlementaire choisie parmi les députés ou les sénateurs et discutés à la Chambre des députés qui peut les rejeter ou les modifier et les adopter.

S'ils sont adoptés par la chambre, avec ou sans modification, on les envoie au sénat qui peut aussi les rejeter ou les adopter avec ou sans modification.

Quand les deux chambres ont adopté un projet de loi, les ministres le soumettent à la signature du chef de l'État et elle est ensuite promulguée, c'est-à-dire publiée. Cette promulgation donne à la loi la force d'exécution.

Faite pour tout le monde avec une égale équité, elle s'impose à tous avec une égale rigueur. Sa force prépondérante est essentiellement dans le respect et l'obéissance que l'on a pour elle, et la sécurité de la société repose principalement sur sa fidèle exécution.

Aussi, quand le patriotisme national, qui est l'âme du devoir commun à tout un peuple, s'incline profondément devant la majesté de la loi, — quand tous les citoyens, qui composent la nation, en comprennent l'esprit, la raison suprême et obéissent à ses volontés avec le sentiment de la conscience qui éclaire et fortifie la raison, — quand l'autorité qui a la haute mission d'en diriger et surveiller l'accomplissement jusque dans ses moindres détails, accomplit scrupuleusement ses devoirs avec la fermeté et l'énergie tempérées par une bienveillante intelligence, la société se gouverne sans défaillance, sans cataclysme, car ce double soutien lui garantit la probité, l'impartialité gourvernementale, la paisible jouissance de ses droits et de ses libertés, le fonctionnement régulier de ses institutions, de son industrie, de son commerce et la plus entière liberté individuelle sous cette dépendance.

Mais aussitôt que les ressorts de la surveillance se détendent, — aussitôt que la partialité, l'arbitraire pénètrent dans la composition et l'exécution de la loi, — aussitôt que l'insouciance, la faiblesse, l'inertie se substituent au zèle, à l'activité conciliante et néanmoins répressive, qui entretiennent intactes les traditions de dévouement à son service, — quand descendant de haut l'insubordination, le mépris flagrant de la loi entrent dans l'esprit des masses populaires et corrompent leurs mœurs, la société tombe nécessairement sous la conduite de mauvaises passions et, à moins d'un prompt retour aux pieuses traditions du devoir, la guerre civile éclate et dure jusqu'à ce qu'elle se soit épuisée par ses propres excès, ou par une lutte fratricide qui laisse la nation meurtrie et affligée de ces extrêmes rigueurs.

Il ne semble pas qu'on ait conservé la mémoire de ces enseignements de l'histoire. Que se passe-t-il, en effet, de nos jours?

L'instruction populaire prend de larges développements, tandis que l'éducation morale reste en souffrance. Quelques esprits forts, fanatiques en délire, voudraient même supprimer Dieu et son culte, proscrire du même coup la vie de l'âme et les consolations du cœur et rendre la mort sans but; s'affranchir du respect dans la famille, de l'obéissance hiérarchique, de la discipline professionnelle et opposer l'insubordination au devoir. Après un siècle de luttes et d'efforts prodigieux, de succès et de revers, quand la civilisation moderne a encore un si grand besoin de s'améliorer, ce vaste orgueil, sous le fallacieux prétexte de régénérer les mœurs publiques, nous ramènerait infailliblement, d'un pas rapide et rétrograde, aux anciens abus.

Combattons cette contagion de l'esprit par l'énergie d'une volonté inflexible, par la puissance de la raison, par la conscience du devoir et le beau sentiment de l'amour national, capables de l'apaiser; et pour la vaincre, élevons l'âme de la nation par l'enseignement des idées de justice, de moralité, de droiture, de loyauté, de bienveillance, de charité, de patriotisme et par la pratique de la discipline et du respect à la loi qui rassure et donne à l'éternelle justice une expression, une sanction qui est la vie des peuples civilisés.

Cela nous remet en mémoire le discours prononcé par M. Maxime du Camp, présidant à la réception de M. Sully-Prudhomme, à l'Académie française le 23 mars 1882 :

« Vous me comprenez, Monsieur, car la recherche du divin vous obsède ; ce tourment, vous l'avez chanté ; vous voudriez contempler l'invisible et toucher l'impalpable. Prenez garde : la manifestation ne vous suffit-elle pas ? l'œuvre n'est-elle pas là qui affirme l'auteur ? vous faut-il voir l'ouvrier à la besogne pour croire à l'ouvrier ? j'aurais beau vous regarder, vous toiser, vous peser, je ne verrai jamais votre âme, et pourtant elle existe ; si vous en doutiez, relisez-vous.

» Mes paroles exciteront de la commisération chez quelques libres penseurs ; laissez-les rire, il y a longtemps que j'ai dit, avec Horace Walpole : « De tous les dieux que l'on » a jamais inventés, le plus ridicule est cette vieille divinité » épaisse et lourde des sophistes grecs, que les modernes » veulent remettre en honneur, le Dieu matière. » L'esprit souffle où il veut ; tant pis pour ceux qu'il n'a pas touchés, qui restent murés dans une existence ou nul jour ne luit sur l'esprit, sur la rémunération, sur la justice et qui ne peuvent pas dire comme vous :

Ouverts à quelque immense aurore,
De l'autre côté du tombeau
Les yeux qu'on ferme voient encore »

Profitez, chers élèves, de cet enseignement que vous recevez à l'école, pour acquérir de bonne heure cette précieuse éducation de vos devoirs, de vos droits et de l'obligation surtout de ne point violer l'ordre. L'ordre est la loi réalisée. C'est la loi qui préside à l'ordre après l'avoir engendré.

§ 2. — *De l'administration civile.*

La France est située dans la partie occidentale de l'Europe ; elle appartient à la zone tempérée. Sa population est de 37 672 048 habitants. C'est avant tout le pays du sentiment, c'est son défaut, mais c'est aussi sa gloire. S'il pèche par la tête bien souvent, il rachète cette faiblesse par le cœur.

D. Est-ce là tout ce que l'on peut dire de la France?

R. Non, car c'est le plus beau pays du monde, le plus doux à habiter, le meilleur à cultiver, le plus varié dans ses aspects, le plus riche en produits de toute sorte.

D. Comment la France est-elle divisée?

R. La France est divisée en départements, subdivisés eux-mêmes en arrondissements, les arrondissements en cantons, et les cantons en communes. Ce sont autant de fractions du territoire français, dont la circonscription s'amoindrit à mesure qu'elle change de dénomination.

Ainsi, le périmètre de l'arrondissement est plus petit que celui du département, — le canton est moins étendu que l'arrondissement, — et la commune est plus restreinte que le canton.

D. Combien y a-t-il de chefs-lieux d'arrondissement, de cantons, de communes?

R. Il y a 362 chefs-lieux d'arrondissement, 2868 cantons et 36097 communes.

D. L'administration est-elle représentée dans ces différentes localités?

R. Oui.

D. De quoi se compose l'administration civile d'un département?

R. L'administration départementale se compose d'un préfet, d'un conseil de préfecture et d'un conseil général.

Celle d'un arrondissement se compose d'un sous-préfet, au chef-lieu d'arrondissement, et d'un conseil d'arrondissement.

Celle de la commune se compose d'un maire, d'un ou plusieurs adjoints, suivant la population de la commune, et d'un conseil municipal.

D. Par qui les préfets, sous-préfets, les maires et adjoints sont-ils nommés?

R. Les préfets, sous-préfets, les maires et adjoints de la ville de Paris sont nommés par le chef de l'État, sur la proposition du ministre de l'intérieur.

Les maires et adjoints, des autres villes et des communes, sont élus par les conseillers municipaux.

D. Quelles sont les attributions de ces différentes autorités ?

R. Le préfet est, dans son département, le représentant du pouvoir exécutif, du domaine de l'État et le tuteur des communes et des établissements publics.

D. De quoi est-il chargé ?

R. Il est chargé de faire exécuter les lois, décrets et ordonnances, les décisions prises par le conseil général, en ce qui concerne les intérêts départementaux, et de surveiller toutes les parties de l'administration publique.

Le conseil de préfecture est un tribunal institué pour juger les questions administratives. Il est composé de plusieurs conseillers et d'un secrétaire général.

Le secrétaire général de préfecture remplit auprès du conseil les fonctions de commissaire du gouvernement. Il est, en outre, chargé de diverses attributions spéciales dont la plus importante consiste dans la surveillance des employés de la préfecture et la direction du travail des bureaux.

Le conseil général, composé d'un conseiller par canton, vote, chaque année, les centimes additionnels. Ces centimes sont un supplément d'impôt qui constitue le budget dont le conseil général dispose pour en faire le meilleur emploi possible dans l'intérêt du département. Il fait la répartition des contributions directes entre les arrondissements. Réunis en session à la préfecture, les conseillers généraux discutent le budget de l'année suivante préparé par le préfet.

D. Qu'est-ce que le budget ?

R. Le budget de l'État est un tableau dressé chaque année par le ministre des finances, présentant d'une part les dépenses à faire pendant l'année suivante, et d'autre part les recettes probables dans la même période. Il est soumis à la discussion et à l'approbation des Chambres.

D. Quand le budget des recettes présumées est voté par les Chambres et approuvé par le chef de l'État, que reste-t-il à faire ?

R. Il faut en demander le sacrifice personnel aux contribuables, c'est ce que l'on appelle l'impôt, parce que chaque citoyen doit contribuer pour sa part aux charges communes.

D. Combien y a-t-il de sortes de contributions?

R. Il y a quatre contributions qui sont :

1° L'impôt foncier qui frappe sur le fonds, sur le sol des propriétés bâties ou non bâties et sur les champs et vignes;

2° L'impôt sur les portes et fenêtres de ces bâtiments;

3° Sur le mobilier dont ils sont garnis et l'impôt personnel;

4° Et sur le commerce par la contribution de la patente.

D. N'y a-t-il pas aussi des centimes additionnels?

R. Oui. En outre des quatre contributions exigées par l'État, il est perçu, au profit du département et des communes, des centimes additionnels.

(Voy. *Conseil général*, p. 179.)

D. Ne perçoit-on pas également un impôt sur les objets de consommation, tels que : le vin, l'eau-de-vie, liqueurs, sucre...?

R. Oui. Cet impôt pèse particulièrement sur les familles qui dépensent beaucoup pour satisfaire au luxe de leur vie. Les autres familles, qui comptent avec leurs ressources et règlent leurs dépenses avec économie, sont moins atteintes. Toutefois, elles ne se privent guère des habitudes de nécessités factices et intempérantes.

D. En échange des impôts, que le contribuable verse au trésor public, que reçoit-il?

R. L'Etat lui accorde, dans une certaine mesure, la protection et la sécurité dont il a besoin.

« Les revenus de l'État sont une portion que chaque citoyen donne de son bien pour avoir la sûreté de l'autre et pour en jouir agréablement.» (MONTESQUIEU.)

L'État, envisagé sous l'aspect fiscal, est médiocrement populaire. Tel qui fait honneur à ses engagements privés se dispense à l'occasion de s'acquitter envers lui, en vertu de cette maxime mal interprétée : *L'État c'est tout le* -

monde, tout le monde ce n'est personne. Agir ainsi, c'est d'abord considérer l'État comme étant moins digne de respect que l'individu. Puis, c'est méconnaître qu'il gère les intérêts collectifs de tous les citoyens composant la nation; qu'il est créancier légitime en vertu de la loi qui crée l'impôt et en assigne les modes divers de recouvrement, en vertu de la loi qui règle l'application de cet impôt aux besoins de la société; lois justes faites pour tout le monde.

L'impopularité de l'État auprès des contribuables n'a donc pas raison d'être : c'est un anachronisme.

Or tout citoyen, ayant le devoir d'acquitter l'impôt que la loi exige de lui, manque à ce devoir quand il s'y soustrait volontairement.

D. N'y a-t-il que le budget de l'État?

R. Non. Il y a encore le budget départemental et le budget communal qui sont l'état des dépenses que le préfet et le maire présument avoir à faire dans l'année et l'indication des fonds et revenus affectés à ces dépenses, présumées devoir se réaliser pendant l'exercice.

D. Qu'est-ce qu'un exercice?

R. On entend par exercice le temps pendant lequel les crédits sont ouverts, et par crédits les sommes allouées pour le payement des dépenses.

D. Quand commence l'exercice?

R. L'exercice commence le 1er janvier et finit le 31 décembre de l'année qui lui donne son nom.

D. Quand ce budget est-il définitif?

R. Ce budget, délibéré par le conseil général, est définitivement réglé par décret du président de la République.

D. Après la clôture de l'exercice de ce budget, que fait le conseil général?

R. Le conseil général se réunit pour recevoir le compte que le préfet doit rendre des dépenses départementales. Ce compte budgétaire provisoirement arrêté par le conseil général est définitivement réglé par décret.

D. Les attributions du conseil général ne s'étendent-elles pas à tout ce qui intéresse le département?

R. Oui, le conseil général doit exprimer son opinion sur l'état et les besoins du département.

D. Il y a encore le sous-préfet, les conseillers d'arrondissements les maires et les adjoints, et les conseillers municipaux, quelles sont leurs attributions ?

R. Le sous-préfet exerce son autorité sous les ordres immédiats du préfet auquel il est tenu de rendre compte de ses actes qui peuvent être annulés ou réformés. C'est plus particulièrement un agent de transmission entre le préfet et les maires : il éclaire le préfet sur les besoins des communes, et il donne aux maires d'utiles avis dans ses entretiens familiers avec eux.

Le conseil d'arrondissement, composé également d'un conseiller par canton, est chargé d'opérer la sous-répartition des impositions entre les communes, et de faire valoir les intérêts de l'arrondissement.

Le maire administre les affaires de la commune avec le concours de ses adjoints et celui du conseil municipal, qui se compose d'un nombre de membres proportionné à la population de la commune. Le maire est aussi le délégué du gouvernement pour la publication et l'exécution des lois, des règlements et des mesures de sûreté générale.

Le conseil municipal, réuni en session, dresse chaque année le budget des recettes et dépenses de la commune. Ce budget est soumis à l'approbation du préfet, qui a la faculté d'y faire des changements.

§ 3. — *Administrations financières.*

D. Quelles sont les administrations financières et quelles sont leurs attributions respectives ?

R. Ce sont :

1° *Trésorerie* sous la dénomination de *recettes générales* et *particulières*. — Les agents de cet ordre sont chargés du recouvrement des revenus publics et du payement des dépenses publiques.

2° *Enregistrement.* — L'enregistrement est une formalité qui donne date certaine aux actes sous signatures privées et contribue à l'authenticité des actes publics. En échange de cette garantie, il est perçu sur ces actes un impôt au profit du trésor.

3° *Contributions directes.* — Le budget fixe le montant de l'impôt exigible des contribuables; il est réparti entre les départements. L'autorité départementale répartit à son tour, entre les arrondissements, le contingent qui lui est échu. Puis, a lieu la répartition de quotité à la charge de chaque individu. Les percepteurs ont la mission d'en poursuivre le recouvrement au moyen d'un titre nominatif appelé rôle.

4° *Contributions indirectes.* — L'impôt établi sur les objets de consommation est recouvré par les soins des employés de cette administration.

5° *Douanes.* — Il est perçu à la frontière française un droit au profit de l'État sur certaines marchandises importées en France ou exportées de France. C'est tout à la fois un impôt et une protection pour le commerce et pour l'industrie nationale contre la concurrence étrangère.

Les agents de ces différentes administrations (1° à 5°) sont nommés par le ministre des finances, ou par les directeurs généraux délégués. Seuls les préposés des douanes sont nommés par le directeur des douanes.

6° *Postes et télégraphes.* — Deux établissements dirigés par le ministre des postes et télégraphes pour le transport des lettres et des imprimés et pour la transmission des dépêches télégraphiques à l'intérieur, dans l'étendue de la France, des colonies et des États étrangers. A l'intérieur, le service de la remise des correspondances et des dépêches est fait par des facteurs. Les agents sont nommés par le ministre et les facteurs par le préfet du département dans lequel ils exercent leurs fonctions.

7° *Cour des comptes.* — La cour des comptes est instituée pour vérifier tous les comptes de recettes et dépenses publiques. Les comptables des deniers publics sont tous justiciables de cette cour et leur responsabilité n'est dégagée que par un arrêt de quitus. Les membres de cette cour sont nommés par le chef de l'État

§ 4. — *Administrations diverses.*

D. Quelles sont ces administrations?

R. Ce sont :

1° *Instruction publique.* — C'est-à-dire l'enseignement donné et surveillé par l'État. Il a quatre degrés : *primaire*, il embrasse tout ce qu'il est indispensable de savoir; — *professionnel et secondaire*, ils procurent l'instruction spéciale à chacune des carrières et celle nécessaire pour toutes les professions lettrées; — *supérieur*, il comprend les connaissances qui forment la haute éducation intellectuelle.

Le préfet, dans son département, nomme les instituteurs, les institutrices, les instituteurs adjoints et les sous-maîtresses. Le ministre nomme à tous les autres emplois. (Voy. *Écoles libres.*)

2° *Ponts et chaussées.* — C'est un corps d'ingénieurs qui se recrutent parmi les élèves sortant de l'école polytechnique et qui sont spécialement et exclusivement chargés de la direction et de la surveillance des travaux qui se rapportent à toutes les communications d'un intérêt général : les routes, les fleuves, les rivières navigables et flottables. Ils ont sous leurs ordres des conducteurs et des employés secondaires.

Les conducteurs sont nommés par le ministre des travaux publics, et les employés secondaires par le préfet dans son département. Parmi ces derniers sont les *piqueurs*, chargés de seconder les conducteurs dans la surveillance et la comptabilité du chantier.

3° *Petite voirie.* — La petite voirie embrasse toutes les communications d'un intérêt local. Elle est urbaine ou rurale selon qu'elle a pour objet les villes ou les campagnes. Il y a un agent-voyer chef au chef-lieu du département, un agent-voyer sous-chef au chef-lieu d'arrondissement, et un agent-voyer par canton. Il y a aussi des surnuméraires.

Tous ces agents sont nommés par le préfet.

4° *Forêts*. — Les agents supérieurs des forêts sortent de l'école forestière; ils sont chargés de l'administration, de la conservation et de l'amélioration des forêts. Ils ont sous leurs ordres des brigadiers et des gardes pour la surveillance et la constatation des délits forestiers.

Ceux-ci sont nommés par le préfet.

5° *Armée*. — C'est un nombre plus ou moins considérable de troupes. C'est une force publique destinée à maintenir la paix à l'intérieur d'un État et au besoin à agir contre les ennemis du dehors.

Les officiers sont à la nomination du chef de l'État, les sous-officiers, brigadiers et caporaux sont nommés par leur colonel.

D. Ces différentes administrations sont-elles représentées partout?

R. A l'exception de la cour des comptes, dont le siège est à Paris, ces administrations sont représentées :

1° *Au chef-lieu du département*, par un trésorier-payeur général, par un ingénieur en chef des ponts et chaussées, par les directeurs de l'enregistrement, des contributions directes et indirectes, des douanes, des postes et télégraphes, et le personnel des grades inférieurs, par des ingénieurs des ponts et chaussées, des agents-voyers, des inspecteurs d'académie chefs de service là où il n'y a point de recteur, des inspecteurs des forêts là où il n'y a point de conservateur.

2° *Au chef-lieu d'arrondissement*, par des inspecteurs, sous-inspecteurs, conservateurs des hypothèques, receveurs, percepteurs, conducteurs, agents-voyers.

3° *Dans les cantons*, par des receveurs, percepteurs, gardes généraux des forêts, agent-voyer.

4° Quelques-unes sont représentées dans les communes.

D. L'armée et la marine sont-elles également représentées partout?

R. Oui. Il y a en France dix-huit corps d'armée dont les troupes sont disséminées dans les villes et lieux de garnison et dans les places fortes.

D. Qu'est-ce qu'un corps d'armée?

R. C'est une réunion de troupes sous les ordres d'un général de division avec le titre de commandant en chef de ce corps. Il se compose de deux divisions d'infanterie, une brigade de cavalerie, une brigade d'artillerie, un bataillon du génie, un escadron du train des équipages, des chasseurs à pied, du service des subsistances des hôpitaux.

D. Par qui ces différentes armes sont-elles commandées en sous-ordre du général en chef?

R. Chaque division est sous les ordres d'un général de division, elle se compose de deux brigades.

La brigade, qui comprend deux régiments, est commandée par un général de brigade.

Le régiment se compose ordinairement, savoir : infanterie, de quatre bataillons; cavalerie, de cinq escadrons; il est commandé par un colonel.

D. Quant à la marine, qu'en savez-vous?

R. Il y a cinq préfectures maritimes : Brest, Cherbourg, Lorient, Rochefort et Toulon, commandées par un vice-amiral ou contre-amiral. Ces deux grades correspondent, le premier à celui de général de division, le second au général de brigade.

D. Y a-t-il un grade supérieur à ceux-là?

R. Oui, il y a celui de maréchal de France, celui d'amiral, assimilés.

D. Quel est le chef de l'armée?

R. Le ministre de la guerre est le chef de l'armée sous les ordres du chef de l'État.

§ 5. — *La force publique.*

La force publique est la réunion des forces individuelles organisées en vertu des lois pour maintenir les droits de tous, et assurer l'exécution de la volonté générale. C'est l'ensemble des agents chargés d'exécuter les ordres du pouvoir et les mandements de justice.

D. Quels sont les agents de l'autorité publique?

R. Ceux qui sont investis d'une portion quelconque du

pouvoir : l'armée, les huissiers, les commissaires de police, les gendarmes.

D. Il y en a d'autres encore ?

R. Oui, les agents de police préposés à la surveillance et au maintien de l'ordre et de la tranquillité dans une ville, dans une commune.

§ 6. — *Fonctionnaire public.*

Définition. — Un fonctionnaire public est celui qui détient une portion, une partie de la puissance publique, par délégation de la loi, ou du gouvernement, dans l'ordre judiciaire, administratif, militaire.

D. Doit-on aux fonctionnaires publics des égards, du respect ?

R. Les fonctionnaires publics ont, au-dessus des autres citoyens, des devoirs de plus et sont d'une grande utilité qui fait naître et justifie les égards et le respect que l'on porte aux hommes en place[1].

D. Le prêtre est-il un fonctionnaire ?

R. Le prêtre n'ayant aucune portion de puissance ou d'autorité civile n'est point un fonctionnaire.

D. Il exerce pourtant une fonction publique ?

R. Oui, et si l'on veut absolument lui imposer cette qualité, il sera le fonctionnaire de l'Église et non le fonctionnaire de l'État.

IV

LE CULTE

Le culte est l'hommage que l'on rend à Dieu par des actes de religion.

Dans les pays où plusieurs cultes reconnus s'exercent

1. Il y a en France 806 000 fonctionnaires, agents et employés de toutes sortes par l'État, les départements et les communes.

publiquement, l'amour du prochain, l'esprit de tolérance font vivre en paix les différentes religions à côté l'une de l'autre, avec le respect réciproque de leurs pratiques.

La tolérance est une condescendance à ce que l'on ne peut empêcher, ou qu'on croit ne devoir empêcher. C'est aussi un sentiment qui nous porte à respecter les formes diverses des cultes autres que le nôtre. Si donc les croyances religieuses sont différentes chez vous, par la divergence des cultes, ne vous en aimez pas moins, chers élèves, les uns les autres; accordez réciproquement votre estime aux croyants sincères sans préjugé, Dieu vous jugera !

Le préjugé est une opinion adoptée sans examen; cette prévention peut rendre le jugement insensé.

Il y a trois cultes reconnus en France :

Le culte catholique,

Le culte protestant,

Le culte israélite.

§ 1er. — *Le culte catholique.*

Le culte catholique est professé en France par 35 387 703 individus sur une population totale de 37 672 048 habitants.

Constitution. — Le Pape est le chef suprême de l'Église catholique romaine. Il a sur elle la souveraine autorité. Il est élu par les cardinaux, retenus en loges au Vatican, à la majorité des voix, ou par acclamation.

Le Saint-Père gouverne l'État de l'Église, il fait observer les canons, — assemble les conciles, — crée les cardinaux, — institue les évêques, — autorise et supprime à volonté les ordres religieux et veille au maintien du dogme et de la discipline.

Près du Saint-Père sont placés des cardinaux. Ce sont des princes ecclésiastiques parmi lesquels Sa Sainteté fait choix de ses ministres pour gouverner avec elle sous sa direction.

Le Pape est choisi parmi les cardinaux; les cardinaux sont choisis ordinairement parmi les archevêques et évêques; les archevêques et évêques, parmi les vicaires généraux et les curés; les curés, parmi les vicaires; les vicaires, parmi les jeunes prêtres sortant du séminaire.

Il y a un archevêque ou évêque par diocèse. Au diocèse correspond généralement un département.

L'archevêque est, tout à la fois, chef de son diocèse et d'une province ecclésiastique dont les autres évêques, de cette même province, sont suffragants.

L'évêque est le premier pasteur et le chef de son diocèse. Il est nommé par le Pape sur la proposition du chef de l'État. Il est institué par le Pape. Il a l'autorité sur son clergé et une action directe sur l'exercice du culte. Pour l'assister dans l'administration du diocèse, l'évêque nomme, sous l'agrément du gouvernement, des vicaires généraux.

Dans chaque diocèse il y a un chapitre cathédral ou métropolitain. Ce chapitre est le conseil de l'évêque ou de l'archevêque; il est formé par la réunion des chanoines titulaires nommés par l'évêque, agréés par le gouvernement et inamovibles.

Les chanoines sont choisis indistinctement parmi les ecclésiastiques jugés dignes d'être appelés à cette dignité.

L'évêque nomme aussi et institue les curés, mais leur nomination doit être également agréée par le gouvernement.

Le curé est un prêtre institué pour desservir une paroisse.

La paroisse est le territoire dans lequel le curé exerce son ministère.

Le curé dirige, pour le spirituel, les habitants de son culte qui composent sa circonscription paroissiale, ou qui sont compris dans l'étendue de sa commune. Il peut être assisté, dans l'exercice de son ministère, d'un ou plusieurs vicaires.

Il y a le desservant. C'est un prêtre chargé d'administrer une succursale. Il peut aussi se faire aider, dans ses attributions, par un ou plusieurs vicaires, selon l'agrément de l'évêque.

Enfin, il y a le vicaire qui est généralement un jeune prêtre. Il est nommé à cet emploi par l'évêque.

§ 2. — *Culte protestant.*

Constitution. — Les pasteurs, en France, sont les ministres du culte réformé. Il n'y a entre eux aucune hiérarchie.

Chaque section ou consistoire, formant une paroisse, a un ou plusieurs pasteurs.

Les pasteurs sont nommés par le consistoire sur une liste de trois candidats présentés par le conseil presbytéral.

Le conseil presbytéral est, dans chaque paroisse, composé de membres laïcs élus par le suffrage des membres de l'Église portés sur le registre paroissial ; il est présidé par le pasteur, ou le plus ancien des pasteurs et administre la paroisse sous l'autorité du consistoire

Il y a un consistoire pour 6000 âmes de la même communion. Le conseil presbytéral du chef-lieu de la circonscription consistoriale constitue le consistoire. Il est élu et renouvelé comme les conseils presbytéraux ordinaires, mais le nombre des membres élus est doublé, et le consistoire, outre les membres élus, comprend tous les pasteurs du ressort consistorial, et un délégué laïc de chaque conseil presbytéral du même ressort.

Le consistoire est chargé de veiller au maintien de la discipline et de surveiller l'administration des biens des paroisses.

Les synodes protestants sont des assemblées composées du pasteur, ou d'un des pasteurs, et d'un ancien ou notable de chaque église consistoriale. Cinq églises consistoriales forment l'arrondissement d'un synode.

Les synodes veillent sur tout ce qui concerne la célébration du culte, l'enseignement de la doctrine et la conduite des affaires ecclésiastiques. Leurs décisions sont soumises à l'approbation du gouvernement.

Un conseil central représente les églises réformées auprès du gouvernement et du chef de l'État. Il est composé des deux plus anciens pasteurs de Paris et de notables protestants nommés par le gouvernement. C'est un corps purement consultatif.

§ 3. — *Culte israélite.*

Constitution. — La haute surveillance et les intérêts du culte israélite sont confiés au consistoire central qui se compose d'un grand rabbin et d'autant de membres laics qu'il y a de consistoires régionaux.

Il siège à Paris.

Le grand rabbin du consistoire central est nommé, sous l'approbation du gouvernement, par le consistoire central assisté de deux délégués nommés dans chaque circonscription consistoriale par le suffrage universel.

Il est la plus haute autorité religieuse du culte israélite. Il a le droit de surveillance et d'admonition à l'égard de tous les ministres du culte.

Il y a en France neuf consistoires régionaux qui siègent dans les villes de : Bayonne, — Besançon, — Bordeaux, — Lille, — Lyon, — Marseille, — Nancy, — Paris, — Vesoul, et trois dans la colonie algérienne à : Alger, — Constantine et Oran.

Le consistoire régional se compose du grand rabbin et de six membres laics élus par le suffrage universel.

Le consistoire a l'administration et la police des synagogues de sa circonscription et des établissements et associations pieuses qui s'y rattachent.

Le grand rabbin du consistoire régional est nommé par le consistoire central. Il a le droit de surveillance sur les ministres du culte placés sous ses ordres, qui sont :

Les rabbins communaux,

Les ministres officiants,

Les fonctionnaires chargés de diverses attributions du rite israélite.

Le rabbin communal est établi près la communauté qui justifie d'une certaine population. Il est nommé, sur la présentation d'une liste de trois candidats, par le consistoire régional, assisté par les délégués des communautés de l'arrondissement.

Les ministres officiants sont des fonctionnaires religieux chargés de l'office liturgique Ils sont élus par la commission administrative placée à la tête de la communauté.

V

ORGANISATION JUDICIAIRE

Justice fondée sur les principes de la loi. — La justice est le premier besoin des peuples, la sauvegarde des gouvernements. C'est le plus ferme fondement sur lequel le monde repose, c'est le lien sacré de la société humaine, le frein nécessaire à la licence et le soutien favorable à la sujétion.

Elle est la vertu principale et le commun ornement des personnes publiques et particulières : elle commande dans les unes, elle obéit dans les autres ; elle renferme chacun dans ses limites, elle oppose une barrière invincible aux violences, aux entreprises et elle affermit la raison sur les passions.

La justice a pour action de reconnaître le droit de l'autorité, ou d'une personne, et de lui accorder ce qu'elle demande et qu'il est juste qu'elle obtienne.

Elle ne se légitime pas seulement par la nécessité de faire droit à une juste réclamation, à la nécessité de défendre la société contre les criminels, elle a une origine plus élevée, elle participe du principe divin dont elle est une émanation. Le langage des nations ne s'y est pas trompé lorsqu'il appelle les palais où l'on juge du nom de : Temples de la justice. Il faut avoir le même respect pour ces temples que pour ceux où l'on honore et où l'on adore Dieu. Car dans une salle d'audience l'idée de la justice ne peut se séparer de celle de la divinité.

De cette pensée de protéger hautement et avec efficacité l'intérêt de la justice il s'est révélé trois besoins :

1° *Une législation.* — Pour assurer l'ordre et la justice dans la société, il fallait nécessairement que les membres de ce corps social fussent tenus d'obéir à des règles de conduite ; que ces règles obligatoires établissent les droits et les devoirs de chacun ; qu'il y eût une sanction, un juge pour l'appliquer.

2° *Une procédure.* — La procédure est une instruction préalable qui donne au juge la connaissance des faits litigieux qui prépare sa conviction et fixe son opinion avec certitude. C'est aussi la forme suivant laquelle les justiciables et les juges doivent agir, les uns pour obtenir, les autres pour rendre justice à tous avec le même zèle et la même impartialité.

3° *Une jurisprudence.* — C'est-à-dire, des règles tirées de l'interprétation des lois, de leur esprit, de leur volonté, ramenant à elle les opinions incertaines.

La société possède la puissance de faire ces lois, d'en assurer l'exécution, de juger les différends des particuliers et de punir les infractions aux lois. De là sont nés trois pouvoirs, déjà énoncés plus haut, ayant chacun sa sphère propre, le pouvoir législatif chargé de la confection des lois, le pouvoir exécutif qui veille à leur exécution, et le pouvoir judiciaire qui en fait l'application.

L'autorité judiciaire est confiée à des magistrats inamovibles soumis à la nomination du chef de l'État. Seuls les procureurs généraux, les procureurs de la république, les avocats généraux, les substituts et les juges de paix, quoique magistrats, ne jouissent pas du privilège de l'inamovibilité.

L'inamovibilité, c'est le droit de conserver ses fonctions sans pouvoir être déplacé, à moins de forfaiture, jusqu'à la limite d'âge fixée à soixante-quinze ans pour les magistrats de la cour de cassation ou à soixante-dix ans pour tous les autres magistrats des cours d'appel et des tribunaux de première instance ; elle est, par conséquent, la garantie de l'indépendance des magistrats gardiens du dépôt sacré des grandes traditions.

Les magistrats ne doivent compte qu'à Dieu de leurs décisions judiciaires. Ce qui forme en eux l'homme distingué, l'homme complet, c'est au plus haut degré la raison, le jugement, la perspicacité, la fermeté. Ils ont besoin d'une sensibilité noble et grave, d'une élocution claire et précise, d'une conscience intègre et éclairée. Toutes les facultés austères de l'homme doivent être perfectionnées dans ceux qui sont appelés à juger les hommes.

Les juges des tribunaux de commerce ne sont point inamovibles. Ils sont élus par les négociants.

La magistrature se compose : d'un premier président, d'un président par chambre et de conseillers à la cour de cassation ;

D'un premier président, d'un président par chambre et de conseillers dans chaque cour d'appel;

D'un président, d'un vice-président et de juges dans les tribunaux de première instance.

C'est ce que l'on nomme la magistrature assise.

Et d'un juge de paix par canton.

La magistrature debout se compose :

D'un procureur général, chef du parquet, et de plusieurs avocats généraux près la cour de cassation;

D'un procureur général, chef du parquet, d'un avocat général et de plusieurs substituts près la cour d'appel ;

D'un procureur de la république, chef du parquet, et d'un ou plusieurs substituts près le tribunal de première instance.

La poursuite des délits et crimes s'exerce au nom de l'action publique par un magistrat pouvant agir d'office, c'est-à-dire sans que personne lui en adresse la demande. Il a à sa disposition la police et la gendarmerie avec l'aide desquelles il parvient à découvrir les coupables; il les poursuit devant le tribunal compétent qui prononce leur condamnation. Ce magistrat est le procureur général près la cour d'appel, le procureur de la république ou leurs suppléants.

A chaque audience civile, l'action publique est représentée par un magistrat du parquet que l'on appelle : Ministère public.

La magistrature consulaire se compose d'un président,

de juges titulaires et de juges suppléants par chaque tribunal.

Le ministère public a mission de défendre la loi, les tribunaux celle de l'appliquer, le justiciable doit la subir et la société la respecter.

Mais, répétons-le, pour disposer de la vie, de la fortune, de l'honneur d'autrui ; pour représenter un vrai magistrat, il faut s'élever au dessus de l'homme.

Nomenclature des tribunaux suivant la nature des matières soumises à leur juridiction.

Justice de paix { civil, simple police,
un par canton.

Première instance { affaires civiles, — correctionnelles,
un par département,

Cours d'assises : affaires criminelles,
une par département.

Tribunaux de commerce : limités à certains chefs-lieux de département et d'arrondissement.

Cours d'appel { affaires civiles, correctionnelles,
limitées à certains départements.

. . . .

Cour de cassation : une seule à Paris.

Justice de paix : D. Qu'est-ce qu'un juge de paix ?

R. Le juge de paix est un magistrat institué pour juger sommairement, après tentative de conciliation, les contestations de sa compétence, et pour essayer la conciliation de celles dont le jugement appartient aux tribunaux de première instance.

D. La loi exigeant impérieusement le préliminaire de la conciliation avant l'introduction d'une instance, quelle est la démarche à faire pour tenter cette conciliation ?

R. Sur la requête verbale adressée au juge de paix par une personne qui se croit fondée à exercer une action en justice contre un tiers, ce tiers est invité par ce magistrat à se présenter devant lui aux jour et heure indiqués. Si l'invité défère à cette invitation, les parties sont mises en présence et leurs explications contradictoires peuvent amener la conciliation; sinon le demandeur est autorisé à citer son adversaire devant le juge compétent.

D. Quelle est la mission du juge de paix dans la tentative de conciliation?

R. Le président du bureau de conciliation est un simple médiateur qui n'a d'autre mission que celle de prévenir le procès. Ses fonctions purement conciliatrices font disparaître le caractère du juge; il ne fait dans la circonstance qu'un acte de juridiction gracieuse.

D. De la tentative à la conciliation le passage semble bien difficile?

R. Sans doute. Il exige du président une grande modération, beaucoup de tact et la sagacité qui discerne ce qu'il y a de plus caché, de plus confus, de plus obscur dans une affaire où la ruse et la mauvaise foi peuvent se produire et faire violence à la vérité.

D. Alors le magistrat président, homme de bons conseils, fait voir aux gens prêts à se lancer dans l'arène judiciaire les dangers auxquels ils s'exposent.

R. Oui, il les éclaire sur les inquiétudes, les pertes, les résultats possibles de leur opiniâtreté; il essaye d'émouvoir la pitié d'un créancier trop rigoureux, de réveiller la bonne foi d'un débiteur trop cauteleux, enfin, de les faire transiger.

D. Quelles sont les conséquences de la conciliation?

R. La bonne harmonie succède au désaccord, l'union aux querelles, la paix à la guerre. La conciliation rapproche les personnes déjà séparées ou disposées à l'inimitié.

On ne saurait trop louer et la loi qui prescrit la tentative de conciliation et le président de ce bureau qui se pénètre assez vivement de son esprit moralisateur pour consacrer toute son intelligence au succès de cette tentative.

> Plût à Dieu qu'on réglât ainsi tous les procès!
> Que des Turcs en cela l'on suivît la méthode!
> Le simple sens commun nous tiendrait lieu de code :
> Il ne faudrait point tant de frais;
> Au lieu qu'on nous mange, on nous gruge,
> On nous mine par des longueurs;
> On fait tant, à la fin, que l'huître est pour le juge,
> Les écailles pour les plaideurs. (LA FONTAINE.)

D. Après la tentative de conciliation restée infructueuse, que se passe-t-il?

R. Le demandeur porte son action devant le juge de paix. Président conciliateur, il y a un instant, ce magistrat s'était dépouillé de son caractère du juge, il le reprend ici pour entendre les parties dans leurs moyens de demande et de défense et prononce sa sentence.

D. Le juge de paix a-t-il d'autres attributions que celle de prononcer des sentences?

R. Le juge de paix appose les scellés sur les meubles des personnes décédées et dont les héritiers sont absents ou mineurs. Il préside les conseils de famille qui s'occupent des intérêts des enfants mineurs et des interdits. Il est aussi appelé à se prononcer sur les contraventions.

Tribunaux de première instance. — *D.* Quelles sont les attributions de ces tribunaux?

R. Ces tribunaux sont institués pour connaître : les uns de toutes les actions civiles et des appels des jugements prononcés, en premier ressort, par les juges de paix; les autres, des actions en matières commerciales.

Cours d'appel. — *D.* Quelle est l'attribution générale de ces cours?

R. Leur attribution générale est de connaître souverainement des appels des jugements de première instance.

D. Dans quel cas fait-on appel d'un jugement?

R. On fait appel d'un jugement de justice de paix, ou

de première instance, quand on croit que la cause a été mal jugée.

Cour de cassation. — *D.* A quoi sert cette juridiction?

R. Elle sert à maintenir, dans tout le territoire français, l'unité de législation et de principes et pour veiller à ce que les différentes juridictions restent dans les limites que la loi a tracées. Elle est ainsi la suprême autorité en matière d'interprétation des lois.

D. Quand doit-on avoir recours à la cour de cassation?

R. Quand on croit que la loi a été violée par les juges qui ont prononcé la sentence.

Instance. — *D.* Qu'est-ce qu'une instance?

R. L'instance est la poursuite d'une action devant un juge, ou devant le tribunal.

D. Comment introduit-on l'instance?

R. Toute action civile devant le juge de paix est introduite par une citation.

D. Qu'est-ce qu'une citation?

R. La citation est l'acte par lequel on somme une partie de paraître devant le juge de paix.

D. Si l'on veut introduire l'instance devant le tribunal civil, quel sera le premier acte?

R. Le premier acte introductif de cette instance sera une assignation.

D. Est-ce que l'assignation diffère de la citation?

R. Non, cet acte change simplement de nom parce qu'il s'applique plus particulièrement au tribunal de première instance et à la cour d'appel.

D. Les formes de la procédure sont-elles les mêmes devant la justice de paix, les tribunaux de première instance et les cours d'appel?

R. Non. Devant la justice de paix les parties peuvent se présenter en personne et y soutenir directement leurs prétentions. Devant les tribunaux de première instance et les cours d'appel, les formes sont plus solennelles, l'intervention d'un avocat et le ministère d'un avoué sont utiles, indispensables.

Avocat. — Qu'est-ce qu'un avocat?

R. L'avocat est un homme qui a fait une étude spéciale des lois et qui peut aider ainsi le tribunal ou la cour à préparer son jugement ou son arrêt. Il fait profession de représenter en justice ceux qui ont besoin de son assistance soit pour attaquer, soit pour se défendre.

Avoué. — *D.* Qu'est-ce qu'un avoué?

R. L'avoué est un officier ministériel mandataire de ses clients; il est chargé par la loi de les représenter en justice et, en cette qualité, il rédige les actes de la procédure; il les fait signifier et il règle la marche selon les besoins de la cause.

Huissier. — *D.* Dans l'organisation judiciaire n'entre-t-il pas aussi un autre officier ministériel?

R. Oui, il y a l'huissier.

D. Quelle est son utilité, quelles sont ses attributions?

R. Pour mettre régulièrement les citoyens en relation avec la justice, — pour faire consacrer un droit, — pour faire cesser un abus, — pour réprimer une contravention, un délit, un crime, — pour appeler devant les tribunaux la personne qui a intérêt à se défendre, — pour constater légalement qu'elle a été mise en demeure de comparaître, il fallait un agent.

Il fallait un agent pour mettre à exécution les sentences de la justice, afin que ses décisions ne fussent pas illusoires ni abandonnées au bon plaisir des parties.

Enfin, il fallait un agent pour le service intérieur des tribunaux.

Ainsi, actes préparatoires, — préliminaires sans procès, — instruction du procès, — instruction de la cause, — exécution de la sentence, — service d'audience, tout exige le concours d'un agent indispensable à cette grande et sainte chose qui se nomme l'administration de la justice.

L'huissier est né de ses besoins.

Tribunaux correctionnels. — *D.* N'y a-t-il pas aussi des tribunaux correctionnels?

R. Oui.

D. Quelle est leur attribution?

R. Ils connaissent des délits de toute nature et les juges de ces tribunaux appliquent aux délinquants les peines prononcées par la loi.

Cour d'assises. — *D.* Qu'est-ce que la cour d'assises?

R. C'est un tribunal chargé de juger les crimes.

D. Quelle est sa composition?

R. Un président, pris parmi les conseillers de la cour d'appel, deux assesseurs pris parmi les conseillers ou les juges de première instance; le procureur général, ou son suppléant remplissant les fonctions d'accusateur public et douze jurés.

D. Qu'est-ce que le jury et comment se recrutent les jurés?

R. Tous les électeurs pouvant concourir à l'élection d'un député constituent le jury établi dans chaque département. A chaque session de cour d'assises on tire au sort les jurés qui doivent faire partie de cette cour.

D. Quelle est la mission des jurés?

R. Les jurés sont là exclusivement pour se prononcer sur l'existence d'un crime, ou sur la part qu'y a prise l'accusé, ou sur sa non-culpabilité.

D. Quelle est ensuite la mission des juges?

R. Suivant la déclaration du jury, le président prononce l'acquittement de l'accusé, s'il est reconnu innocent, ou bien il lui applique la peine édictée par la loi, s'il est déclaré coupable.

Tribunaux militaires. — *D.* N'y a-t-il pas encore des tribunaux militaires?

R. Oui. Les graves infractions à la discipline militaire sont de la compétence des tribunaux spéciaux désignés sous le nom de conseils de guerre. Ce sont des officiers qui remplissent les fonctions de juges.

Prud'hommes. — *D.* Les patrons et les ouvriers n'ont-ils pas également un tribunal spécial pour juger leurs différends?

R. En effet, il y a le tribunal des prud'hommes chargé

de se prononcer sur les difficultés intervenues entre l'ouvrier et le patron, et réciproquement. Les juges sont élus en nombre égal dans ces deux catégories de citoyens.

VI

ÉCONOMIE. — ÉPARGNE

§ 1er. — *Économie politique.*

L'économie politique est la science qui traite des intérêts de la société, qui embrasse les principes relatifs à la formation, à l'accroissement et à la conservation des richesses. Elle comprend aussi les divers modes suivant lesquels le travail et les capitaux productifs concourent à la production des valeurs formant le principal objet des recherches de cette science.

§ 2. — *Économie sociale.*

Celle-ci embrasse dans leur ensemble tous les intérêts moraux et matériels de la civilisation. L'objet principal qu'elle se propose est l'amélioration réelle et progressive de l'homme physique et de l'homme moral.

§ 3. — *Économie domestique.*

L'économie domestique renferme les principes qui sont les plus propres à procurer un genre de vie en harmonie avec sa condition, et une somme de bonheur telle que l'homme raisonnable qui sait se contenter de ce qu'il a se trouve satisfait. C'est l'ensemble des règles générales qui régissent l'emploi de chaque chose dans un ordre qui fasse éviter les pertes; c'est l'exacte appréciation des besoins réels et l'art d'y pourvoir avec sagesse et prévoyance jusqu'à nous garantir des honteuses habitudes de nécessités factices et intempérantes.

D. Ces définitions sommaires, que vous apprennent-elles en résumé?

R. Elles nous apprennent que l'économie est la règle conservatrice de la fortune d'un État, d'une société, d'une maison et qu'il faut être prévoyant jusqu'à l'épargne.

§ 4. — *L'épargne.*

L'épargne est une restriction apportée à la dépense. C'est une vertu salutaire dans la vie de l'homme, elle fait naître dans son esprit et dans ses habitudes des idées d'ordre, d'économie et de prévoyance.

On met ses économies à l'abri de toute tentative de gaspillage et de dépenses inconsidérées en les déposant à la caisse d'épargne.

La caisse d'épargne est fondée, suivant les principes les plus stricts de notre législation et de nos mœurs, pour exciter à l'épargne et à la prévoyance tous les individus des classes laborieuses et salariées.

Désirant faire participer de bonne heure les élèves à cette sage habitude de prévoyante économie, M. le Ministre de l'Instruction publique a recommandé d'introduire dans les écoles primaires l'usage de la caisse d'épargne scolaire.

On sait très bien comment on économise sou à sou dans les familles peu aisées, c'est en prélevant l'excédent des besoins dans le cas où il n'est pas d'une absolue nécessité dans le ménage. Mais on n'ignore pas que les besoins factices sont tellement multipliés et impérieux de nos jours que l'on résiste peu à l'entraînement des dépenses inutiles et que l'on dissipe, dans un moment irréfléchi, ce qu'on avait eu peine à amasser.

La caisse d'épargne oppose un frein salutaire à toute séduction, aux fantaisies qui pourraient laisser des regrets après y avoir satisfait, si l'on contracte la bonne habitude de verser les petites sommes, dont on peut disposer, à mesure qu'on les reçoit, le retrait de ce dépôt étant soumis à une formalité de garantie morale.

Caisse d'épargne scolaire. — Son mode est très simple. Les élèves prélèvent une partie ou la totalité des petites sommes qui leur ont été données par leurs parents et la remettent à l'instituteur. Celui-ci reçoit ces versements, si modiques qu'ils soient, et les inscrit sur un registre *ad hoc* où chaque élève a un compte ouvert à son nom. Il lui est remis un *duplicata* de ce compte. La préfecture fournit à cet effet des feuilles imprimées pour registre de caisse ou *duplicata*.

Lorsque le montant des dépôts successifs atteint, pour la première fois 1^{fr},25, l'instituteur verse cette somme à la caisse d'épargne où elle est employée :

1 franc, à titre de dépôt,

0^{fr},25 pour le prix du livret constatant ce dépôt. La préfecture fournit également des formules de bordereaux des sommes à verser à la caisse d'épargne.

Puis, l'instituteur continue à recevoir les sommes épargnées, qui lui sont remises par l'élève, en ayant soin de les inscrire sur son registre, et ce n'est que lorsqu'elles atteignent de nouveau le chiffre minimum d'un franc qu'il fait un nouveau versement.

Ce livret, délivré par la caisse d'épargne, est remis à l'élève pour qu'il le communique à ses parents afin qu'ils puissent suivre les progrès de leur enfant dans la voie de l'économie.

Quand il s'agit de retirer les fonds déposés, avant la majorité de l'élève, c'est son représentant légal, son père, sa mère, tutrice, ou son tuteur, qui ont seuls qualité pour demander à effectuer ce retrait sous leur signature.

Les élèves ne sauraient trop confier leurs petites économies à la caisse d'épargne scolaire et apprendre, par cet usage fréquent, à être prévoyants.

D. Quels sont les résultats de la prévoyance et de l'économie?

R. D'abord, l'amélioration morale, puis la réforme des habitudes de gaspillage si communes chez les enfants.

D. Sont-ce là les seuls effets de l'économie?

R. Non. En pratiquant de bonne heure l'économie, l'enfant se prépare en grandissant à être prévoyant, et la prévoyance est un des éléments principaux de la civilisation qui entretient, au sein des familles, une parfaite harmonie de volonté et d'action qui fait le charme du foyer domestique.

D. Vous est-il bien facile d'économiser?

R. Oui, en résistant à l'entrainement des dépenses inutiles.

D. Comment pourriez-vous résister à cet entraînement?

R. En déposant nos petites épargnes en main tierce aussitôt qu'elles nous sont acquises et qu'il nous est libre d'en disposer.

D. La caisse d'épargne scolaire a pour but précisément de vous encourager dans cette voie en amassant vos économies sou à sou.

R. Nous sommes heureux de trouver dans l'école ce moyen salutaire pour nous préserver contre les séductions d'une fantaisie qui nous laissent des regrets en dissipant sans avantage l'argent que nous pourrions plus utilement employer.

M. le Ministre de l'Instruction publique a recommandé aux préfets et aux maires de s'intéresser à cette institution afin de multiplier, dans les écoles primaires communales, l'usage de la caisse d'épargne.

Pour son succès, cette bienfaisante institution a besoin d'être rigoureusement maintenue dans les limites d'une sage et intelligente discrétion, car s'il est utile d'apprendre l'épargne aux enfants, il faut aussi les préserver contre l'entraînement d'une concurrence irréfléchie qui la démoraliserait en dépassant le but.

Pour nous, la pensée de cette création a le mérite de disposer les enfants à faire le *sacrifice* des petites sommes qui leur sont données à titre de *récompense* ou pour *leurs jeux*. Il faut nécessairement qu'ils éprouvent une privation réelle pour avoir le mérite de l'économie et de la prévoyance, car s'ils disposaient seulement du superflu d'une trop grande abondance, ils n'éprouveraient pas de privation et par conséquent pas d'enseignement.

Afin de maintenir à cette institution son véritable caractère l'enfant devrait faire connaître, à chaque versement, l'origine de la somme offerte et l'instituteur ne devrait accepter que celle dont cette origine serait d'accord avec l'esprit véritablement prévoyant et économe.

VII

SERVICE MILITAIRE OBLIGATOIRE

Du service militaire obligatoire, qui n'est pas encore de votre âge, nous voulons cependant, jeunes garçons, vous dire deux mots pour vous préparer à y réfléchir à mesure que vous vous rapprocherez du terme où il vous faudra payer votre dette à la patrie.

L'enfant appartient à sa famille. Il se doit aussi à son pays; mais il ne contracte réellement l'obligation de le servir que lorsqu'il a acquis les perfections qui l'y rendent propre.

Le pays a le devoir de préparer les enfants à satisfaire plus tard à cette obligation en leur enseignant les devoirs et les droits d'un bon citoyen. C'est pour cela que vous recevez par l'école, l'éducation morale et l'instruction qui vous permettent de participer un jour aux affaires de votre pays, et, en relevant le niveau de l'éducation physique par le gymnase, le gouvernement veut faire de vous des hommes capables de le servir et de le défendre, bien persuadé que l'honneur et le courage s'allient toujours mieux à la force quand ils sont soutenus par la vertu, l'instruction, la vigueur et la santé.

Il y a aussi l'école du soldat où la première chose qu'on apprend c'est la religion du drapeau, de ce drapeau dans les plis duquel flotte l'âme de la patrie, et qui nous montre à tous le chemin de l'honneur. Là, viennent s'affermir les sentiments d'honneur, l'obéissance au devoir, à la discipline.

Quand vous aurez atteint l'âge de vingt ans, vous passerez tous par cette école, à moins d'infirmité, qui vous en dispense, ou profitant d'une exemption prévue par la loi.

La loi du 27 juillet 1872 est ainsi conçue :

« *Article premier.* — Tout Français doit le service militaire personnel depuis l'âge de vingt ans jusqu'à celui de quarante ans.

» Il fait partie de l'armée active pendant cinq ans, et des réserves pendant quinze ans. »

Le service militaire personnel a pour résultat l'égalité pour tous les hommes. Vos aînés, chers élèves, sous ce régime, apportent à l'armée leur concours sous toutes les formes, et ainsi se trouvent réunies toutes les forces vives de la nation mises en avant par toutes les intelligences.

Cette armée est la France dans sa jeunesse et dans ses grandeurs, toujours forte et passionnément éprise de son honneur. Elle est l'instrument aveugle, impersonnel et muet de la France. Le soldat ne doit pas penser, ne doit pas vouloir, il sert et ne doit qu'obéir. Telle est la tradition, telle est la vérité.

Cet abandon de soi-même, cette abnégation stoïque, cette abdication de toute personnalité, constituent ses vertus militaires encore plus que l'héroïsme du champ de bataille, et, loin de l'avilir, cette servitude consciente et volontaire est la raison même de sa grandeur.

Votre tour viendra d'en faire partie, préparez-vous à vous rendre dignes de perpétuer les nobles et glorieuses traditions de vos aïeux, de vos pères et de vos plus jeunes aînés, et, le jour où vous serez appelés sous les drapeaux, entrez dans les rangs de l'armée avec le sentiment du devoir, la volonté et l'énergie de défendre le sol de la France, si l'étranger tentait de l'envahir.

Dès maintenant, chers élèves, commencez par aimer et respectez le drapeau de la France.

« Ce drapeau, petite chose en apparence, grande chose par ce qu'elle signifie. Le drapeau n'est-il pas le signe auquel se reconnaît une nation ? Ses fastes historiques, ses institutions, ses lois, ses coutumes, sa vie, tout est là; là, dans ce morceau d'étoffe que les vents tourmentent, ou qui pend négligemment sur sa hampe. Il se lève, on se lève avec lui; il marche, on le suit; il s'agite dans la mêlée, on l'entoure, on le défend au péril de sa vie. Les balles, les sabres, les épées se disputent ses lambeaux. Ce n'est plus qu'une guenille, et devant cette guenille, abreuvée de gloire, les tambours battent aux champs, les soldats portent les armes. Debout, enfants, voilà la France qui passe. Vive la France! » (P. MONSABRÉ.)

C'est un devoir pour les jeunes filles de s'unir à leur père et à leur mère dans un même sentiment de patriotisme national, pour affermir, s'il est besoin, au cœur de leurs frères, de leurs parents, de leurs amis, appelés au service militaire, leur dévouement au culte de la patrie jusqu'au suprême sacrifice.

Va, Raymond, tu ne peux savoir quel charme austère
A, pour un cœur vaillant, le métier militaire,
Quelle abnégation, sous des sorts différents,
Quelle vertu modeste on trouve dans nos rangs.
Enfant de la patrie, à sa mère fidèle,
Le soldat, en retour, offre ce qu'il tient d'elle;
Sachant que ce qu'il doit ne peut être acquitté,
Il donne tout, son corps, son âme, sa fierté.
Il supporte la faim, le froid, et sait se taire,
Le jour, se rue au feu, la nuit, dort sur la terre;
Il obéit, il court de ses dangers passés
A des dangers nouveaux sans jamais dire : Assez!
La mort n'est à ses yeux qu'une loi de la guerre,
Un impôt dont on est au pays tributaire,
Et si, dans les combats, il tombe pâlissant,
Il ne demande rien pour prix de tout son sang.
Devant ses yeux éteints et que la mort va clore
L'image du pays se dresse et brille encore.

(Auguste FRAISSE.)

VIII

LA PATRIE. — LE PATRIOTISME

Empruntons la définition de ces deux mots, la patrie, le patriotisme, au savant orateur qui la revêt des splendeurs d'un style harmonieux, d'une éloquence entraînante.

§ 1er. — *La patrie.*

Il faut aimer la patrie, non pour sa grandeur et sa beauté, mais parce que c'est la patrie. (SENÈQUE.)

« Pour bien comprendre ce qu'est le patriotisme et quels devoirs il nous impose, il importe souverainement de savoir ce qu'est la patrie et ce que nous devons en elle honorer, aimer et servir.

» Ce qui fait la patrie, ce n'est pas la terre qui nous porte, ce ne sont pas les frontières tracées par la nature, consenties par les traités ou imposées par la conquête. Sur le même sol, des nations différentes peuvent se succéder ou habiter ensemble. Les frontières d'un peuple avancent ou reculent avec le succès ou les défaites; le droit aveugle et inique de la force peut arracher aux flancs d'une nation des provinces entières sans les enlever à leur patrie, et la théorie des frontières naturelles a été, dans tous les siècles, le prétexte de l'ambition et de la conquête.

» Sans doute, le sol de la patrie doit être vénéré et aimé, mais il ne possède par lui-même, ni cette consécration, ni ces séductions incomparables; elles lui viennent des sentiments qui constituent le patriotisme.

» Ce qui fait la patrie, ce n'est pas la race. Dans notre Europe, les races ont été mêlées par les invasions et par les alliances, et sous nos yeux, plusieurs nations appartiennent à une même grande race antique, où une même patrie compte ses fils parmi des races secondaires nombreuses et diverses.

» Ce qui fait la patrie ce n'est pas la langue, bien que

son influence et son ascendant ne puissent être contestés. La Suisse, qui est une, parle trois langues; les États-Unis d'Amérique parlent l'anglais et les peuples de l'Amérique du Sud ont conservé la langue espagnole de leurs conquérants.

» Les mêmes souvenirs, les mêmes intérêts, les mêmes affections, les mêmes espérances sont évidemment une des grandes puissances, une des grandes séductions de la patrie, et à ce point de vue, elle est une grande famille qui a ses traditions vénérables, ses liens doux et sacrés, son héritage de biens matériels, de croyances, de vertus, d'honneur et de gloire. Amour de la patrie, a dit Lacordaire, sentiment profond et exclusif qui se nourrit de l'histoire du passé et des souvenirs de notre vie personnelle, où se rapporte tout ce que nous avons vu, fait et été depuis les jours bénis de notre enfance jusqu'aux agitations de notre maturité et à la perspective de notre tombeau.

» C'est bien là ce qui fait surtout le charme de la patrie, ce qui, à travers les océans et malgré les années écoulées, émeut si profondément le cœur de l'exilé, ce qui nous ramène par une mystérieuse attraction aux lieux où a reposé notre berceau et où dorment ceux que nous avons aimés. Aussi la patrie, fût-elle obscure et pauvre, trahie et dévastée, nous l'aimons comme on aime une mère, et notre amour s'accroît avec ses épreuves et avec ses douleurs.

» Et pourtant, tout cela, ce n'est pas la patrie tout entière, ce n'est pas l'essence de la patrie.

. . . .

» Il est un centre premier de la vie nationale, un foyer de tous les sentiments qui constituent le patriotisme, une force intime, essentielle que nous nommerons l'âme de la patrie.

» De même, que dans l'homme, l'âme est le principe de la vie, et, selon le langage de la philosophie, la forme qui le distingue des autres êtres et qui lui fait une place à part dans la création, ainsi l'âme d'un peuple est la source de sa vie, elle le fait reconnaître parmi tous les autres peuples, et elle constitue l'essence même de la patrie. De même que dans le corps humain, l'âme est partout présente par son activité et par sa force, ainsi, jusqu'aux extrémités les plus lointaines de son territoire, partout où passe le drapeau national, et partout où existe un membre de cette grande famille, l'âme de ce peuple est présente dans son honneur et dans sa puissance, partout elle s'émeut devant l'hommage du respect ou elle frémit sous la flétrissure de l'outrage.

. . . .

» C'est donc évidemment à ce principe de la vie nationale, c'est à cette âme de la patrie que sont dus le respect, l'amour, le dévouement de ses fils, c'est l'âme de la patrie qu'il faut avant tout aimer, honorer et servir. »

(Mgr Turinaz.)

§ 2. — *Le patriotisme.*

« Le patriotisme, dans sa notion la plus simple et la plus vraie, est l'amour de la patrie. Cet amour est une des plus nobles passions qui puissent émouvoir le cœur de l'homme et inspirer sa vie. Quand elle est forte, généreuse, vaillante et que, s'élevant à la hauteur de l'objet aimé, elle donne dans l'élan du sacrifice, repos, fortune et la vie elle-même, elle devient une grande, une admirable, une sublime vertu.

» Aussi, le patriotisme est la première richesse, la première puissance d'un peuple. Là où il est vivant dans l'âme de tous, là où son ascendant grandit avec le péril, tôt ou tard la victoire et le salut viendront. Là où il unit tous les cœurs, où il apaise les dissensions fatales, où il domine tous les intérêts personnels et toutes les ambitions des partis, même au lendemain des plus cruels revers, et au milieu des ruines les plus désolées, il relève tous les courages, il concentre toutes les ressources, il unit en un faisceau invincible toutes les forces vives d'un pays, et, dans un suprême élan, il ramène les bataillons au combat, et le drapeau national sur le chemin de la victoire. »

(Mgr Turinaz.)

D. Voyons, chers élèves, si vous avez bien compris ce qu'est la patrie. Qu'est-ce que la patrie ?

R. C'est là où sont nos liens, nos affections de famille, nos intérêts, nos droits, nos libertés, nos espérances. « Là où sont les temples dans lesquels ont prié nos pères, les sanctuaires et les basiliques élevés par leur foi, les champs de la mort où reposent leurs cendres, le toit qui a abrité nos premiers jours; les hauts faits du passé, les épreuves, les larmes répandues, le sang généreusement versé, le trésor sacré des grandes inspirations et de l'honneur national; ce qui fait la patrie, ce qui fait la France, c'est son âme. »

D. Qu'est-ce que le patriotisme?

R. Le patriotisme est l'amour de la patrie.

D. En quoi consiste cet amour?

R. L'amour de la patrie consiste à travailler à sa grandeur, à nous inspirer de grands exemples de patriotisme de notre histoire nationale, à respecter et honorer ces traditions qui consolent, instruisent et donnent au courage une plus grande force morale par le mépris de la mort.

L'amour de la patrie exige encore le sacrifice de soi-même, — l'oubli de la famille, — l'éloignement de ses affections les plus chères, — l'abnégation de toutes ses jouissances. L'amour de la patrie, c'est l'irrésistible entraînement à se dévouer, corps et biens, pour défendre la liberté, l'indépendance de son pays, et vous devez, chers élèves, en grandissant, vous préparer sans hésitation à immoler votre bonheur pour assurer le sien.

TROISIÈME SECTION

DES BIENFAITS DE L'ÉDUCATION RELIGIEUSE, MORALE, ET DE L'INSTRUCTION INTELLECTUELLE ENSEIGNÉES SIMULTANÉMENT, ET DES EFFETS D'UNE ÉDUCATION NÉGLIGÉE.

I

L'ÉDUCATION RÉCLAME UN ENSEIGNEMENT PARTICULIER

Pour que l'éducation et l'instruction donnent tout ce qu'elles promettent, il faut absolument les traiter d'une égale façon et faire que la culture du cœur ne s'abaisse jamais au-dessous de la culture de l'esprit. Si l'une de ces deux cultures doit primer l'autre, que ce soit celle du cœur, qui donne de la dignité, civilise, purifie et élève les sentiments et dont l'influence morale est plus directe, plus universelle et plus profonde que toute autre.

L'éducation morale, étant le fondement, la base la plus solide de l'instruction (p. 36), doit occuper le premier rang dans l'enseignement et cesser de n'être qu'un accessoire, qu'une transmission indirecte, lente, sans nerfs, sans muscles, détrempée dans les leçons quotidiennes de l'instruction.

L'éducation ne peut se relever de son infériorité que par un enseignement particulier, distinct, substantiel, développé dans ses principes, dans son application pratique avec les mêmes soins et la même sollicitude que l'on consacre au perfectionnement de l'instruction, de manière que ces deux branches de l'enseignement puissent se prêter un mutuel secours et se fortifier l'une par l'autre; alors le cœur s'élève en même temps que l'esprit s'enrichit de connaissances, l'homme et la femme se forment dans ce milieu humanitaire.

D. Quand l'éducation et l'instruction, ces fils conducteurs de la conscience et du devoir, seront dans l'école l'objet d'un égal intérêt, qu'en résultera-t-il ?

R. Il en résultera que les enfants, en recevant simultanément l'éducation et l'instruction, s'élèveront et s'instruiront en même temps.

D. La fréquentation de l'école a toujours été laissée à la la disposition des familles, d'où vient qu'elle est rendue obligatoire ?

R. Le dernier recensement a fait connaître que 450 000 enfants étaient encore privés de ce double enseignement, et c'est pour les appeler au partage de ce bienfait que la fréquentation de l'école a été rendue obligatoire.

D. Quel avantage la société retirera-t-elle de l'obligation de fréquenter l'école ?

R. L'obligation de fréquenter l'école donnera asile à ces jeunes existences qui s'éveillent à la vie dans les ténèbres de la misère, qui marchent à tâtons sans un guide, sans un conseil venant féconder leurs bons instincts naturels, et qui poussent dans le monde, entre la vertu et le vice, comme une herbe folle entre deux pavés. Cette plante donne parfois des fleurs ; par l'effet du hasard, un rayon de soleil lui a souri et l'épanouissement lui est venu. Pour ces jeunes existences, bien dignes d'intérêt, le rayon de soleil sera l'école.

D. L'école obligatoire n'aura-t-elle pas encore d'autres résultats ?

R. Elle enlèvera à la rue, aux places publiques ces essaims d'enfants aux figures flétries, aux allures grossières et effrontées, que l'indifférence et la cupidité de leurs familles livrent au vice.

D. Quel sera celui de l'éducation ?

R. L'éducation par l'école ranimera cette fleur de la vie, fanée avant le temps, en puisant aux sources pures de la vertu la sève féconde et vigoureuse d'où sort l'âge mûr.

D. Et celui de l'école ?

R. L'école rendra au cœur et à l'esprit de ces enfants étiolés, énervés, qui meurent sous l'influence des mauvaises passions, leur croissance et la dignité.

D. Alors croyez-vous qu'en accomplissant religieusement cette double mission de l'éducation et de l'instruction, on n'accordera pas plus de considération aux instituteurs et aux institutrices?

R. Oui. L'éducation et l'instruction enseignées simultanément avec les développements propres à chacune d'elles, et avec la même sollicitude, régénéreront les mœurs de ces infortunés, et les familles, témoins de ces heureux effets, honoreront le savant, le professeur qui élèvent et instruisent leurs enfants.

Cette influence de l'éducation et de l'instruction sur les destinées d'un peuple est considérable.

L'instruction apprenant à tous à lire, à écrire, à compter, et les notions élémentaires de la langue française, permettra à chacun de connaître les véritables intérêts du pays et de pouvoir s'en occuper utilement.

L'instruction donnée à tous élèvera en l'éclairant, cette foule, d'une ignorance, d'une étroitesse d'idées, d'une exiguïté de jugement, d'une indifférence, d'une trivialité qui fait honte à notre pays, si fier de sa civilisation et de sa grandeur.

C'est de cette foule que sortent ces enfants maigres, chétifs, tués de misère, qui grandissent dans le crime et deviennent la terreur de nos villes, faute d'avoir été contraints de suivre l'école.

L'instruction donnée à tous fera éclore des génies qu'ensevelit l'ignorance.

L'éducation donnée à tous développera les idées morales et religieuses, purifiera les sentiments, donnera de la dignité aux âmes, élèvera les esprits, polira les mœurs et remplacera la brutalité par la raison.

Ce double enseignement simultané donné à tous formera des citoyens animés d'un véritable amour pour la patrie; il permettra à toutes les aptitudes de conquérir leur place au soleil de l'activité industrielle et commerciale du pays, et il sauvera du désordre, du vagabondage, de l'ivrognerie et de la débauche des masses de créatures encore plus ignorantes que coupables.

L'obligation de fréquenter l'école pendant les dix mois

de l'année scolaire est un bienfait pour les ouvriers qui aiment et respectent leurs enfants, et qui peuvent se passer de leurs services. Ces enfants seront élevés et instruits durant le jour au lieu d'être laissés seuls et sans garde en la maison paternelle, ou d'aller vagabonder dans le ruisseau, ou tendre la main aux passants.

Mais cette même obligation pèserait trop lourdement et serait onéreuse aux ouvriers dans la gêne, chargés d'une nombreuse famille, si elle leur était imposée sans modération, sans tempérament.

En ville, là où il y a trois, quatre, cinq enfants à la maison, la misère est au foyer domestique. Le père et la mère sont occupés toute la journée, souvent hors de chez eux. Les enfants, dès l'âge de dix à douze ans, sont soumis au travail manuel productif avant que cet âge ait développé leurs facultés physiques, et les plus jeunes, à peine vêtus, sans chaussures, vivent dans l'indépendance du plus grand abandon.

A la campagne, un enfant tient lieu d'un domestique pendant le temps des travaux des champs : il garde les vaches, les chevaux, les moutons, les oies, les dindons, les chèvres; il porte le repas à ceux qui labourent, sèment, fauchent ou moissonnent. Dans les villages où il n'y a point de salles d'asile, l'aîné des enfants est le gardien de ses plus jeunes frères et sœurs laissés à la maison.

Ces travaux, ces petits soins d'intérieur commencent en mars ou avril pour finir en octobre. Le mois de novembre, dès les premiers jours, rend la liberté à ces enfants et leur permet de suivre l'école jusqu'à la fin du mois de mars ou d'avril. Pendant ce temps, la fréquentation de l'école pourrait être obligatoire sans nuire à aucun intérêt.

Mais si l'on exigeait rigoureusement la présence obligatoire et assidue à l'école pendant toute la durée de l'année scolaire, et jusqu'à l'âge de treize ans, des enfants des ouvriers habitant les villes, ne serait-ce pas rendre encore leur misère plus profonde et leur désobéissance plus excusable.

Quant aux enfants des campagnes, à ceux des montagnes, dont la vie est toute pastorale pendant la saison du printemps à l'hiver, ce serait un véritable impôt sur les parents obligés de remplacer à prix d'argent leurs auxiliaires naturels et se créer une opposition d'inertie bien difficile à vaincre.

Nous encourageons certainement les élèves à se pourvoir, selon leur aptitude, du certificat d'études, du brevet élémentaire, du brevet supérieur; mais il y a des incapacités involontaires qui viennent échouer devant un programme qu'elles ne peuvent réaliser. D'autres intelligences, plus rebelles encore à l'étude, se replient sur elles-mêmes par le découragement à ne pouvoir s'élever davantage. Enfin, de poignantes réalités se dressent et invoquent la misère, les cruelles étreintes de la faim, le besoin d'utiliser toutes les forces de la famille pour pourvoir à son alimentation journalière.

Un plus doux tempérament à l'obligation scolaire en faveur des infirmités morales, intellectuelles et des impérieux besoins de la vie matérielle, la rendrait plus pratique et plus populaire.

A cet enseignement obligatoire il faut une sanction, une sanction exécutoire, efficace, qui se concilie avec la liberté et l'autorité du père de famillle. Ne suffirait-il pas, pour atteindre ce but, d'un article de loi dans ce sens, par exemple :

« Aucun individu de l'âge de six à vingt ans, quel que soit son sexe, ne sera reçu en apprentissage, ni admis au travail, à aucun service manuel ou domestique s'il ne justifie, au préalable, qu'il sait lire, écrire et calculer et possède les notions élémentaires de la langue française.

» Toute personne qui aura contrevenu à cette disposition en l'employant à son service, à quelque titre que ce soit, sera punie d'une amende de..... et tenue de le renvoyer dans sa famille.

» En cas de récidive..... »

Généralement c'est la misère qui rend les parents indociles à l'enseignement de leurs enfants. Il y a bien aussi, et c'est douloureux à dire, des familles obéissant à l'âpre calcul de la paresse, qui jettent leurs enfants sur la voie publique et qui vivent de la récolte de leur mendicité.

Mais la soumission à l'obligation scolaire se substituerait à cette indocilité, à cette dépravation de l'enfance si le programme était restreint pour ceux-ci, car tout chef de famille pauvre qui serait convaincu que ses enfants, ne sachant pas lire, écrire et calculer, et n'ayant aucune notion de la langue française, ne pourraient être employés nulle part et qu'ils resteraient à sa charge, avec l'éventualité d'augmenter sa misère, s'empresserait, par intérêt pour lui-même, de les envoyer à l'école, soutenu d'ailleurs par l'espoir d'en disposer aussitôt qu'ils auraient acquis ces simples notions d'une instruction élémentaire sans limite d'âge. Ainsi seraient sauvegardées sa liberté et son autorité paternelle.

Il y a encore des milliers d'enfants qui croupissent dans l'abandon le plus déplorable, dans la plus profonde ignorance, dans le crétinisme moral. Eh bien! ces enfants, sous la protection de cette double garantie de la suppression de la mendicité professionnelle et de l'obligation de fréquenter l'école, avec la faculté de restreindre leurs études au gré de leurs parents, mais sans qu'elles puissent être inférieures au minimum posé plus haut, cesseraient d'être opprimés par une volonté obstinée à les priver de l'enseignement moral et intellectuel, qu'ils ne peuvent recevoir au foyer de la famille.

Une tutelle opiniâtre, quel qu'en soit le motif, à refuser à ces enfants cette culture appropriée aux tempéraments d'une obligation sociale, qui féconde toutes les facultés de l'âme et de l'esprit, se rendrait aussi coupable que si elle les laissait mourir de faim ou par suite de mauvais traitements corporels. Quel est le père assez barbare pour encourir cette grave responsabilité?

II

L'ÉDUCATION SUBSTITUE LA DOUCEUR A LA COLÈRE

La colère est l'évanouissement de l'esprit et de la raison. C'est un aveugle transport qui ébranle la sincérité du jugement : ainsi dégradé l'homme n'est plus qu'un animal. La colère enlaidit l'homme et rend hideuse la plus jolie femme du monde. Écoutez :

« Mathilde se mettait facilement en colère, sa mère l'exhortait souvent à la douceur, mais Mathilde ne se corrigeait pas.

» Un jour, elle était assise près de sa table à ouvrage, sur laquelle se trouvait un joli vase rempli de fleurs. Son petit frère poussa par mégarde le vase, qui tomba et fut brisé. La colère mit Mathilde hors d'elle-même, ses yeux étincelèrent, les veines de son front se gonflèrent et toute sa figure se décomposa.

» Sa mère lui mit un miroir devant les yeux, Mathilde fut effrayée de sa propre image, sa colère se passa et des larmes tombèrent de ses yeux.

» — Tu vois maintenant, lui dit sa mère, combien la co-
» lère est hideuse et combien elle enlaidit notre visage! Si
» tu continues à t'emporter de la sorte, ces traits hideux te
» resteront peu à peu et feront disparaître tout l'agrément
» et toute la grâce de ta figure. »

» Mathilde prit ces paroles à cœur et s'efforça de vaincre sa colère; elle devint très douce, et la douceur embellit encore son visage. »

« *Le visage est l'image de l'âme, le vice le rend rude et sauvage, la douceur le rend aimable, gracieux et doux.* »

(Ch. Schmid.)

D. Est-il nécessaire de faire l'expérience de Mathilde pour se corriger des emportements de la colère?

R. Non, on y arrive par l'éducation du cœur, par l'élévation des sentiments et par le contact du monde bien élevé; et aussi par la réflexion et la volonté plutôt que par la violence.

D. Expliquez-vous?

R. La réflexion nous apprend que la violence n'a jamais fait de prosélytes, et que, si l'esprit humain consent à être persuadé, il se refuse absolument à être conquis.

Domptez la violence, la colère, ô vous, chers élèves, qui avez le caractère irascible et rebelle. Votre bonheur, celui de tout votre entourage, reposent sur la douceur.

La douceur charme et captive, la colère rebute et éloigne, — la douceur a pour compagnes l'indulgence, la réflexion; la colère ne marche pas sans les injures, les excès, les reproches et la haine; — la douceur supporte la contrariété, les maladies, les revers, la colère s'irrite, se révolte et blasphème; — la douceur rend tout le monde heureux, la colère trouble les familles; — la douceur a en horreur la lutte, les querelles, la guerre, la colère les fait naître; — la douceur est modeste, la colère est orgueilleuse; — la douceur raisonne, la colère s'emporte et outrage. A celui ou celle qui possède la douceur est réservé le bonheur ici-bas, ou au moins la tranquillité; mais une vie agitée, orageuse, misérable est le partage de ceux qui ont la passion de la colère.

L'éducation tend à vous faire bien comprendre, chers élèves, que celui ou celle qui possède la douceur a un trésor d'un prix inestimable, et que celle ou celui que la colère emporte, doit se modérer, sinon sa vie et celle des siens seront remplies de peines et d'afflictions.

Soyez donc bien convaincus que le meilleur moyen de se préserver des emportements de la colère, c'est de s'habituer de bonne heure à souffrir tout avec patience et courage, à n'agir qu'avec réflexion, et à traiter avec douceur et sang-froid ceux qui nous offensent.

III

L'INSTRUCTION SANS ÉDUCATION EST UNE INSTRUCTION SANS INTELLIGENCE

L'instruction sans l'éducation morale religieuse est une instruction sans intelligence, c'est-à-dire, sans âme, sans conscience; elle dessèche le cœur, suspend les facultés quand elle ne les anéantit pas.

Si l'instruction fait des savants, il faut convenir qu'elle produit aussi des médiocrités savantes, ce demi-savoir insolent, qui est mille fois pire que l'ignorance parce qu'il y ajoute l'orgueil et la présomption.

Ce serait calomnier l'éducation, au moins dans sa fleur, que d'en rechercher l'image dans cette représentation de l'esprit gonflé de vanité, de l'imagination faussée par le sophisme et le dédain des traditions et qui se résume en une importance sonore et vide, mais attrayante toutefois pour ceux qui se reconnaissent en elle et se complaisent dans cette erreur morale qui les retient au seuil de l'éducation.

Privés de ce suprême enseignement qui les aurait garantis de cet égarement en donnant à leur âme une forte trempe, à leur jugement une logique droite, à leur raison la fermeté, à leur caractère la résistance, et à leur conscience l'incorruptibilité, ils ont l'esprit rageur et sont ennemis de l'ordre social.

Ils sont en révolte contre le respect dû à l'autorité; la déférence aux supériorités, la hiérarchie administrative et sociale, toutes ces choses qui constituent la force et la dignité du pouvoir et de la société, ne peuvent s'acclimater dans ces têtes remplies de pensées folles, vides de raison.

Dans leur naïve illusion d'indépendance personnelle et la conscience opprimée par le penchant de la convoitise des richesses et des honneurs, les convenances hiérarchiques blessent leur orgueil. S'il leur plaît de se considérer l'égal d'un prince, d'un duc, d'un riche industriel, d'une supériorité administrative dont le prestige peut les honorer, ils s'éloignent avec un froid dédain et un injuste mépris de l'ouvrier, de l'homme de peine, et ne s'en rapprochent, avec une hypocrite aménité, que pour en faire des dupes de leur ambition.

Ce sont de ces hommes à hautes prétentions et à courte vue dont les convictions se transforment juste au moment où elles nuiraient à leurs intérêts. Tantôt fiers et dédaigneux, à la façon des petits esprits qui ont une préoccupation ridicule de ce qu'ils se doivent à eux-mêmes, tantôt affectant une gravité prétentieuse que La Rochefoucauld définit ainsi : « *Un mystère du corps pour cacher les défauts de l'esprit*, » et généralement peu soucieux de leur dignité, ils se font humbles, obséquieux devant plus petit qu'eux quand leur intérêt les sollicite à ce honteux abaissement.

Il est des sommets élevés que les aigles atteignent d'un coup d'aile; ces cimes, les reptiles tentent d'y parvenir en rampant.

L'éducation morale religieuse ne se révolte ni contre la dépendance, ni contre l'ordre hiérarchique des supériorités, ni contre les règles et les usages de la société.

Elle nous apprend, au contraire, que la liberté c'est l'abandon que chacun fait au profit de tous de son indépendance personnelle. C'est-à-dire que nous faisons acte de soumission aux lois naturelles qui règlent nos affections, aux lois civiles qui nous imposent des devoirs réciproques, aux convenances sociales et aux pouvoirs de l'autorité. C'est dans ce fond général d'indépendance qu'un peuple, ou chaque citoyen, devenu libre sous la dépendance et le respect à cette soumission, puise la liberté.

Or, celui qui se dit indépendant n'a pas la liberté, puisque la liberté exclut l'indépendance. (Voy. *Liberté, indépendance absolues.*)

L'éducation nous apprend aussi qu'il y a une hiérarchie d'ordre public qui ne nuit pas à la liberté qui se concilie avec le respect des supériorités (voy. p. 51). Celui qui a la responsabilité et le labeur du commandement doit être obéi : c'est la règle, l'ordre le veut ainsi.

L'éducation nous apprend encore qu'il y a, envers les grandeurs humaines et les convenances sociales, des devoirs d'obéissance et de déférence qui s'imposent d'eux-mêmes aux plus hautains; mais une obéissance et une déférence sans bassesse, qui ne sont ni l'aplatissement ni l'oubli, ni la trahison de la dignité. C'est quelque chose d'imposant qui tient à un profond respect des ordres établis en vertu d'une volonté suprême.

> Libre à la cour des rois, poli, mais sans bassesse,
> Devant eux il s'incline et jamais ne s'abaisse. (MILLEVOYE.)

L'instruction intellectuelle qui néglige d'enseigner toutes ces choses et laisse le cœur dans l'ombre, qui laisse se développer les mauvaises habitudes, les passions déréglées, et accroître les misérables susceptibilités de l'amour-propre, de vanité puérile, de raideur inepte, est bien certainement une instruction sans intelligence des besoins du cœur, sans dignité pour l'âme.

IV

L'ÉDUCATION SANS INSTRUCTION N'ÉLÈVE PAS MOINS LES SENTIMENTS

L'éducation morale, nous l'avons déjà dit (p. 11), est la culture de l'âme. C'est par la communication de son enseignement à l'enfant que se développent et s'élèvent ses sentiments.

La base de cette éducation est l'esprit religieux. C'est un lien qui unit plus étroitement la mère à son enfant, le père à sa famille, et accroît la puissance de l'humanité.

La fidélité aux pieuses croyances, qui répondent aux instincts les plus profonds du cœur, éveille de bonne heure les facultés de l'âme; l'enfant s'élève successivement docile au respect, à la déférence. Il est charitable, bienveillant; il est probe, laborieux, honnête. Il a la politesse naïve et simple de sa condition, il partage les souffrances et les joies de sa famille.

Voilà l'éducation jusque-là sans instruction intellectuelle et en voici les effets :

« C'était l'hiver, l'hiver rude, sévère, glacial qui enveloppe la nature de son grand manteau de neige. Il faisait à peine jour et l'on se sentait heureux sous de chaudes couvertures, dans une bonne chambre, tiède encore du feu de la veille.

» Et pourtant deux petits enfants, à cette heure matinale, parcouraient déjà les rues de la ville. L'aurore venait seulement de naître, et les feux du soleil levant ne faisaient pas encore miroiter la glace qui couvrait les toits des maisons.

» — Où courez-vous ainsi, pauvres petits, n'avez-vous
» donc pas une mère qui prenne soin de vos jeunes ans ?
» La terre est glacée, le vent souffle, pourquoi sortir à
» l'aube du jour ? Vous voici auprès de l'église où, chaque
» matin, se rendent les fidèles ; mais à cette heure les
» portes sont closes, et personne ne verra votre misère et
» n'essayera de la soulager. — Nous allons, disaient-ils,
» de maison en maison, chercher un peu de bois ou du
» charbon. Notre mère est malade, elle souffre du froid
» plus que nous, et il y a tant de choses que les domes-
» tiques du riche jettent comme inutiles sur la voie pu-
» blique. Peut-être trouverons-nous un peu de charbon
» dans les cendres jetées.

» — Cherchez, cherchez, pauvres enfants, et que demain,
» que tous les jours, votre panier soit rempli. Puisse votre
» mère, dont vous êtes la consolation, réchauffer ses
» membres alanguis par le froid ! »

» L'aîné portait sur son épaule un paquet renfermant la petite provision de combustible qu'ils avaient faite, et les deux enfants reprenaient déjà le chemin de la maison maternelle, quand un objet, qui brillait à leurs pieds, attira leur attention. C'était une cuillère en argent qui doit appartenir aux habitants d'une maison bourgeoise du voisinage. « — Sonnons à la porte de cette maison qui nous
» fait face, dit l'aîné, entrons et informons-nous, car nous

» ne saurions garder un objet de cette valeur. — Tu as » raison, répondit l'autre, qui fit aussitôt résonner sous ses » mains le marteau de la grande porte.

» — Monsieur, dit-il en s'adressant au concierge, voici » un objet que nous avons trouvé, n'appartiendrait-il pas » aux habitants de cette maison? — Oui, où l'avez-vous » trouvé? — Là, dans les cendres. — C'est bien, mes pe- » tits, vous êtes d'honnêtes enfants; c'est vous qui de- » meurez là-bas dans la plaine? — Oui, mon bon monsieur : » la nuit d'hier, l'ouragan a enlevé notre toit et une grosse » pierre est tombée presque sur le berceau de notre petite » sœur. — Elle n'a pas été blessée? — Non, Dieu merci, » elle ne s'est même pas réveillée, mais nous avons eu bien » peur. — Alors il pleut chez vous? — Oui, ou il y gèle; » mais la petite n'a pas eu de mal. »

» En ce moment une pièce de cinq francs tomba d'une fenêtre de l'entresol sur le pavé, et l'on entendit ces mots :

« — Vous êtes de bons enfants, j'irai vous voir aujour- » d'hui, » et vite la fenêtre se ferma. — « Merci, merci, » acclamèrent deux voix pleines de bonheur; les casquettes s'agitèrent, et les deux petits heureux s'élancèrent vers leur pauvre maison.

» — Regardez, mère, regardez, » disaient-ils en entrant tout essoufflés, et on a ajouté : « — J'irai vous voir. » Puis ils racontèrent leur aventure. « — Oui, restez toujours » honnêtes, mes pauvres enfants, dit la mère avec bon- » heur, Dieu n'abandonne jamais les honnêtes gens. »

» Le même jour, en effet, une dame charitable apporta du linge à la mère de famille qui, un instant, s'était crue abandonnée dans sa pauvre chaumière. Les deux petits garçons reçurent des blouses et des chaussures, et la mère eut chaque mois un secours en argent qui lui permit d'élever sa petite famille.

» Les deux garçons endimanchés, beaux comme ils ne s'étaient jamais vus, allèrent à l'école, où ils firent de rapides progrès. Ah! les pauvres petits! ils se souvenaient de leur enfance à l'école de la misère. »

N'avions-nous pas raison de dire en commençant, que si l'instruction est utile, elle n'est pas absolument indispensable pour élever les sentiments, ce qui est l'œuvre de l'éducation.

Ces chers petits sont des hommes aujourd'hui, et chefs d'une de nos bonnes usines ; la pauvre cabane, au toit de carton qu'enlevait l'orage, a été remplacée par la maison d'habitation en avant de l'usine.....

Croyez-vous qu'on ne pourrait pas écrire sur son fronton : *Education, probité. — Ecole, travail.*

V

L'ÉDUCATION ET L'INSTRUCTION RÉUNIES SONT LE COURONNEMENT DE L'ŒUVRE RELIGIEUSE ET MORALE, INTELLECTUELLE ET CIVIQUE.

Le poète antique a rendu merveilleusement cette éternelle beauté de l'éducation par la plus saisissante des images.

Ce bloc de matière inerte et sans forme, le sculpteur l'attaque avec son ciseau, il fait tomber pièce à pièce toute cette enveloppe grossière qui dérobait la beauté cachée dans ses molécules inertes. Et voici que la lumière va descendre sur cette image, que le front va s'illuminer, que les joues frémissent, et que de la bouche entr'ouverte s'échappe cette parole divine qui trahit la créature qui vient d'en haut, et l'artiste s'agenouille plein d'adoration et d'amour devant cette œuvre qui est bien la sienne, car elle est celle de sa pensée et de son cœur.

Mettons en présence de ce chef-d'œuvre de pierre le chef-d'œuvre humain obtenu par l'enseignement simultané de l'éducation religieuse et morale, de l'instruction intellectuelle et civique, et tirons-en l'orgueilleuse satisfaction qu'il ne lui est pas inférieur.

Le caractère se forme, la volonté s'affermit, la conscience se dresse et se rectifie, la sensibilité se purifie et s'ennoblit, le cœur s'attendrit et se fortifie, et, en même temps, l'esprit se pourvoit de connaissances, toutes les puissances des facultés intellectuelles et morales mises en action se développent, s'affermissent et s'augmentent, et l'âme s'élève tout entière dans sa dignité, dans sa grandeur. Cette œuvre est bien celle des éducateurs, car elle est aussi celle de leur pensée et de leur cœur.

TROISIÈME PARTIE

De l'éducation religieuse, morale, et civique dans la société et par la société.

Dans la première et dans la seconde partie de cet ouvrage, vous avez déjà reçu, chers élèves, l'enseignement qui prépare votre entrée dans la société. Il vous reste à parfaire cette éducation par l'étude et la pratique de la charité, par le choix d'une profession qui réponde exactement à votre vocation et à vos aptitudes, et par l'honorabilité de votre conduite qui doit être la gloire et la providence de votre foyer.

I

LA CHARITÉ

L'instruction double les facultés de l'homme, de la femme; elle est une puissance pour le mal, pour le bien; mais on la dirige exclusivement vers le bien en l'associant à l'éducation religieuse et morale de la famille, à l'éducation morale et religieuse de l'école, et en y joignant, comme le complément indispensable de ces deux branches principales de l'enseignement, l'étude de la charité.

La charité est une vertu par laquelle nous aimons Dieu par-dessus toutes choses, et le prochain comme nous-même pour l'amour de Dieu. C'est donc aussi une commisération morale par laquelle nous secourons notre prochain de notre bien et de nos conseils.

§ 1er. — *Des origines de la pauvreté.*

On vient au monde pauvre, dans l'aisance, ou riche, suivant la position de sa famille. Mais, à le bien considérer, l'état de nos sociétés à leur naissance était la pauvreté. L'aisance est sortie de là par le travail. L'industrie et le commerce, sources du travail fécondé par de hautes et persévérantes intelligences, en entretenant la vie active à tout ce qui se meut dans leur puissante organisation, ont répandu d'abondantes félicités.

Mais en dehors de ce mouvement progressif de l'amélioration matérielle du peuple, se trouvent des individualités qui ne peuvent y prendre part pour cause d'infirmités physiques ou morales, ou que leur vieillesse rend impuissantes au travail.

D'autres, rebelles au travail, réfractaires à la noblesse des sentiments qui honorent l'homme, imprudentes dans les spéculations, ou frappées par l'adversité ou le malheur n'arrivent pas au partage des bienfaits du travail.

De là la misère.

Et de la misère sortent les pauvres.

§ 2. — *La misère.*

D. Qu'est-ce que la misère?

R. La misère est le manque d'argent, la privation du nécessaire, en un mot le manque d'habillements, de lits, de couvertures, de nourriture et de toutes les choses indispensables à l'existence.

D. Vous faites-vous une idée des conséquences de la misère?

R. Oui, elle est bien à plaindre la famille qui habite une mauvaise cabane où pénètrent le vent et la pluie, qui souffre de la faim, et qui n'a pas même un peu de pain pour l'apaiser.

D. Oserez-vous encore vous plaindre, enfants, vous qui allez à l'école où rien ne vous manque?

R. Non, en réfléchissant à toutes les souffrances de la misère, nous blasphémerions si nous ne nous trouvions pas heureux à l'école : nos écoles sont vastes et aérées auprès des pauvres réduits où s'abrite la misère.

D. Votre situation ne saurait être comparée à celle du pauvre.

R. Oh ! non, aussi l'écolier et l'écolière qui oseraient se plaindre de l'école seraient ingrats envers Dieu.

D. Quelle misère encore plus horrible atteint le pauvre?

R. Souvent l'ignorance de Dieu, l'ignorance de la loi, de la justice et des règles de bienveillance et d'honnêteté.

L'habitude de l'oisiveté et le penchant à la paresse sont les serviteurs de la misère. Le respect de nous-mêmes, l'intérêt de notre avenir, nous font un devoir de les combattre avec la vigueur de la jeunesse. Avec la persévérance obstinée dans le travail, secondée par une conduite sobre, prévoyante et économe, on défie l'adversité, bien amère pour qui ne sait pas la braver.

Oui, la misère est la conseillère des pires choses, des actes les plus coupables, il faut la haïr comme dégradante pour les souillures qu'elle met à l'âme et le pli qu'elle imprime à l'esprit.

§ 3. — *Les pauvres.*

D. Quel est véritablement le pauvre?

R. Le pauvre est celui qui, faute de gagner sa vie par le travail, ou faute de travail, manque du nécessaire indispensable à la vie. C'est aussi celui qui est atteint d'infirmités qui l'empêchent de travailler, et c'est encore celui dont des revers de fortune ont changé la bonne situation en une mauvaise.

D. La pauvreté a-t-elle une apparence extérieure?

R. Les angoisses de la misère donnent à la pauvreté la pâleur du visage, une expression de douloureuse tristesse, une attitude inquiète sous l'atroce pression de la souffrance.

D. Ne se reconnaît-elle pas aussi à l'habillement?

R. Il y a des pauvres honteux qui se distinguent par une tenue propre et simple, mais généralement ceux qui tendent la main aux passants sont misérablement vêtus.

D. Qu'est-ce qu'un pauvre honteux ?

R. C'est celui qui cache sa misère aux yeux du riche et qui gémit en silence sous le poids des cruelles tortures de l'indigence.

Les infirmités, le grand âge rendent la volonté impuissante à se garantir de l'humiliation d'implorer l'assistance publique, si l'on a manqué de prévoyance dans l'âge où il était possible de se ménager quelques ressources pour l'avenir. C'est au début de la vie qu'il faut apprendre à se prémunir contre cet affreux malheur. Soyez attentifs, jeunes élèves, à l'éviter.

§ 4. — *La charité est un devoir.*

Bien des gens donnent sans compter leur intelligence à la grandeur de leur pays, leur travail à sa richesse, leur vie à sa défense et leur dévouement à ses misères. Pour eux le devoir se comprend par la raison, la bienveillance par la bonté; l'héroïsme par le courage. Il en est d'autres, inspirés par la foi, qui s'attachent plus particulièrement à secourir leur prochain dans le besoin, soit par des aumônes, soit par des conseils ou par tout autre acte de charité. Tous, quelle que soit la forme, accomplissent le devoir de la charité auquel on ne peut échapper sans encourir le reproche de sa conscience.

D. Et vous, jeunes garçons et jeunes filles, qui vivez dans l'aisance, quels sont vos devoirs à l'égard des pauvres ?

R. Nous devons leur faire l'aumône, et lorsque nous rencontrons un pauvre, loin de détourner les yeux avec mépris, nous devons soulager sa misère. Plus tard, quand nous serons grands, nous rechercherons les *pauvres honteux* et nous essayerons de les soulager.

D. Citez les paroles de Notre-Seigneur Jésus-Christ à l'égard des pauvres.

R. « Soyez les bien-aimés de mon Père, vous tous qui avez aimé les pauvres; ce que vous ferez pour eux, je le regarderai comme fait pour moi. Soyez bénis, car j'étais pauvre et vous m'avez secouru; j'ai eu faim et vous m'avez rassasié; j'ai eu soif et vous m'avez désaltéré; j'étais nu et vous m'avez couvert. Soyez avec moi dans le royaume des cieux. »

D. Ainsi, lorsque vous rencontrez un vieillard qui vous tend la main, vous devez le secourir si vous le pouvez.

R. Oui, nous devons lui donner tout ce que nous pouvons et cela sans hésiter, car le vieillard qui mendie n'a probablement pas d'enfants pour le soutenir, il est donc seul au monde : nous devons l'assister.

D. Le devoir de charité est-il rempli en donnant quelque argent à un vieillard?

R. Oui, si on ne peut faire plus, mais ce serait mieux si on pouvait lui trouver un asile et assurer son existence.

D. Une telle conduite est-elle conforme à la loi divine ?

R. Oui, car la loi divine nous dit que les pauvres sont nos frères et nous ordonne de les secourir dans le besoin.

D. Fort bien. Mais cette loi divine n'est-elle pas en contradiction avec nos lois civiles qui interdisent la mendicité?

R. Non. La mendicité est interdite, cela est vrai, mais la charité ne l'est pas.

La charité protège la vieillesse, abrite la souffrance, élève l'enfant et soulage bien des infortunes. Ne soyez pas étrangers à cette œuvre de bienfaisance, si vos moyens vous en donnent le pouvoir, vous éprouverez une douce joie en vous rappelant que vous avez pu calmer une douleur.

Mais la vraie charité ne consiste pas tant dans les secours matériels que dans les dons du cœur, et tout individu, si faible qu'il soit, peut faire de précieux actes de charité, par exemple :

Apporter un légitime témoignage d'estime à un pauvre être calomnié.

Soulager, par une affectueuse parole, une âme trompée qui gémit de ses déceptions.

Être affectueux et prévenant envers celui dont la fortune trahit l'effort.

Enfin, ouvrir avec sympathie son cœur à toutes les plaintes, à toutes les souffrances réelles, à toutes les erreurs humaines.

« Un bon vieux jardinier faisait beaucoup de bien aux pauvres. Maintes petites sommes qu'il aurait pu employer à se procurer de plus beaux habits, des meubles plus élégants, ou un plaisir quelconque, étaient données par lui aux malheureux qui venaient implorer son secours. En le faisant, il avait l'habitude de dire : « Allons, voilà encore une pomme » par-dessus la haie. »

» On lui demanda un jour l'explication de ces singulières paroles. Voici ce qu'il raconta : « Une fois je fis entrer quelques enfants dans mon verger, et je leur permis » d'y manger tant qu'ils en voudraient des fruits tombés » sous les arbres, mais je leur défendis d'en mettre en » poche et d'en emporter. Cependant un petit garçon fut » assez rusé pour jeter quelques-unes des pommes par-dessus la haie, afin de les retrouver quand il serait dehors.

» Sans aucun doute cet enfant avait mal agi et je ne lui » permis plus d'entrer dans mon jardin ; cependant, comme » l'abeille tire du miel des plantes vénéneuses, je sus aussi » tirer de cette supercherie quelque chose de bon.

» Tiens, me dis-je, il en est des hommes dans ce monde, » comme de ces enfants dans mon jardin : Nous pouvons » jouir des biens de la vie et non en emporter avec nous. » Cependant ce que nous donnons aux pauvres, nous le » jetons pour ainsi dire par-dessus la haie, et nous le » retrouverons un jour de l'autre côté, c'est-à-dire dans » l'éternité. »

Ce que nous donnons ici-bas aux pauvres, nous le retrouverons dans l'autre monde. (Ch. Schmid.)

§ 3. — *Le vagabondage.*

Le vagabond est un homme sans aveu, sans métier, ni profession, sans domicile certain, accoutumé à courir les rues dès son jeune âge, privé de surveillance de la part de ses parents, il contracte de bonne heure des habitudes de fainéantise contre lesquelles rien ne peut réagir. Il descend un échelon, puis un autre, jusqu'au jour où, sous le haillon de la misère, n'ayant pas de moyens de subsistance, il s'en procure à ses dépens. Jeté dans ce milieu par l'inconduite, il est sans principes, sans mœurs.

D. Quelles sont les causes qui conduisent au vagabondage ?

R. Ce sont la paresse, l'ivrognerie, le jeu, le dérèglement des mœurs et plus particulièrement la privation de l'éducation morale et religieuse.

D. Croyez-vous donc que privé de cette éducation, l'enfant, enclin déjà au dérèglement des mœurs, devenu plus tard homme, ne peut suivre la voie de la vertu et de la vérité ?

R. Non, nous en sommes bien convaincus.

D. Qui vous donne cette conviction ?

R. Ce que nous voyons.

D. Que voyez-vous ?

R. Des enfants sans tendresse pour leur mère, sans soumission à son autorité, sans déférence à ses prières.

D. Mais leur père n'est-il pas là pour les rappeler et les maintenir dans leurs devoirs ?

R. Dépourvus de sentiments et de dignité, ils sont également sans respect pour leur père ; ses conseils sont reçus avec dédain, d'un certain air froid blessé, ou par un silence et un jeu insolent du visage.

D. Pourtant, s'il appuie son autorité d'une menace de correction, le père ne peut-il soumettre cet écart d'une volonté rebelle ?

R. L'enfant se soustrait par la fuite au châtiment et, rejetant l'injure à la face de son père, il devient incorrigible et tombe lourdement au plus profond du vice.

D. C'est un monstre qu'un pareil enfant?

R. Oui, c'est un monstre qui nous fait horreur et que nous fuyons avec dégoût et mépris.

D. Que devient-il plus tard?

R. Parvenu à ce point de corruption morale et d'avilissement, il n'a plus la conscience de sa perversité, et alors du délit il passe au crime et il arrive insensiblement et fatalement à subir le suprême châtiment.

§ 6. — *Les mauvais pauvres.*

Il y a aussi les mauvais pauvres, des pauvres de profession. Ceux-ci tendent la main avec une sorte d'hésitation, se déclarent sans ouvrage et réduits exceptionnellement à mendier. Quelquefois, c'est une femme en haillons, portant un petit enfant dans ses bras, souvent avec un autre petit être accroché à ses jupes dépenaillées. Comment ne pas se sentir ému?

Hélas! c'est sur cette émotion si naturelle, si humaine, que spéculent les mendiants de profession. Et, chose lamentable à dire, les moins réellement dignes de sympathie, ce sont les mendiants à enfants. L'exploitation de l'enfance par la mendicité est une des plaies les plus hideuses et les plus pernicieuses de notre état social.

D. Qui désigne-t-on par ces mots : *mendicité professionnelle?*

R. On entend parler des gens qui vivent de la mendicité, pouvant travailler, et qui, le plus souvent, n'ont que la livrée de la misère.

D. Est-il prudent de leur faire l'aumône?

R. Si ce sont des jeunes gens, des hommes et des femmes sans infirmités, se livrant à la mendicité sur la voie publique, il est à craindre, en les soulageant, d'entretenir la paresse et le vagabondage.

D. N'y a-t-il pas aussi des enfants en bas-âge élevés par leurs parents dans cette vie honteuse et déréglée?

R. Hélas! oui. Abandonnés sur la voie publique, ignorant la dignité de leur nature, ces enfants descendent inconsciemment tous les degrés de la corruption et vont échouer dans le plus ignominieux avilissement.

D. Quel est le véritable remède capable de sortir ces enfants de cet état d'avilissement?

R. C'est l'école. En créant partout des écoles, en rendant l'instruction obligatoire pour tous, en maintenant, comme cela existe déjà, la gratuité pour ceux qui ne peuvent pas payer. On fera disparaître en même temps, le vagabondage et la mendicité professionnelles justement reprochés aux enfants.

D. Quels sont donc, encore une fois, les fruits que la société recueille de l'établissement des écoles?

R. En enseignant l'éducation religieuse et morale aux enfants, en leur apprenant que le travail est honorable et la mendicité honteuse, la société profite de leur bonne nature qui se serait gâtée par l'ignorance.

Pour les mauvais pauvres, la mendicité est une industrie. Ils dépensent plus d'autorité et d'esprit à mendier leur vie qu'il n'en faudrait pour la gagner. Ils s'imposent la contrainte la plus pénible et le travail le plus assidu par amour de la fainéantise. Ils composent leur visage, ils essayent des intonations lamentables, ils reconnaissent, au premier coup d'œil, celui qui leur donnera quelque chose, celui qui leur tournera le dos, celui qui les menacera du sergent de ville. Le dernier mot de la mendicité savante consiste à prendre de toutes mains, en prouvant à chaque bienfaiteur qu'il n'est secouru que par lui seul.

Les faits de vagabondage et de mendicité professionnelle exactement constatés, par les agents préposés à ce service, suivis d'une répression, conforme aux articles 271 et suivants du code pénal, énergiquement appliquée d'une main puissante, avec une volonté inflexible et sans lenteur aux coupables, relèverait peut-être le moral et le courage de ces malheureux, mais assurément cette rigoureuse mesure rendrait au travail et à leur dignité ceux qui dans un moment irréfléchi auraient l'intention de les imiter.

§ 7. — *Guerre au paupérisme.*

Montesquieu a écrit qu'il aimerait mieux avoir fondé l'Hôtel des Invalides que gagné trois batailles. C'est dans ce même esprit que de pieuses institutions ont été créées par l'initiative privée, par l'initiative de l'administration publique pour le bien de l'humanité. Il n'est point d'infortune, point de forme de la misère humaine qu'on ne se soit efforcé de soulager; aussi la population ouvrière et tous les gens laborieux ont-ils quelque chose à désirer qui ne leur soit immédiatement accordé ? Ne va-t-on pas même jusqu'à prévenir leurs désirs? Ils ont la crèche, — l'orphelinat, — la salle d'asile, — l'école gratuite, — la maison des apprentis, — l'assistance dans l'atelier, le comptoir, le bureau, l'industrie, le commerce. — Ils ont aussi l'asile de la vieillesse. Autant d'institutions humanitaires produites et entretenues par l'association, cette sainte union des âmes, par les ressources de l'administration et de la charité publique. Elles sont créées pour suppléer à l'insuffisance des salaires, à l'impuissance de la vieillesse, pour venir en aide à toutes les honorables infortunes et combattre le paupérisme par le progrès de la civilisation.

La crèche. — La crèche est la providence de la misère. Subvenir aux besoins de son enfant n'est pas toujours la plus grande difficulté pour la femme pauvre. Pouvoir le garder, voilà le problème, car, pendant que la mère soigne l'enfant, elle ne peut travailler et gagner le pain quotidien.

Ce problème, longtemps insoluble, est résolu.

L'œuvre des crèches a pour but d'aider les ouvrières à nourrir et à élever elles-mêmes leurs enfants; à cet effet, elle est destinée à recevoir et soigner, pendant la durée ouvrière de chaque jour de l'année, les enfants âgés de plus de quinze jours et de moins de trois ans, dont les mères sont pauvres, se conduisent bien et travaillent hors de leur domicile.

Là, un personnel préside et veille au bien-être matériel, moral et largement charitable des enfants. Cette vive sollicitude inspire à leurs mères une confiance absolue qui leur permet de se livrer sans souci, sans inquiétude aux travaux rémunérateurs de leur profession.

La salle d'asile. — Autrement dit aujourd'hui : l'école maternelle, parce qu'elle doit offrir aux enfants mieux qu'un refuge, une protection contre les dangers de la rue et qu'elle est appelée à continuer les soins et l'éducation de la mère de famille. La crèche prend l'enfant au berceau et le conduit à l'école maternelle. Cette école est un établissement où l'on s'applique à former le cœur des enfants, à leur inspirer de bons principes, à leur faire contracter, dès l'entrée dans la vie, des habitudes de discipline, d'occupations régulières qui sont un commencement de moralité; à leur donner de bonne heure le goût du travail, à développer, sans la fatiguer, leur jeune intelligence, tout en leur donnant les soins physiques que réclame leur faible constitution et que la plupart d'entre eux ne recevraient pas de leur famille retenue au loin, pendant la journée, par l'impérieuse nécessité du travail.

Les enfants sont reçus à l'école maternelle à l'âge de deux ans et conservés jusqu'à l'âge de cinq ans, là où il y a une école enfantine, ou jusqu'à six ans s'il n'y en a pas. On dépose dans leur âme le germe des sentiments moraux et religieux qui promettent au pays d'honnêtes générations.

L'orphelinat. — L'orphelinat est la maison où l'on reçoit et élève les enfants qui ont perdu leurs parents. L'orphelinat devient pour eux la maison paternelle et maternelle.

L'école enfantine. — De la salle d'asile, ou école maternelle, les enfants entrent à l'école enfantine dès l'âge de cinq ans pour en sortir à sept ans avec des dispositions de caractère, une ouverture d'esprit, un commencement de culture morale, intellectuelle qui permet de leur donner, à l'école proprement dite, un enseignement plus solide, plus élevé, plus rapide.

L'école. — De l'école enfantine, les enfants passent à l'école. Ils y viennent féconder les principes de morale semés dans leurs cœurs, exercer leur intelligence et plier leur esprit et leur volonté aux difficultés de l'étude. L'école, en mettant en action successivement toutes les forces, toutes les puissances de leurs facultés morales et intellectuelles, les instruit et les élève tout à la fois; et quand leur esprit est pourvu de connaissances, des premières lumières de la raison, quand leur éducation du cœur devient un fait pratique d'honnêteté et d'honneur et de goût pour le travail, ils quittent l'école pour entrer à l'atelier, au bureau, au comptoir, en apprentissage.

L'apprentissage. — L'apprenti est celui qui apprend un métier sous la direction d'un maître. En quittant l'école un grand nombre d'adolescents et d'adolescentes entrent en apprentissage.

Une société, sous le titre : *Association des apprentis,* les reçoit et veille sur eux. Elle vient au secours des aptitudes incertaines et elle favorise les vocations professionnelles qui lui semblent bien accusées. Elle a pour cette jeunesse une tendresse de mère; sa sollicitude s'attache à la préserver des dangers auxquels les exposent l'âge et la condition; son dévouement s'étend jusqu'à en faire des ouvriers et des ouvrières vertueux et habiles.

L'apprentissage commence à l'âge de onze à treize ans, à la sortie définitive de l'école, et dure deux ou trois années. Si l'apprenti a mis à profit le temps passé à l'atelier, il devient bon ouvrier, il est en état de subvenir à ses besoins et de s'élever, par son travail intelligent et assidu, au rang de patron.

L'employé, le commis surnuméraire, l'apprenti commerçant, la jeune fille de magasin, couturière, lingère, modiste, après un laps de temps bien employé, trouvent aussi un salaire rémunérateur satisfaisant et la perspective d'un avancement rapide ; pour les uns et pour les autres la possibilité de s'établir et de devenir chef de maison.

L'école d'adultes. — De son côté l'administration publique s'attache à compléter l'éducation morale et l'instruction de la jeunesse occupée pendant le jour. Elle lui ouvre le soir, en hiver, pour les garçons, et dans l'après-midi des jours fériés pour les filles, un cours d'études variées où chacun d'eux vient fortifier et étendre ses connaissances, affermir sa discipline, qui est la force de l'éducation, par la manifestation de l'obéissance et de la fidélité à la loi, du respect à l'autorité et de la reconnaissance envers ses parents, ses maîtres et maîtresses, et l'administration publique. Après cette dernière épreuve de l'enseignement, et l'apprentissage achevé, ils prennent rang dans la société.

L'atelier, le bureau, le comptoir, l'industrie, le commerce. — A la sortie de l'apprentissage, le jeune homme est ouvrier ; puis il devient patron, chef d'atelier, ou bien il occupe une position dans l'industrie, dans le commerce, dans l'administration. La jeune fille est employée dans les magasins, elle est modiste, couturière, elle concourt aux emplois civils administratifs attribués à son sexe. Les voilà, l'un et l'autre, dotés d'une position qui leur assure une heureuse existence par le travail, et les garantit contre les éventualités de l'avenir, autant que le permettent les limites étroites des prévisions humaines.

Cédant, sans contrainte, à une heureuse et sublime inspiration de gratitude, ils sollicitent l'honneur de faire partie de la société de bienfaisance et de secours mutuels, dont ils ont éprouvé la bienveillante générosité, et ils en deviennent les membres les plus actifs et les plus dévoués.

La famille. — La famille a été créée par Dieu lui-même. Pour prolonger son être sur la terre par les générations, l'homme est obligé de s'unir à la femme. De cette union, consacrée par la religion et protégée par les lois, résulte l'enfant : le père, la mère et l'enfant voilà la famille, l'unité, divine source de tout. Elle est l'image de la société. Le mari et la femme ont la même autorité sur leurs enfants et les mêmes droits à leur respect, à leur déférence, à leur amour.

A la famille viennent s'offrir les libéralités de la bienfaisance publique et des sociétés de secours mutuels. Elle reçoit d'elles les soins médicaux, des médicaments, une allocation des journées de maladie, et, en outre, des distributions d'aliments, de combustibles, de vêtements..., etc. En échange de ces libéralités, l'administration et ces sociétés leur demandent particulièrement de s'honorer par la moralité, la probité et l'honneur dans la conduite privée et publique ; et comme les enfants sont des êtres enseignés et, par conséquent, des imitateurs, elles exigent de leurs parents qu'ils leur donnent de bons exemples et qu'ils tiennent la main à ce que leur conduite soit toujours irréprochable.

La vieillesse. — Pareilles institutions sont en pleine activité pour les vieillards auxquels il est accordé des secours, voire même des pensions viagères, qui les affranchissent de la misère et qui leur assurent la dignité de l'existence.

Les infirmes. — Et aux malheureux infirmes, les mêmes libéralités sont également octroyées.

Utilité de l'épargne. — La crèche, l'orphelinat, l'asile, l'école sont des institutions gratuites. La bienfaisance publique s'étend sur les pauvres, et, moyennant une très faible cotisation mensuelle, les pères, les mères et leurs enfants sont admis au bénéfice des sociétés de secours mutuels. Cette cotisation est prélevée sur l'épargne, sans nuire aux besoins du jour. Avec ces ressources et l'exemple du travail, de l'économie et de la prévoyance, les parents préparent leurs enfants à méditer avec eux cette sage parole : *Le travail chasse la misère, et c'est l'économie qui l'empêche de revenir.*

Caisse des héritages. — En s'adressant à l'assurance sur la vie, on peut placer ses épargnes disponibles à l'abri de tout danger, se constituer pour l'avenir un capital qu'on est toujours certain de recueillir, ou de laisser tout au moins à ses héritiers. C'est un des emplois les plus avantageux qu'on puisse faire, quand la compagnie offre toutes les garanties de sûreté, puisque en même temps que ces épargnes s'accumulent, pour former le capital à recevoir, elles produisent un intérêt qui ne peut pas être inférieur à 3 °/₀ et qui peut s'élever à plus de 5 °/₀.

Une telle assurance largement pratiquée, répondant à la confiance publique, ne peut tarder à devenir un bienfait social.

Résumé. — En résumé, du jour de leur naissance jusqu'au jour où ils quittent ce monde pour le royaume des cieux, les enfants, leurs pères et leurs mères, les vieillards et les infirmes pauvres, habitants des lieux où ces pieuses institutions sont en usage, sont l'objet d'une sollicitude constante, de généreuses sympathies et d'abondantes aumônes, sans que les libéralités des riches, la générosité publique et la bienfaisance particulière puissent les humilier.

Créées pour concourir à l'éducation morale des enfants, à leur enseignement primaire et professionnel, et pour venir en aide à leurs parents dans le besoin, ces institutions sont une œuvre de haute civilisation qui assure aux uns une vieillesse heureuse, aux autres un avenir de bonheur, et tous unis dans une même pensée par l'élévation de leurs sentiments, et pour manifester leur gratitude envers leurs bienfaiteurs, ils assurent leur concours actif et persévérant à la suppression de la mendicité publique, la honte d'une nation laborieuse et civilisée.

Parmi la population ouvrière des villes, il se trouve toujours un certain nombre d'individus, filles et garçons, qui ne profitent pas des avantages de ces institutions charitables et civilisatrices. Les uns, réfractaires au travail suivi et régulier de chaque jour, lui préfèrent un labeur intermittent, capricieux et varié qui laisse beaucoup de loisirs à leur paresse; les autres, ne comprenant la vie que par ses plaisirs grossiers, se plongent dans la volupté de la paresse, cette lâcheté de l'âme, et tous divorcent, par incompatibilité, avec la société et ses institutions. C'est le naufrage de la dignité du caractère, la destruction des sentiments élevés; c'est la démoralisation, la dégradation sociale.

Dans les campagnes, où ces établissements n'existent pas, l'ouvrier et l'ouvrière, assez sages pour ne point se créer des besoins factices, trouvent dans les travaux des champs, dans l'exercice des professions manuelles, les ressources modestes de la vie pendant la jeunesse et l'âge mûr, mais la vieillesse souffre de privations. En se constituant en société de secours mutuels, les habitants des villages arriveraient à peu de frais à soulager la misère, la souffrance et à rendre l'existence heureuse aux vieillards et aux infirmes.

§ 8. — *Le dévouement.*

Nous voici arrivé insensiblement à découvrir ce qu'est la solidarité humaine. La solidarité humaine est une noble et magnanime inclination à soulager la misère par des actes de générosité, à sympathiser à la souffrance, à la calmer; à nous secourir mutuellement les uns les autres dans le besoin, dans le péril, dans le malheur avec la promptitude du dévouement.

C'est aussi la plus chaleureuse expression de reconnaissance pour les services reçus et l'ardente disposition à se dévouer avec zèle, et l'abnégation la plus absolue, au devoir de la réciprocité.

Elle se manifeste avec éclat dans les institutions de moralité et de bienfaisance créées pour le soulagement et le bonheur de l'humanité.

Elle se produit héroïquement et se montre plus sensible dans les cas d'incendie et de naufrage, où les sentiments de dévouement et de gratitude, qui en sont la substance, sont mis plus directement en contact.

En voici deux exemples.

Le premier : « Un cri lugubre : « Au feu! » retentit dans l'air. Le tocsin sonne l'alarme! Aussitôt la foule s'empresse à courir vers le lieu du sinistre. Elle ne demande pas le nom de l'incendié, elle se porte précipitamment à son secours; elle satisfait ainsi aux mouvements de l'âme qui mettent en action les sentiments généreux et compatissants.

» Tous les bras sont à l'œuvre, sans distinction de personne; pauvres, riches, amis, ennemis se confondent et sont unis dans le même devoir de fraternité.

» L'atmosphère est embrasée; des colonnes de feu jaillissent par toutes les ouvertures d'un grand édifice. Les pompiers, cette légion qui élève le devoir jusqu'au mépris de la mort, s'agitent au milieu d'un torrent de flammes.

» Des cris affreux, partant d'un étage supérieur, apprennent aux spectateurs terrifiés qu'une femme et deux enfants n'ayant pu fuir vont être brûlés vifs.

» A peine ces cris se sont-ils fait entendre que deux de ces hommes, obéissant à ce devoir qui impose silence à leur cœur comme à leur raison, tentent d'appliquer des échelles contre un mur déjà calciné et presque en ruine.

» Chacun attendait avec anxiété le résultat de cette tentative. Oh! malheur, par trois fois ils sont repoussés noircis, léchés par les flammes.

» Soudain à l'horreur du tumulte succède l'horreur d'un silence sinistre. L'appel au secours devient plus distinct. Les bras tendus, et dans un effort suprême, la pauvre mère, se croyant abandonnée elle et ses enfants, jette au ciel son dernier cri de désespoir.

» L'incendie monte, monte toujours et bientôt les secours deviendront inutiles. Déjà tenter une nouvelle épreuve serait s'exposer volontairement à une mort presque certaine.

» Mais pour ces hommes vaillants, intrépides, couverts de sueur et de boue, plus le danger est imminent, plus leur courage grandit. Ils montent une quatrième fois aux échelles et parviennent enfin à atteindre les infortunés et à en opérer le sauvetage au milieu des bravos et d'un immense tressaillement de joie.

» Ces bravos, les acclamations de la foule sont l'expression de la reconnaissance publique, et l'heureuse mère pressant ses deux enfants sur son cœur, en les mouillant de larmes, adresse à leurs sauveurs les plus chaleureuses expressions de sa gratitude.

» Mais ils ne sont plus là; retournés au foyer de l'incendie, ils concourent à en éteindre jusqu'aux dernières étincelles. »

Le second : « En mer le dévouement est le même, car il ne mesure pas le danger.

» Une mer furieuse et couvrant de montagnes d'eau un sloop, monté par dix hommes, allait se briser contre cette sinistre coalition du vent et des flots.

» C'était courir une mort certaine que de tenter le salut de ces inconnus dont les cris ne se percevaient plus que par de longs intervalles.

» Sur le quai, balayé par la tourmente et ruisselant sous la pluie, plusieurs personnes se présentent; ce sont de hardis pêcheurs, des vaillants, des intrépides. La tempête formidable, une mer en courroux ne font qu'augmenter leur impatiente ardeur : ils sont pourtant pères de famille, mais, comme ces braves pompiers, ils ne connaissent que le devoir qui parle plus haut que l'affection.

» Ils s'élancent dans le canot de sauvetage, les cravates dénouées, les vareuses ouvertes par le haut, laissant à nu leur cou musculeux; les cheveux envolés, fouettés par le vent, se dressent sur leurs têtes.

» Debout, à l'arrière, l'un d'eux, l'œil fixe, les lèvres serrées, étudiant chacune des vagues énormes qui s'avancent sur le canot, comme des monstres la gueule ouverte pour l'engloutir, d'un coup de son aviron de queue tente de les couper en biais.

» C'est une lutte de toutes les secondes contre un péril sans cesse renaissant. Pas un mot ne s'échange entre ces hommes résolus, déterminés et calmes en face de l'effroyable danger qui les menace.

» Enlevé par les lames le canot bondit, il monte au sommet d'une vague et s'abaisse tout à coup, puis il se relève, avance vers la lugubre épave; secoué, battu, inondé, il approche, il arrive, il touche au bâtiment naufragé.

» Les matelots du sloop, à demi morts de faim, de fatigue et de froid, sont recueillis par le canot de sauvetage.

» Mais la mer vaincue va prendre sa revanche! Elle se précipite gonflée, grondante, tumultueuse sur cette frêle embarcation, elle se dresse comme une haute muraille, et retombant d'un bloc elle engloutit d'un seul coup, sous l'effroyable écrasement de la vague, le canot et les malheureux qui le montaient. Puis, soudain le canot renversé remonte à la surface des flots..... il était vide.

» Les témoins de cette longue et pénible agonie, tristement impuissants à porter secours aux naufragés, restaient sur le quai sous le coup d'une poignante émotion de douleur, mélangée néanmoins d'un sentiment de fierté orgueilleuse pour l'héroïque conduite de leurs parents, amis et compatriotes.

» L'éloquence du silence fut un suprême adieu, l'éloge public. »

Cette dramatique histoire, le sublime dévouement, la mort héroïque, la guerre au paupérisme par la bienfaisance et la civilisation, et l'émulation, sous toutes ses formes, au bien, sont réellement autant de témoignages visibles de la solidarité humaine. Notre devoir à tous, chers élèves, est d'en partager les fatigues, les périls et l'infortune, comme aussi les joies, l'honneur et la gloire.

Unis par bienfaisance, unis par infortune,
Nos maux seront communs et notre gloire commune.
(DELILLE.)

Unis par la bienfaisance et par l'infortune, soyons aussi liés par l'amitié.

L'amitié est un penchant de l'âme, une inclination naturolle à observer ce précepte : *Aime ton prochain comme toi-même.* C'est-à-dire que nous devons nous témoigner des égards mutuels, une mutuelle affection, une réciproque bienveillance et un dévouement égal.

Mais ce sentiment a aussi ses défaillances et la plus sûre amitié parfois délaissée sans cause gémit de cet abandon.

Le cœur le plus fort a des moments de faiblesse et c'en est une que de se laisser opprimer par la douleur; car, si la calomnie toujours prompte à égarer le jugement sans maturité, la foi chancelante toujours docile à l'inconstance éloignent de vous l'amitié, par respect pour votre innocence, chers élèves, pour la fermeté de vos sentiments, restez calmes et dignes en face de cette injure et, sans ressentiment pour cet abandon, attendez qu'un bon mouvement de l'âme vous rende cette affection qui s'est retirée d'elle-même par un motif secret : une curiosité indiscrète humilierait votre juste fierté.

II

LA SORTIE DÉFINITIVE DE L'ÉCOLE

Chers élèves, voici l'heure d'apprendre à agir, à compter sur vous-mêmes, à avoir foi aux effets du travail, à diriger votre volonté dans cette voie, à vous défier d'une trop haute et fatale ambition et surtout des fortunes gagnées sans efforts.

Le moment de faire choix d'un emploi, d'une profession, d'un métier est solennel. C'est la recherche du titre de noblesse de l'homme, de la femme. Quel que soit le choix de leur préférence, ce titre leur donne leur véritable importance; il les sépare des fainéants et des inutiles qui n'ont jamais été pour les nations qu'une chose stérile. Il est le témoignage social le plus viril et le plus efficace, en même temps qu'il est la source des satisfactions les plus pures que nous puissions éprouver. Ce choix fait, il faut aimer son état parce qu'il est utile socialement, parce qu'il est personnellement fructueux, parce qu'il est la dignité, parce qu'il est l'habitude de chaque jour, parce qu'il est la retraite dans la famille, parce qu'il est l'espoir.

Bien que tous les hommes soient admissibles à toutes les places, à tous les emplois publics selon leur capacité et sans autre distinction que celle de leurs vertus et de leurs talents, et que les femmes aient leur part dans cette distribution d'emplois, ne vous laissez pas séduire par les illusions de la jeunesse qui croit toujours aller loin, arriver haut et pour qui l'avenir a des perspectives dorées, ni par un trop grand amour de vous-mêmes, par une aveugle obstination à vous croire supérieurs à ce que vous êtes réellement, ou par un orgueilleux dédain à repousser les conseils de la prudence.

Avant de vous exposer à de fâcheuses et cruelles déceptions, de nature à compromettre votre avenir, prenez le soin de vous consulter en famille pour savoir quel rôle vous allez jouer, car en ce monde chacun a le sien dans l'œuvre commune de l'humanité; que l'on occupe le haut, le milieu ou le bas de l'échelle sociale, il faut s'appliquer à se faire un caractère noble qui assure la considération d'où dépend le plus ou moins d'autorité morale; puis, pour apprendre à découvrir vos aptitudes, vos vocations avec une probabilité suffisante pour satisfaire un jugement attentif et prudent.

La vocation est une inclination qu'on se sent pour un état plutôt qu'un autre.

L'aptitude est une disposition naturelle qui contredit ou règle la vocation en disposant nos facultés soit à l'art, aux sciences, soit à une carrière professionnelle, ou simplement à un état manuel, à un métier.

On appelle métier l'exercice d'une profession manuelle : ouvrier, celui qui manie l'outil ou l'aiguille. C'est une capacité acquise par la seule pratique individuelle. C'est une pure coutume.

La carrière professionnelle se distingue du métier par la médiation de quelques principes qui font appel à l'intelligence, au jugement.

L'art, dans son acception la plus étendue, est le sentiment du beau devenu science du beau. C'est l'instinct devenu raison. L'art suppose un enseignement soumis à des règles; il a une doctrine, on n'y parvient qu'avec l'aide de la réflexion, de l'expérience et d'une aptitude effective.

Quant à la science, c'est un système de connaissances théoriques, elle vérifie et discute les règles de l'art, elle a pour but de diriger et d'éclairer la pratique.

« M. Arago, lors de ses célèbres leçons d'astronomie descriptive, remarquait, parmi les auditeurs assidus à son cours, un vieillard qui se tenait habituellement au fond de la salle où avait lieu sa conférence.

» A la fin de chaque démonstration, ce vieillard agitait la tête de haut en bas ou de gauche à droite, voulant, par ce signe, indiquer qu'il avait compris ou qu'il ne comprenait pas ce que le professeur venait de dire.

» M. Arago s'attacha à cet homme, et, chaque fois qu'il remarquait son mouvement de tête de gauche à droite, il recommençait sa démonstration une seconde et même une troisième fois jusqu'à ce qu'il ait obtenu son approbation par le coup de tête de haut en bas. »

Voilà la science, la vraie science modeste, qui ne croit pas déroger en se mettant à la portée de tous, s'affaiblir en se montrant bienveillante et qui ne veut s'imposer que par le talent de la persuasion.

Parmi les élèves sortant des écoles primaires, il y en a très peu qui soient doués du génie de l'art, des aptitudes de la science; beaucoup sont plus propres aux carrières professionnelles, au bureau, au commerce, à l'industrie et plus généralement au métier.

C'est une illusion de l'esprit, une trompeuse espérance de croire, et de laisser croire aux enfants, qu'en sortant de l'école primaire avec le brevet supérieur, et même simplement avec le brevet élémentaire, ils sont en état d'occuper tous les emplois.

Vanité, chimère. Une orgueilleuse ambition à une destinée plus élevée que ses capacités et impuissante à réaliser, produit les déclassés sociaux.

Le déclassé est celui ou celle qui, possédant une instruction modeste, s'entretient dans des espérances et des rêves d'avenir irréalisables. Aigri, humilié par d'amères déceptions et ne consultant plus que son égoïsme vaniteux et sa haine implacable, il confond, dans un même anathème, sa famille et la société qu'il rend responsables de ses cruels déboires et il devient un des plus actifs périls pour elles.

Afin de vous prémunir, chers élèves, contre ce redoutable écueil, nous allons à grands traits vous indiquer ici, dans l'ordre alphabétique des ministères, le programme des connaissances absolument requises des candidats aux emplois publics. Comparez, avec un grand esprit de justice, votre instruction avec les connaissances nécessaires à l'emploi, à la fonction, à la profession, au métier que vous désirez; que cette comparaison vous rende modestes dans vos désirs, dans vos espérances et bien inspirés dans vos choix.

Nul n'est admis à concourir aux emplois publics s'il n'est Français, jouissant de ses droits civils. Le surnumérariat, là où il est exigé, est gratuit; c'est un apprentissage de deux ou trois années sans traitement. Quand le diplôme de bachelier, ou celui de la licence en droit, est exigé pour concourir à un emploi public, il est superflu d'indiquer ici les autres conditions d'admissibilité puisque les élèves des écoles primaires n'ayant ni l'un ni l'autre de ces titres ne sont pas admis au concours.

III

CHOIX D'UN EMPLOI PUBLIC

PROGRAMMES D'ADMISSION AUX EMPLOIS PUBLICS

§ 1. — *Ministère des affaires étrangères.*

Places d'attachés. — Peuvent concourir aux places d'attachés, les Français âgés de vingt et un ans accomplis et moins de vingt-six ans, pourvus soit d'un diplôme de licencié en droit, ès lettres ou ès sciences.

Licencié en droit. — La licence en droit est le degré qui est entre celui de bachelier et de docteur en droit. Elle est concédée par une faculté de l'Etat à l'étudiant jugé digne, après examen, de recevoir ce titre.

§ 2. — *Ministère de l'agriculture.*

Rédacteur à l'administration centrale. — Pour être admis à concourir, les candidats doivent être âgés de vingt et un ans au moins et de trente ans au plus. Le concours porte sur les matières suivantes : une dictée, — deux compositions françaises, ou deux rapports, l'un sur une question administrative, l'autre sur un sujet général, — géographie détaillée de la France et notions générales sur la géographie du monde, — éléments de droit administratif, — arithmétique : les quatre règles, les fractions, les proportions et le système métrique, — une écriture satisfaisante.

Forêts. — L'école forestière de Nancy se recrute par voie de concours. Nul n'est admis à l'examen s'il n'est âgé de dix-neuf ans au moins et de vingt-deux ans au plus et s'il ne justifie d'un diplôme de bachelier ès sciences.

Bachelier. — Le bachelier est celui qui est promu au baccalauréat ès lettres ou ès sciences dans une faculté.

Baccalauréat. — Le baccalauréat est le premier degré qu'on obtient à la fin de ses études faites dans un lycée, dans un collège communal, dans un pensionnat libre et après examen. C'est la clef avec laquelle on peut espérer entrer partout.

Gardes forestiers. — Les gardes forestiers sont choisis parmi les sous officiers et soldats sortant de l'armée.

§ 3. — *Ministère du commerce.*

Vérificateurs de poids et mesures. — Les candidats doivent être âgés de vingt-cinq ans au moins et de trente-six ans au plus et subir avec succès deux épreuves. — *Épreuves écrites :* un sujet pris dans les matières de l'examen oral, — une question de calcul, — des notions de géométrie, de physique et de statique. — *L'épreuve orale comprend :* l'arithmétique, — la géométrie élémentaire, — la connaissance de statique qui se rapporte à la composition des forces parallèles ou concourantes, au centre de gravité, etc., — la théorie de la balance, — la partie de la physique qui concerne le thermomètre, la mesure de la température, le baromètre, la densité, la dilatation, — quelques notions de chimie, — la connaissance des lois et règlements en vigueur sur les poids et mesures, et celle des opérations pratiques de la vérification, — et une épreuve pratique de manipulation et de vérification de poids et mesures.

Écoles d'agriculture, d'horticulture; centrales des arts et manufactures, des arts et métiers. — Les candidats, âgés de quinze à dix-sept ans révolus au moins, sortant de l'école primaire supérieure; peuvent concourir pour être admis dans ces écoles. La durée des études est de trois ans. Le prix de la pension est aux frais de la famille.

§ 4. — *Ministère des finances.*

Administration centrale. — Les surnuméraires sont recrutés par voie de concours et sur la justification préalable par les candidats, qu'ils sont pourvus du diplôme de bachelier ès lettres ou de bachelier ès sciences.

Cour des comptes, — auditeur. — Cet emploi est donné au concours aux candidats qui justifient d'abord d'un revenu de 2 000 francs, puis, qu'ils ont été attachés pendant quelque temps à un grand service financier.

Percepteurs des contributions directes. — Tout candidat au surnumérariat doit être âgé de dix-huit ans accomplis et de trente ans au plus. L'examen comporte des épreuves écrites et des épreuves orales. — *Épreuves écrites :* une dictée d'une belle écriture, — un problème d'arithmétique, — un état ou tableau à dresser sur un modèle donné. — *Épreuves orales :* géographie de la France : division administrative, judiciaire, militaire et maritime, — arithmétique élémentaire : les quatre règles, système métrique, règles de proportion, calcul d'intérêt et d'escompte, —

bases de l'impôt en général et de l'assiette des contributions directes, impôts de répartition et de quotité, degrés de répartition, taxes assimilées, concours des percepteurs à la formation des rôles, cahier de notes, cotes indûment imposées et irrécouvrables, — notions sommaires sur le cadastre, remise des avertissements et recouvrement des rôles, etc., — notions de comptabilité, budget, recettes, perception, recouvrements, dépenses, crédits, emprunts, comptes de gestion, juridiction.

Receveur particulier des finances. — Cet emploi est réservé moitié aux percepteurs ayant au moins cinq ans de service; l'autre moitié est attribuée aux candidats ayant cinq ans de services publics, soit civils, soit militaires.

Trésoriers-payeurs généraux. — Deux tiers des vacances sont réservés aux receveurs particuliers et aux candidats comptant dix années de services publics dont cinq ans au moins dans un service placé sous les ordres du ministre des finances, l'autre tiers est reservé au choix du gouvernement.

Enregistrement et domaines. — Nul ne peut être nommé surnuméraire s'il n'a dix-huit ans accomplis et moins de vingt-cinq ans et s'il n'est pourvu du grade de bachelier ès lettres ou ès sciences.

Contributions directes. — Les candidats au surnumérariat doivent être âgés de dix-huit ans au moins et de vingt-quatre ans au plus et produire, avant l'examen, le diplôme de bachelier ès lettres ou ès sciences.

Contributions indirectes. — Nul ne peut être nommé surnuméraire, s'il n'a, pour le service des bureaux, dix-neuf ans au moins et vingt-cinq ans au plus; et pour le service actif vingt ans au moins et vingt-cinq ans au plus. Le programme d'examen d'admission est réglé ainsi qu'il suit : une page d'écriture sous la dictée, — la même page copiée à main posée, — analyse grammaticale, — calcul des quatre premières règles, — connaissance du système métrique, — établissement d'états et tableaux conformes à un modèle indiqué, — solution de diverses questions sur les éléments de géographie, — rédaction d'une lettre, ou d'une note sur un sujet donné.

Les bacheliers ès sciences ou ès lettres sont dispensés de l'examen.

Douanes. — Le service administratif des douanes se recrute de la même manière que le service des contributions indirectes.

Préposés des douanes. — Les aspirants à l'emploi du service actif doivent savoir lire, écrire et faire les quatre règles.

Administration des tabacs. — Pour entrer dans l'administration des tabacs en qualité de surnuméraire admissible *aux emplois supérieurs*, il faut subir, avec succès, deux sortes d'épreuves : *épreuves écrites et l'examen oral.* Cet examen oral, le plus important, se divise en dix séries qui sont : la géographie, — l'arithmétique, — la géométrie, — l'algèbre, — la mécanique, — la physique, — la chimie, — la botanique, — la géologie, — la chimie agricole. Chacune de ces séries donne lieu à une interrogation détaillée.

Pour le recrutement *du personnel secondaire*, l'examen du surnumérariat comprend deux épreuves : *épreuves écrites* se composant de six sujets ; savoir : une dictée ayant pour but de faire apprécier les connaissances des candidats sur les difficultés de la langue, sur l'orthographe et la ponctuation, — la copie au net de cette dictée, comme spécimen de l'écriture du candidat, — la rédaction d'une note, ou d'une lettre sur un sujet donné, — une ou plusieurs questions relatives à la géographie de la France, — une ou plusieurs questions d'arithmétique, relatives soit au système métrique, soit aux proportions, et un calcul numérique, — une ou plusieurs questions de géométrie pratique, relatives soit à la quadrature des surfaces planes, soit à l'évaluation du volume d'un corps solide.— *Épreuves orales :* elles reposent sur les questions suivantes généralement approfondies dans l'examen : la grammaire française, — la géographie de la France, — l'arithmétique, la géométrie pratique.

Les admissibles aux écoles du gouvernement : polytechnique, Saint-Cyr, forestière et à l'école normale supérieure, sont admis sans examen préalable.

§ 5. — I. *Ministère de la guerre.*

Administration centrale. — 1° *Commis stagiaires.* Les candidats à cet emploi doivent avoir moins de trente ans et être pourvus du diplôme de bachelier ès lettres ou ès sciences.

2° *Commis expéditionnaires.* — Pour être admis à concourir à cet emploi, il faut avoir moins de trente ans et subir avec succès deux épreuves. — *Épreuves écrites :* une dictée, — composition ou copie d'un tableau comprenant diverses sortes d'écritures, — exécution des quatre règles de l'arithmétique et solutions de problèmes pouvant comprendre le calcul des fractions et le système métrique, — une rédaction de lettre ou de pétition sur un sujet donné. — *Épreuves orales :* questions sur la grammaire, les règles d'accord, et l'analyse logique, — questions sur l'arithmétique élémentaire, — notions sur la géographie détaillée de la France et de ses possessions, — notions sur l'histoire moderne.

Armée active. — On arrive de bonne heure officier dans l'armée en passant par l'école soit polytechnique, soit celle de Saint-Cyr ; mais l'on n'est admis à concourir à ces écoles qu'en justifiant préalablement aux examens d'entrée, que l'on est bachelier. On y parvient plus lentement par l'engagement volontaire, ou par le tirage à la conscription, si l'on a reçu une bonne instruction primaire supérieure.

Intendance militaire.—Les employés aux écritures, dans les bureaux de l'intendance, sont choisis parmi les jeunes soldats, en activité de service, suffisamment instruits.

II. *Ministère de la marine.*

Administration centrale, — *commis.* — (Voy. *Ministère de la guerre.*)

Elèves de marine. — Les élèves de marine sont admis à concourir pour entrer à l'école, de quatorze à dix-sept ans. L'examen consiste en :

Une composition française,
Des notions de langue latine, d'anglais ou d'allemand,
La géographie,
La trigonométrie,
L'arithmétique,
L'algèbre,
La géométrie,
Le dessin.
La durée des études est de deux ans.

§ 6. — *Ministère de l'instruction publique et des beaux-arts.*

Administration centrale. — Il est ouvert chaque année un concours pour l'admission dans les bureaux, en qualité d'expéditionnaire ou de rédacteur. Les candidats doivent être âgés de trente ans au plus et être pourvus du diplôme de bachelier.

Enseignement, — professeur. — On n'est admis à professer l'enseignement dans un lycée, dans un collège communal qu'après avoir subi avec succès les examens déterminés par les règlements de l'instruction publique.

Instituteurs, — institutrices primaires. — Nul ne peut exercer les fonctions d'instituteur ou d'institutrice titulaire, d'instituteur adjoint chargé d'une classe, ou d'institutrice adjointe chargée d'une classe, dans une école publique ou libre, sans être pourvu du brevet de capacité pour l'enseignement primaire. Toutes les équivalences admises par le § 2 de l'article 25 de la loi du 15 mars 1850 sont abolies. Il serait fait meilleur accueil aux candidats s'ils se présentaient munis du brevet supérieur et du certificat d'aptitude pédagogique.

Brevet de capacité de second ordre, — ou brevet élémentaire. — Le brevet élémentaire est un titre remis à l'élève, âgé de seize ans accomplis, qui a subi avec succès les épreuves : 1° *écrites*, qui se composent d'une page d'écriture, — d'une dictée d'orthographe, — d'un exercice de composition française, — et d'une solution raisonnée de deux problèmes d'arithmétique ; — 2° *orales*, sur le sens des mots, la liaison des idées, — l'analyse d'une phrase, — les questions d'arithmétique, — et sur les éléments de l'histoire et de la géographie de la France. Les aspirantes à ce brevet subissent en outre un examen sur les travaux à l'aiguille et de couture usuelle.

Brevet de capacité de premier ordre, — ou *brevet supérieur*. — Le brevet supérieur atteste que le titulaire de ce titre, âgé de dix-sept ans accomplis, et déjà en possession du brevet élémentaire, a satisfait aux épreuves : 1° *écrites*, qui sont les suivantes : une composition comprenant deux questions, l'une sur l'arithmétique et la géographie, l'autre sur les sciences physiques et naturelles, — une composition comprenant une ou plusieurs questions soit sur la langue et la littérature françaises, soit sur l'histoire et la géographie, — une composition en dessin ; — 2° *orales*, dont les matières sont réparties en six groupes : arithmétique appliquée aux opérations pratiques, — notions d'algèbre, tenue des livres, éléments de géographie, arpentage et nivellement, — notions de physique, chimie, histoire naturelle avec leurs applications aux usages de la vie, à l'industrie, à l'agriculture et à l'horticulture, — histoire de France et notions d'histoire générale, géographie générale, — langue française, lecture appliquée, — histoire de la littérature française, notions sommaires, — chant, gymnastique. Chacun de ces groupes donne lieu à une interrogation qui peut porter sur une ou plusieurs des matières énumérées ci-dessus.

Certificat d'aptitude pédagogique. — Ce certificat ne peut être conféré qu'après un examen satisfaisant subi par les candidats âgés de vingt et un ans accomplis. Cet examen se compose de trois épreuves : une composition française sur un sujet relatif à la tenue de l'école, ou aux procédés de l'enseignement, — une correction orale de devoirs d'élèves faite devant le jury, — et une leçon faite, également devant le jury, dont le sujet est tiré au sort.

Ce certificat ne se place ni au-dessus de l'un ou de l'autre brevet, ni entre le brevet élémentaire et le brevet supérieur; il leur est parallèle. Il ajoute la pratique de l'enseignement, le commerce assidu avec les enfants, un degré supérieur de compétence et d'expérience professionnelle. Il constate plus particulièrement l'aptitude des instituteurs et des institutrices à la direction des écoles comprenant plusieurs classes.

Salles d'asile ou écoles maternelles. — Nulle ne peut exercer les fonctions de directrice des écoles maternelles avant l'âge de vingt et un ans accomplis et sans être pourvue du certificat d'aptitude à la direction de ces écoles.

Nulle ne peut être sous-directrice avant l'âge de dix-huit ans révolus, ni sans justifier d'un certificat d'aptitude à cette sous-direction.

Certificat d'aptitude. — L'examen pour l'obtention de ce certificat se compose de deux parties distinctes : 1° *Examen d'instruction* qui comprend une dictée d'orthographe, — deux questions raisonnées d'arithmétique, — une rédaction, — un dessin, — des travaux d'aiguille ; — 2° *Examen pratique* oral sur les principes d'éducation morale, — lecture : explication d'un texte et questions de grammaire, — notions de géographie, — histoire de France, — notions élémentaires d'histoire naturelle et d'hygiène, — chant, — un exercice des fonctions de directrice et de sous-directrice.

Ecoles normales (*garçons et filles*), *professeurs.* — Nul ne peut être nommé définitivement aux fonctions de l'enseignement dans les écoles normales primaires d'instituteurs et d'institutrices s'il n'a été déclaré apte à ces fonctions soit dans l'ordre des lettres, soit dans l'ordre des sciences, après un examen spécial. Ne peuvent être admis à l'examen que les candidats justifiant : de vingt et un ans d'âge, — d'un stage de deux ans au moins dans l'enseignement public, — d'un diplôme de bachelier ès lettres ou ès sciences, ou d'un brevet de capacité pour l'enseignement secondaire spécial, ou d'un brevet complet de l'enseignement primaire. L'examen se compose de deux épreuves. — *Epreuves écrites :* elles comprennent : *pour les lettres*, une composition sur un sujet de littérature, de grammaire ou d'histoire et de géographie, — une composition sur un sujet de psychologie ou de morale, une composition sur une question de pédagogie. — *Pour les sciences*, une composition sur une question de mathématiques, — une composition sur une question de physique, de chimie ou de sciences naturelles avec leurs applications, — une composition sur une question de méthode appliquée à l'enseignement des sciences. — *Épreuves orales :* elles comprennent : la correction raisonnée d'un devoir d'élève-maître, — la lecture expliquée d'une page prise dans un des auteurs classiques portés au programme du brevet supérieur. Il y a encore des *épreuves pratiques :* elles consistent dans une leçon que le candidat devra faire en présence de la commission, à une division d'élèves-maîtres sur un sujet tiré au sort. Cette leçon sera complétée par des interrogations adressées aux élèves.

Écoles libres. — L'enseignement libre est celui qui est donné par des maîtres ou maîtresses qui ne sont ni nommés ni payés par le gouvernement. Ils s'adressent directement à la confiance des familles.

Nul ne peut exercer la profession d'instituteur ou d'institutrice titulaire ou suppléant dans une école libre sans être pourvu du brevet de capacité pour l'enseignement.

Salles d'asile libres. — Nulle ne peut exercer les fonctions de directrice ou de sous-directrice de salle d'asile ou d'école maternelle libre, sans être pourvue du certificat d'aptitude à la direction de ces écoles.

Commis auxiliaires. — Nul ne peut être nommé commis auxiliaire dans les bureaux des inspections académiques, s'il n'est pourvu du brevet supérieur ou du brevet simple complété par le certificat d'aptitude pédagogique et s'il n'a été délégué d'abord pendant une année au moins dans les fonctions de commis auxiliaire.

Commis principaux. — Nul ne peut être nommé commis principal, s'il n'est pourvu du brevet supérieur ou du diplôme de bachelier ès lettres ou ès sciences et s'il n'a été délégué pendant un an dans les fonctions de commis principal.

Beaux-arts. — La peinture, la sculpture, la musique, la

poésie, l'architecture exigent des études spéciales et particulièrement une aptitude réelle.

Médecins, chirurgiens. — On n'est admis à l'école de médecine et de chirurgie qu'en justifiant, au préalable, que l'on est bachelier.

§ 7. — *Ministère de l'intérieur.*

Administration centrale. — Ne sont admis à concourir à l'emploi de commis rédacteurs et expéditionnaires que les candidats qui ont accompli leur service dans l'armée active.

Préfets, sous-préfets, secrétaires généraux sont des fonctionnaires d'ordre principalement politique. Tous les gouvernements se sont réservé, en France, la faculté de les choisir librement, sans condition d'âge ou d'examen préalable. Cette carrière surtout politique, sujette à de fréquents soubresauts, ne convient guère qu'à des hommes possédant une certaine fortune.

Conseillers de préfecture. — Nul ne peut être nommé conseiller de préfecture s'il n'est âgé de vingt-cinq ans accomplis; s'il n'est, en outre, licencié en droit.

Conseiller général, conseiller d'arrondissement. — On arrive à exercer ces fonctions par le choix et le suffrage des électeurs.

Maire, adjoint. — C'est aussi par l'élection et le suffrage de ses concitoyens qu'on parvient à être chargé d'administrer les intérêts de sa commune.

Agents-voyers. — Les candidats agents-voyers subissent un examen sur les mêmes matières qui sont exigées des candidats conducteurs, mais avec moins d'étendue. (Voy. *Conducteurs des ponts et chaussées,* p. 262.)

§ 8. — *Ministère de la justice.*

Administration centrale. — Les expéditionnaires sont choisis parmi les candidats possédant une belle écriture et ne pouvant prétendre à l'emploi de rédacteur qu'à la condition d'être pourvus du diplôme de licencié en droit.

Conseil d'État. Auditeur. — Nul ne peut se faire inscrire en vue du concours, s'il n'est pourvu du diplôme de licencié en droit, ès lettres, ès sciences et s'il a moins de vingt et un ans ou plus de vingt-cinq ans.

Magistrats de l'ordre judiciaire. — On ne peut faire partie de cette magistrature qu'en justifiant que l'on est licencié ou docteur en droit.

Juges de paix. — Cependant, par exception, les juges de paix sont choisis sans conditions déterminées de diplôme ou d'examen; ils ne peuvent être nommés avant l'âge de trente ans.

Docteur en droit. — Le docteur en droit est celui qui, après avoir étudié et subi des examens dans une faculté, y est promu solennellement au plus haut degré de la faculté qu'il a étudiée.

Avocat. — C'est une profession qui exige au préalable la licence en droit.

Avoué. — Nul ne peut être reçu avoué s'il n'a fait au moins une année de droit dans une faculté de l'État et un stage réglementaire. C'est une charge vénale.

Huissier. — Après un stage de plusieurs années, le stagiaire est admis à l'examen professionnel d'huissier. C'est également une charge vénale.

§ 9. — *Ministère des cultes.*

Ministres de la religion. — Les élèves qui ont des dispositions et la volonté de se consacrer aux fonctions du sacerdoce, trouvent, dans le clergé de leur paroisse, les conseils pour éclairer leur vocation et diriger le penchant de leur âme.

Le sacerdoce de Jésus-Christ a pour objet tous les besoins de l'âme et ses destinées éternelles.

Dans les séminaires catholiques, on élève, instruit et forme les jeunes ecclésiastiques dans la piété et dans les autres devoirs de leur état.

Le temps que chaque élève doit passer au grand séminaire, pour être admis dans les ordres, est de cinq années.

On y est admis après avoir fini sa rhétorique.

L'élève paye pension.

S'il est appelé par ses supérieurs, après la série des autres ordres, il reçoit les ordres sacrés. A vingt-quatre ans il peut être fait prêtre.

§ 10. — *Ministère des postes et télégraphes.*

Surnumérariat. — Nul ne peut être admis comme surnuméraire s'il n'est âgé de dix-sept ans révolus et de vingt-cinq ans au plus, et s'il n'a subi avec succès l'examen spécial dont le programme suit : Une page d'écriture faite sous la dictée, la même page recopiée à main posée, — rédaction d'une lettre sur un sujet donné,— formation d'un tableau conforme au modèle donné, — arithmétique élémentaire : les quatre premières règles, les fractions, les règles de trois simples et le système métrique, — géographie générale des cinq parties du monde, grandes divisions politiques, — villes principales, — notions détaillées sur la France.

Les bacheliers sont dispensés du concours.

Facteurs. — Pour être nommés à un poste de début de facteur rural ou local, les candidats doivent être âgés de dix-sept ans au moins et de trente ans au plus (il y a exception pour les anciens militaires). Ils doivent savoir : lire, — écrire, — un peu d'arithmétique, — et être doués d'une bonne constitution physique.

§ 11. — *Ministère des travaux publics.*

Administration centrale. — Les places données au concours comprennent deux catégories : expéditionnaires, rédacteurs.

Nul ne peut être admis à concourir à ces emplois s'il est âgé de moins de seize ans et de plus de vingt-huit ans.

Pour l'emploi d'expéditionnaire l'examen porte sur les matières suivantes :

Une page d'écriture ;

Un tableau ;

Une dictée ;

Les quatre règles, les fractions;
Notions élémentaires de géographie de la France.

Pour le grade de rédacteur les mêmes éléments qui précèdent et en outre :

Une composition française ;
Un rapport sur une question administrative ;
Géométrie ;
Éléments de droit administratif et de droit civil.

Ingénieurs. — Pour concourir à l'école polytechnique, d'où sortent les ingénieurs des ponts et chaussées, il faut être bachelier.

Conducteurs des ponts et chaussées. — Ne sont admis à l'emploi de conducteur que les candidats âgés de plus de dix-huit ans et de moins de trente ans, qui ont subi avec succès l'examen dont voici le programme :

Écriture courante nette et très lisible ;
Langue française ;
Arithmétique ;
Algèbre ;
Géométrie ;
Mécanique ;
Trigonométrie rectiligne ;
Géométrie descriptive ;
Dessin graphique : croquis à main levée ;
Levé des plans ;
Nivellement ;
Cubature des terrasses et mouvement des terres ;
Pratique des travaux et du service.

Ces épreuves du premier degré sont suivies d'un examen oral approfondi sur toutes ces matières.

Piqueurs. — Les candidats doivent être âgés de plus de dix-huit ans et de moins de vingt-huit ans. L'examen consiste dans les matières ci-après : écriture, — principes de langue française,— arithmétique élémentaire,— notions de géométrie, — éléments de dessin linéaire.

Employés auxiliaires. — *Surnuméraires.* — Préalablement à l'admission à ces fonctions, il est exigé des candidats les connaissances suivantes : une belle écriture, —

les règles de la langue française, — l'orthographe, — l'arithmétique, — système métrique, — le dessin linéaire, — la géométrie et l'algèbre.

Ingénieurs civils. — Les ingénieurs civils sortent de l'école centrale où l'on n'est admis qu'après avoir subi avec succès de sérieux examens.

IV

COMPAGNIES DE CHEMINS DE FER

Conditions d'admission à l'emploi des bureaux.

Employés aux écritures en régie. — Les candidats à cet emploi doivent avoir dix-huit ans accomplis et moins de trente ans. Leur examen porte essentiellement sur les points suivants : une belle écriture, — l'orthographe, — l'arithmétique, — et la géographie.

V

CHOIX D'UNE PROFESSION D'UN MÉTIER

Aussitôt que l'on accepte un emploi, ou que l'on exerce un métier, une profession quelconque, on engage immédiatement sa responsabilité matérielle et morale et elle devient la garantie de la probité professionnelle.

La responsabilité matérielle est l'obligation de répondre de ses actions. Elle s'engage effectivement toutes les fois que nous manquons aux obligations que la loi nous impose et à celles qui peuvent causer à autrui un préjudice, un dommage qu'il faut réparer.

La responsabilité morale réside dans le sentiment du devoir par lequel s'accomplit une œuvre dont, en dehors de toute prescription légale, on se reconnaît garant dans l'intimité de sa conscience.

La voie qui conduit le plus directement au sentiment

moral, c'est la probité professionnelle, cet attachement sévère au devoir, au respect des engagements, à la parole donnée; la loyauté dans ses relations, la recherche d'une honnête réputation publique.

De cette vérité première passons au choix d'un état.

D'où vient que généralement le fils ne continue pas le métier, la profession de son père, que la jeune fille voit d'un œil de mépris celui de sa mère? cet éloignement ne serait-il pas l'effet des indiscrétions décourageantes de leurs parents?

Est-il sans exemple qu'un père, qu'une mère gémissent, en présence de leurs enfants, sur leur condition que la convoitise rend malheureuse? qu'ils se lamentent, avec une douloureuse amertume, sur les inconvénients de leur métier? Ils lui reprochent l'insuffisance des salaires ou des bénéfices qui ne sont pas en rapport avec les obligations qu'il impose, avec les fatigues et la rigoureuse assiduité qu'il exige; ils rabaissent sa valeur et déprécient ses avantages, oubliant qu'il les fait vivre, qu'il leur procure l'aisance, la fortune même quand ils associent les efforts de l'intelligence à l'activité, la conduite et l'économie. C'est ainsi que peu à peu ils déposent dans l'esprit de leurs enfants une invincible antipathie pour leur état, leur métier, leur profession.

Cependant, le père et la mère seraient plus capables que toute autre personne d'enseigner à leurs enfants ce que l'on cache à l'indiscrète et jalouse concurrence. Elevés dans l'atelier, au bureau, aux champs, dans l'industrie, dans le commerce, ils s'habitueraient en grandissant et prendraient goût, connaissant leur voie, aux détails ingénieux de cet enseignement. Ainsi préparés ils arriveraient avec l'âge de raison, les conseils et la direction de leurs parents, à se perfectionner plus vite que ne pourraient le faire un apprenti, un surnuméraire placés ailleurs que chez eux, auxquels ces ressources manquent, et ils se créeraient de bonne heure une position enviable.

Mais ne semble-t-il pas que l'intention des pères et des mères soit de faire de leurs enfants quelque chose de supérieur à eux? On serait tenté de le croire en voyant les moins favorisés de la fortune rechercher, avec plus d'empressement que de réflexion et de modestie, les professions libérales, les emplois publics pour des enfants qu'une instruction primaire insuffisante rend incapables de bien gérer; ou, cédant à une aveugle présomption, ils les abandonnent à l'imprévu et bientôt les économies de la famille réalisées par des sacrifices de privations, ne peuvent plus suffire à prévenir un désastre, à sauver leur considération.

A côté de cette ambitieuse imprévoyance se placent les enfants qui ont la bonne volonté de travailler, mais qui sont détournés de leur voie par le penchant à l'imitation. Un jeune homme veut être menuisier, par exemple, son camarade veut l'être aussi, voilà l'imitation; elle est d'autant plus fâcheuse que, plus tard, quand l'aptitude professionnelle se dégage des incertitudes et s'affirme, quand le jeune homme s'aperçoit qu'il a peu de vocation pour le métier qu'il a entrepris, il se relâche de sa première ardeur, se laisse aller au découragement et il tombe dans le dégoût; pour se relever de cet abattement moral il embrasse, sans maturité de jugement, avec un empressement inconscient, une nouvelle profession qu'il abandonne de nouveau après quelques essais infructueux, et ainsi se détermine peu à peu l'inconstance professionnelle et de là à ne rien faire il n'y a qu'un pas, on s'y laisse naturellement glisser.

A cet âge il faut des observations bien fines pour s'assurer de la vocation et de l'aptitude d'un enfant qui montre plus ses désirs que ses dispositions, si l'on ne l'a pas disposé, préparé et dirigé de longue main dans la voie correspondante à ses facultés.

D. Dites-nous, chers élèves, s'il vous paraît bien nécessaire d'exercer une profession, un métier dès que vous êtes parvenus à l'âge de raison?

R. Oui, il faut que le jeune homme et la jeune fille fassent choix d'une profession, d'un métier qui leur donne le moyen de gagner honorablement leur vie par l'intelligence et le savoir.

D. Très bien. Mais qui doit régler ce choix ?

R. Notre vocation, notre aptitude et, à leur défaut, nous devons nous laisser diriger par nos goûts et les conseils de nos parents en évitant soigneusement de nous laisser séduire par de faux calculs ou de fausses espérances.

D. A quel âge entrez-vous à l'école et à quel âge en sortez-vous ?

R. Nous y entrons à six ans et nous en sortons à onze ou à treize ans.

D. Vous voyez, il ne faut pas perdre les sept années d'école en jeux, en folies, en insubordination. Elles sont bien courtes ces quelques années, et les mauvais élèves ont toujours sujet de les regretter plus tard.

R. Oui, nous devons bien comprendre cela et ne pas perdre une minute du temps de l'école.

D. Pour obtenir un emploi dans l'administration, aux écritures, dans le commerce, dans l'industrie, dans les différents bureaux particuliers, ne faut-il pas préalablement faire la preuve d'une capacité relative ?

R. Oui, cela est exigé.

D. Quel est le témoignage apparent le plus propre à établir cette capacité ?

R. C'est le certificat d'études primaires.

D. A quel âge peut-on concourir pour l'obtention de ce certificat d'études primaires ?

D. A onze ans au moins.

D. Comment obtient-on ce certificat ?

R. Ce certificat s'obtient après un examen subi avec succès devant le jury de l'instruction publique sur les matières de l'enseignement primaire.

D. Que prouve-t-il ?

R. Ce diplôme est la garantie ordinaire d'une intelligence et d'une instruction moyennes et dispense de plus longues études.

D. Ne vaudrait-il pas mieux poursuivre ses études jusqu'au brevet élémentaire de capacité ?

R. C'est presque de toute nécessité pour ceux, parmi nous, qui aspirent à se faire une place dans les rangs secondaires de l'administration et dans les bureaux particuliers.

D. Qu'atteste-t-il de plus que le précédent?

R. Il atteste que le candidat à l'emploi qu'il sollicite, possède l'instruction primaire plus avancée.

D. A quoi devez-vous donc vous préparer, jeunes filles et jeunes garçons qui prétendez à occuper ces emplois?

R. A bien passer nos examens et obtenir le brevet, ou tout au moins, le certificat d'études qui est pour nous de première nécessité.

D. Ce certificat d'études est-il indispensable aux élèves, filles et garçons, plus particulièrement destinés aux travaux manuels, au métier, à l'atelier, aux champs?

R. Non, pour eux la lecture, l'écriture, le calcul et les notions primaires de la langue française, suffisent grandement à leurs besoins intellectuels.

D. N'y a-t-il pas d'exceptions?

R. Il y a cependant nécessité, pour les élèves qui se proposent d'être employés dans l'industrie, de se procurer le certificat d'instruction primaire élémentaire qui répond à ce programme; toutefois, les jeunes filles doivent y joindre les travaux d'aiguille.

D. Ainsi on peut devenir bon ouvrier, bonne ouvrière avec ces simples éléments d'instruction?

R. Oui.

D. Peut-on néanmoins espérer de s'élever, dans son métier, dans l'atelier?

R. Oui assurément; on peut être un bon ouvrier et devenir un habile patron; un intelligent laboureur peut devenir un bon métayer.

D. Peut-on aussi prospérer?

R. On peut prospérer dans l'atelier, dans le commerce, aux travaux des champs, avec une instruction très élémentaire.

D. L'instruction seule suffit-elle à cette prospérité?

R. Non, il faut y joindre le travail, l'ordre, l'économie, la persévérance d'une sage et honnête conduite sans lesquels on ne pourrait rien faire de bien, rien faire de profitable à ses intérêts.

« Gœthe a dit, que pour les têtes médiocres un métier sera toujours un métier, que pour les bonnes têtes c'est un art. »

Ajoutons, que celui qui a des mains âpres à la besogne, dures à la fatigue, des jambes qui ne se lassent jamais d'être debout, du bon sens, une tête toujours en travail, un esprit persévérant, ne reste pas longtemps ouvrier, il avance vite dans la carrière qu'il s'est choisie.

VI

CONSEILS

Aimez qu'on vous conseille et non pas qu'on vous loue.
(BOILEAU.)

Quand vous quittez l'école primaire, jeunes élèves, à l'âge où l'on peut déjà apprécier si l'on a ou si l'on n'aura pas la dignité de soi-même, votre instruction est relativement terminée. Cependant, vous vous abuseriez étrangement en vous croyant en possession de la science. Vous avez acquis le brevet de capacité, et mieux encore le brevet supérieur, vous n'avez réellement obtenu, par ce double succès, qu'une instruction élémentaire et il vous reste à faire de nouveaux efforts d'intelligence pour parvenir à féconder la semence de vos premières études et à en agrandir le champ par la constance de vos travaux.

Ce que vous emportez véritablement de l'école, et selon vos aptitudes, ce sont des connaissances appropriées à vos futurs besoins, de bonnes habitudes d'esprit, une intelligence ouverte, éveillée, des idées claires, du jugement, de l'ordre et de la justesse dans la pensée et dans le langage.

Mais votre éducation n'est point encore achevée. Vous avez reçu d'excellents principes de religion, de morale et la théorie d'une bonne conduite ; vous avez surtout appris que la conscience est, avec Dieu, le seul témoin que l'on ne peut tromper, il vous reste à parfaire cette éducation dans la société où s'ouvre pour vous une nouvelle existence.

Commencez d'abord par bien comprendre que c'est un budget que la vie ! on le dépense plus ou moins vite selon ses appétits. Une existence bien réglée, où l'activité morale est en rapport avec les forces physiques, se soutient longtemps dans un moyen uniforme et salutaire. Elle s'y soutient d'autant mieux qu'on reste attentif et fidèle aux nobles traditions.

La tradition est le bien des générations qui se succèdent, elle est le patrimoine laborieusement acquis par l'expérience des siècles écoulés, elle est partout où elle a conservé son influence la sauvegarde des familles, des nations.

La tradition, ce sont donc, par rapport à vous, chers élèves, les antécédents d'honneur, de probité, de travail que vous transmettent vos parents et dont ils ont le droit de s'honorer.

Soyez fiers de ce titre glorieux, de cet héritage précieux, ce sont vos quartiers de noblesse : recevez-les comme un dépôt spécial que l'honneur vous commande de conserver et de transmettre, à votre tour, à ceux qui plus tard porteront votre nom.

Une sorte d'aveuglement, habilement ménagé par la nature, vous présente l'existence comme une proie désirable que vous aspirez à saisir.

Mais prenez garde, vous voilà à peine sortis de l'enfance, et déjà il ne vous suffit plus d'être quelqu'un, vous prétendez aussi être quelque chose ; vous visez à l'effet comme on vise à l'esprit, vous vous souciez bien moins d'être que de paraître, vous pensez à vous et vous cherchez avec passion ce qui n'est que le cauchemar de votre propre succès. Vous réclamez votre part de liberté et d'indépendance et vous réagissez contre l'éducation par une illusion de votre âge qui vous fait confondre la liberté qui est un droit, une jouissance limités, la condition de l'épanouissement de vos facultés, la garantie de votre travail, l'arme dont Dieu vous a muni pour vous défendre contre l'injustice, avec la liberté et l'indépendance absolues qui sont la négation de la famille et de la société.

La possession de nous-mêmes ne nous affranchit pas de l'obéissance aux lois naturelles qui règlent nos affections, aux lois civiles qui nous imposent des devoirs réciproques, à la pratique des convenances sociales; soumise à toutes ces choses, la liberté absolue n'est qu'une fiction.

L'indépendance absolue est également une dissimulation, un déguisement de la vérité, car, si l'indépendance consiste à faire ce que l'on croit le mieux à ses intérêts, elle a aussi pour limites le recpect des lois et des droits d'autrui.

Elevez-vous donc, chers élèves, dans le progrès d'une droite et intelligente conception, faites-vous, sur toutes choses, une opinion propre, et n'oubliez jamais de chercher dans les traditions un contrepoids aux exagérations, aux séductions des théories mal équilibrées.

Un des plus agréables privilèges du jeune âge, c'est la facilité des relations qui s'improvisent, en quelque sorte, entre ceux ou celles que le hasard réunit. Il leur suffit parfois d'une heure ou deux pour arriver à la familiarité d'une camaraderie qui n'aurait peut-être pas plus d'abandon si elle avait commencé avec la vie. Défiez-vous de ce premier mouvement d'abandon. Ne vous livrez pas sans réflexion, étudiez le caractère de vos nouvelles connaissances, soyez attentifs à leurs sentiments, et si vous ne rencontrez pas d'idées saines, morales, éloignez-vous d'elles.

Dans ce monde, où tout est nouveau pour vous, il y a de bien mauvaises habitudes. D'un côté, la fréquentation des lieux où le luxe et le confort jurent avec la pauvreté, avec la misère intérieure d'un grand nombre de familles. Là on y boit sans besoin, on y joue sans plaisir, on discute sans connaissance, on s'y passionne sans nécessité. Là, encore, le bruit, l'étourdissement des joies bruyantes, toutes les dissipations; des buées d'alcool, des effluves partout, de la décence nulle part. Celui qui va chercher ses plaisirs dans ces lieux ne se trouve plus bien chez lui; gai, folâtre, plein d'humeurs joyeuses dans cette société d'une philosophie triviale et cynique, où trop souvent le cœur s'avilit, l'esprit s'altère, où de riches intelligences s'atrophient et deviennent un obstacle au développement de la grandeur humaine, il est chez lui maussade, misanthrope ; s'il est marié, il est dans son ménage égoïste, despote et d'une tyrannie insupportable, parce qu'il est sorti de la vie uniforme, douce et tranquille que l'on trouve au milieu de ses affections au foyer domestique.

D'un autre côté, on remarque trop souvent aussi un amour déréglé du luxe, cet impôt que la vanité paye à l'industrie et dont la jouissance et l'entretien sont peu compatibles avec la médiocrité des ressources honnêtes. L'espoir présomptueux de paraître au-dessus de ce que l'on est véritablement, le désir de plaire par l'affectation d'une toilette prétentieuse, d'une vanité de parures ridicules, extravagantes, tels sont les écueils que les jeunes filles ne savent point toujours éviter. En se donnant ces décevantes et puériles satisfactions d'un sot amour-propre, elles outragent la simplicité, la modestie de leur condition, la morale publique et s'exposent au mépris de leur dignité et à l'insulte. Et, au lieu de contracter de bonne heure l'austère et rigoureuse habitude du travail assidu et incessant, l'ivresse de la vanité et les plaisirs faciles les livrent sans défense à la mobilité de leur esprit, aux dérèglements de leur imagination ; alors elles ne sont plus bien là où il y a des devoirs à remplir ; elles changent de place, d'état, de condition fréquemment, sans regret, sans autre cause que leur inconstance. Et, pour justifier la légèreté de leur conduite, elles calomnient les bienfaiteurs qu'elles quittent auprès de ceux dont elles sollicitent la faveur. C'est de la démence !

La meilleure protection contre cette corruption de mœurs, c'est l'éducation qui enseigne la pratique des devoirs religieux, les principes de justice, d'ordre, de respect de dignité personnelle, de fierté patriotique et de solidarité sociale ; qui préserve la jeunesse des pièges tendus à son inexpérience, des défaillances de l'esprit et du cœur et lui fait goûter les jouissances de la famille, les joies pures de l'amitié et les plaisirs décents de son âge. C'est par cette éducation que l'on trouve dans la dignité de sa vie et dans la noblesse de ses sentiments le moyen de faire face à toutes les éventualités et d'être ce que l'on doit être dans toutes les circonstances.

Quant à vous, chers élèves, élevez-vous dans la pratique de cette forte et salutaire éducation, qui fait aimer la liberté qui protège, la morale qui éclaire, la religion qui console, la science qui féconde et le travail patient, intelligent, édificateur, ce travail qui purifie les hommes, qui féconde, conserve, améliore les sociétés.

Dussiez-vous faire le sacrifice de vos amitiés d'enfance, vous devez continuer à remplir, avec scrupule et vaillance, vos devoirs envers Dieu.

Elevant et fortifiant de plus en plus votre cœur au culte de la patrie, à l'amour de la famille, à la passion du bien, au sentiment du droit, au respect du travail, à l'esprit de solidarité qui unit le pauvre au riche et par la sévérité de de vos mœurs, le respect de la loi, la force de la discipline, et puissamment secourus par ce trésor de l'âme, cette lumière de l'esprit, cette intimité de la religion, vous fuirez les jouissances grossières, les satisfactions de la vanité et vous resterez fidèles au travail, à l'honneur, au foyer domestique où s'entretiennent tous les sentiments d'une sincère et inaltérable amitié. Nulle part vous ne trouverez plus de charme que dans l'union des familles qui se communiquent leurs joies, leurs douleurs, leurs craintes et leurs espérances, n' plus de force de résignation pour supporter l'adversité.

Que si vous êtes contraints de quitter vos parents, vous vous maintiendrez toujours dignes de leur amour, vous mettrez tout votre bonheur à les honorer, vous vous ferez un légitime souci d'une bonne renommée, la gloire de mériter l'estime et la confiance de vos chefs, de vos supérieurs et la considération publique.

Vous pourrez être appelés, sinon tous du moins quelques-uns, à exercer une fonction qui vous mette en rapport direct avec le public. N'oubliez jamais le respect que vous lui devez et, par votre gracieuse attitude, sachez lui imposer en retour la même déférence à votre égard.

Le public a des exigences, des préventions. Il n'aime ni

l'esprit hautain, ni la morgue du dédain, ni l'arrogance du parvenu, toutes choses qui aliènent la considération. Mais il est sensible aux égards, à la politesse, à l'obligeance empressée. Or, dans tous vos rapports avec lui observez rigoureusement les règles de bienséance.

S'il a besoin d'explications, parce qu'il ne comprend pas l'objet de la demande qui lui est faite, ou pour tout autre motif, c'est un devoir pour l'agent, pour le fonctionnaire, de les lui donner avec assez de précision pour être intelligible, avec assez d'abondance pour être sûr d'avoir été compris. S'il n'est pas pleinement convaincu par ces explications données avec urbanité et douceur, il a moins de peine à se résigner. C'est une compensation pour lui que d'avoir été écouté poliment, discuté poliment et poliment éconduit.

C'est d'ailleurs une satisfaction pour le fonctionnaire de soumettre en les éclairant, les résistances les plus obstinées et les intelligences les plus rebelles ; elle résulte surtout du profond sentiment de l'autorité véritable qui ne croit pas déroger en se mettant à la portée de tous, s'affaiblir en se montrant bienveillante, et qui ne veut s'imposer que par le talent de la persuasion.

Les contribuables ont la juste prétention d'être reçus aussitôt qu'ils se présentent chez un fonctionnaire public pour conférer avec lui. Ils se soumettent volontiers à attendre leur tour de rôle quand ils arrivent successivement l'un après l'autre.

Mais il est cependant une exception à cet usage en faveur de certaines personnalités supérieures : l'autorité de leurs fonctions, la dignité de leur rang social, la considération de leur haute valeur personnelle ne permettent pas de les faire attendre. Le tact, ce suprême sentiment des convenances, vous guidera dans l'appréciation de ce tour de faveur.

Si votre emploi exige le serment professionnel, prêtez-le avec recueillement, car ce n'est point une vaine cérémonie. C'est un acte solennel qui achève de former le caractère de l'homme public, de l'agent, du fonctionnaire qui n'ont réellement l'existence qu'en vertu de l'engagement qu'ils ont contracté. Dès ce moment si grave, tout homme religieux sent qu'il prend Dieu à témoin de la promesse de remplir ses devoirs; tout honnête homme comprend qu'un contrat s'opère entre la société et lui, à quelque point de vue qu'il se place, il est lié.

Il est vrai qu'une conscience droite n'a pas besoin d'une obligation pour être invariablement fidèle au bien; mais le serment est l'acceptation du devoir à haute voix, il en est la sanction, il est la raison première de la confiance publique et le souvenir de ce serment devrait accompagner l'homme, comme une règle qui soutient les faibles dans les situations difficiles et au niveau de laquelle les forts se réjouissent d'être toujours placés.

Si vous vous rendez dignes d'être honorés d'une fonction supérieure soit dans l'ordre civil, administratif, judiciaire, ou de vous élever au rang de patron ou simplement de contremaître dans l'industrie, dans le commerce, et que vous ayez un personnel sous vos ordres, vous serez nécessairement chargés de donner votre avis sur l'éducation, la capacité professionnelle et la conduite des hommes dont la direction ou la surveillance vous seront confiées. Cette mission, toute de confiance, exige un concours consciencieux, impartial, et une grande maturité de jugement capable de défier l'examen le plus sévère.

C'est à cette élévation morale qu'il faut atteindre afin d'être maître de soi-même pour se mouvoir librement, exempt d'antipathie, de prévention et de cette tendance à asservir la volonté pour se la rendre docile; à peser arbitrairement sur la liberté de penser et d'agir des personnes soumises à son contrôle, toutes choses qui aliènent l'impartialité du jugement et provoquent la rébellion.

L'autorité absolue s'impose dans l'armée, où l'obéissance est passive, muette. Elle s'impose également aux enfants qui doivent à leur père, à leur mère, à leurs maîtres et maîtresses une soumission austère; partout ailleurs c'est le droit de chaçun de chercher à faire prévaloir son avis, à se défendre d'une fausse accusation. Si le subordonné a tort, dans cette lutte courtoise et respectueuse, il s'incline volontiers devant la raison supérieure à la sienne sans abaisser sa dignité, son caractère s'élève au contraire par cet acte de soumission à la supériorité du raisonnement qui éclaire son intelligence.

Mais si l'intempérance d'observation, la véhémence qui cache l'indigence de ses moyens de conviction peuvent arbitrairement imposer silence, ce silence ne peut être, à vrai dire, que le mépris de cette tyrannie vexatoire dissimulé sous les formes polies de l'éducation.

Juger un homme, apprécier son travail, s'expliquer sur sa valeur intellectuelle, sur sa conduite, voilà la mission la plus délicate et qui doit préoccuper sérieusement celui qui en est chargé.

Il faut vivre de la vie propre de cet homme pour apprendre à le connaître; il faut se mettre à l'œuvre avec lui pour concevoir toute l'étendue de ses capacités intellectuelles, ou le suivre assidûment dans ses travaux manuels pour en mesurer l'activité, le zèle et le dévouement aux choses qui lui sont confiées; cela exige du temps, de la réflexion et une grande rectitude de conscience.

Et quand cette expérience est faite, avec la certitude de conserver à son jugement toute son indépendance et la plus scrupuleuse impartialité, il convient encore de peser les mots dont on veut se servir pour exprimer son opinion: il y a des mots à double sens qu'il faut éviter d'employer, car ils présentent le danger d'être interprétés contrairement à la pensée qui les a produits.

Cette opinion sert de base à la décision à intervenir. Si cédant à l'aversion, à la répugnance, à ces causes secrètes d'antipathie d'instinct, elle se produit d'une excessive sévérité, elle peut mettre en péril, sans nécessité, l'avenir, la vie d'un homme, le pain de sa famille.

Il faut se prémunir contre ce remords qui atteindrait l'âme coupable de cette lâche bassesse.

La bienveillance sans faiblesse, la fermeté sans entêtement, la réflexion lente et grave éclairent et forment le jugement. Le rapport de service est précis, concis, sans violence, sans amertume, sans passion; il expose les faits avec la simplicité de la vérité, d'où se dégage naturellement la conclusion qui prépare la juste répression de l'acte coupable, ou qui dispose, par une saine proposition, à honorer d'assez de confiance celui qui est jugé digne d'occuper un rang supérieur, ou une position plus lucrative dans son emploi.

Mais pour disposer ainsi du salaire, de la fortune, de l'honneur, de la vie d'autrui, il faut s'élever au-dessus des passions humaines, prendre son esprit et son cœur à témoin de bien faire et conserver précieusement l'amitié de sa conscience.

En résumé, par ce multiple enseignement de l'éducation religieuse et morale, de l'instruction intellectuelle et civique, du travail civilisateur et des relations sociales, la famille, l'école, le monde élèvent l'enfant, et cet enfant en devenant homme, en devenant femme, se trouve en état de comprendre et d'apprécier ses devoirs, ses droits et d'accroître, par l'activité de son intelligence, la dignité et l'honorabilité de sa conduite, les forces morales et matérielles de la France.

TABLE DES MATIÈRES

DEUXIÈME PARTIE

De l'éducation religieuse, morale et civique dans l'école et par l'école.

1re SECTION

De l'éducation religieuse, morale et intellectuelle

2e SECTION

De l'instruction civique.

3e SECTION

Des bienfaits de l'éducation morale, religieuse et de l'instruction intellectuelle et civique enseignées simultanément et des effets d'une éducation négligée.

TROISIÈME PARTIE

Complément à l'éducation religieuse, morale et civique dans la société et par la société.

TABLE ALPHABÉTIQUE

D

E

SAINT CLOUD — IMPRIMERIE Vᵉ EUG. BELIN ET FILS.

www.ingramcontent.com/pod-product-compliance
Ingram Content Group UK Ltd.
Pitfield, Milton Keynes, MK11 3LW, UK
UKHW012018240726
13965UKWH00002B/432